HAMBURGER LESEHEFTE
PLUS

W0199421

TEXT UND MATERIALIEN

FRIEDRICH VON SCHILLER

DIE RÄUBER

Ein Schauspiel

Quae medicamenta non sanant, ferrum sanat,
quae ferrum non sanat, ignis sanat.

Hippokrates

HLV

Bange Verlag

HAMBURGER LESEHEFTE PLUS
KÖNIGS MATERIALIEN
503. HEFT

Zur Textgestaltung

Dieser Textausgabe liegt die *Räuber*-Fassung der Erstausgabe von 1781 zugrunde. Zeichensetzung und Rechtschreibung wurden den amtlichen Regeln behutsam angepasst.

Analysiert und interpretiert mit Textverweisen auf dieses Heft wird *Die Räuber* in Königs Erläuterungen, 978-3-8044-1931-5, C. Bange Verlag.

1. Auflage 2019

Alle Drucke dieser Ausgabe und die der Hamburger Lesehefte sind untereinander unverändert und können im Unterricht nebeneinander genutzt werden.

Heftbearbeitung Text: F. Bruckner und Kurt Sternelle
Heftbearbeitung Materialien: Dr. Oliver Pfohlmann
Umschlaggestaltung und Layout: Petra Michel
Umschlagzeichnung: Ingeborg Strange-Friis
Druck und Weiterverarbeitung: Husum Druck- und Verlagsgesellschaft, Husum

ISBN 978-3-8044-2593-4
© 2019 by C. Bange Verlag GmbH, Hollfeld
www.bange-verlag.de

ISBN 978-3-87291-502-3
© 2019 by Hamburger Lesehefte Verlag, Husum
www.verlagsgruppe.de

INHALT

VORREDE ZUR ERSTEN AUFLAGE

dramatische Methode dramatisches Verfahren

Operation *hier*: Verhaltungsweise, Verhalten

Palisade *(frz.: palissade)* Pfahl, Schanzpfahl

idealische Affektation *(frz.)* unwirkliche Geziertheit

Kolorit *(frz.)* Färbung, Farbgebung

kolossalisch *(griech.)* kolossal, riesig

skelettieren das Skelett freilegen

Man nehme dieses Schauspiel für nichts anders als eine dramatische Geschichte, die die Vorteile der dramatischen Methode, die Seele gleichsam bei ihren geheimsten Operationen zu ertappen, benutzt, ohne sich übrigens in die Schranken eines Theaterstücks einzuzäunen oder nach dem so zweifelhaften Gewinn bei theatralischer Verkörperung zu geizen. Man wird mir einräumen, dass es eine widersinnige Zumutung ist, binnen drei Stunden drei außerordentliche Menschen zu erschöpfen, deren Tätigkeit von vielleicht tausend Räderchen abhänget, so wie es in der Natur der Dinge unmöglich kann gegründet sein, dass sich drei außerordentliche Menschen auch dem durchdringendsten Geisterkenner innerhalb vierundzwanzig Stunden entblößen. Hier war Fülle ineinander gedrungener Realitäten vorhanden, die ich unmöglich in die allzu engen Palisaden des Aristoteles und Batteux einkeilen konnte.

Nun ist es aber nicht sowohl die Masse meines Schauspiels als vielmehr sein Inhalt, der es von der Bühne verbannet. Die Ökonomie desselben machte es notwendig, dass mancher Charakter auftreten musste, der das feinere Gefühl der Tugend beleidigt und die Zärtlichkeit unserer Sitten empört. Jeder Menschenmaler ist in diese Notwendigkeit gesetzt, wenn er anders eine Kopie der wirklichen Welt und keine idealische Affektationen, keine Kompendienmenschen will geliefert haben. Es ist einmal so die Mode in der Welt, dass die Guten durch die Bösen schattiert werden und die Tugend im Kontrast mit dem Laster das lebendigste Kolorit erhält. Wer sich den Zweck vorgezeichnet hat, das Laster zu stürzen und Religion, Moral und bürgerliche Gesetze an ihren Feinden zu rächen, ein solcher muss das Laster in seiner nackten Abscheulichkeit enthüllen und in seiner kolossalischen Größe vor das Auge der Menschheit stellen – er selbst muss augenblicklich seine nächtlichen Labyrinthe durchwandern – er muss sich in Empfindungen hineinzuzwingen wissen, unter deren Widernatürlichkeit sich seine Seele sträubt.

Das Laster wird hier mitsamt seinem ganzen innern Räderwerk entfaltet. Es löst in Franzen all die verworrenen Schauer des Gewissens in ohnmächtige Abstraktionen auf, skelettisiert die richtende Empfindung und scherzt die ernsthafte Stimme der Religion hinweg. Wer es einmal so weit gebracht hat (ein Ruhm, den wir ihm nicht beneiden), seinen Verstand auf Unkosten seines Herzens zu verfeinern, dem ist das Heiligste nicht heilig mehr – dem ist die Menschheit, die Gottheit nichts – beide Welten sind nichts in seinen Augen. Ich habe versucht, von einem Missmenschen dieser Art ein treffendes lebendiges Konterfei hinzuwerfen, die vollständige Mechanik seines Lastersystems auseinander zu gliedern – und ihre Kraft an der Wahrheit zu prüfen. Man unterrichte sich demnach im Verfolg dieser Geschichte, wie weit ihr's gelungen hat. – Ich denke, ich habe die Natur getroffen.

Nächst an diesem stehet ein anderer, der vielleicht nicht wenige meiner Leser in Verlegenheit setzen möchte. Ein Geist, den das äußerste Laster nur reizet um der Größe willen, die ihm anhänget, um der Kraft willen, die es erheischet, um der Gefahren willen, die es begleiten. Ein merkwürdiger, wichtiger Mensch, ausgestattet mit aller Kraft, nach der Richtung, die diese bekömmt, notwendig entweder ein Brutus oder ein Catilina zu werden. Unglückliche Konjunkturen entscheiden für das Zweite, und erst am Ende einer ungeheuren Verirrung gelangt er zu dem Ersten. Falsche Begriffe von Tätigkeit und Einfluss, Fülle von Kraft, die alle Gesetze übersprudelt, mussten sich natürlicherweise an bürgerlichen Verhältnissen zerschlagen, und zu diesen enthusiastischen Träumen von Größe und Wirksamkeit durfte sich nur eine Bitterkeit gegen die unidealische Welt gesellen, so war der seltsame Don Quixote fertig, den wir im Räuber Moor verabscheuen und lieben, bewundern und bedauern. Ich werde es hoffentlich nicht erst anmerken dörfen, dass ich dieses Gemälde so wenig nur allein Räubern vorhalte, als die Satire des Spaniers nur allein Ritter geißelt.

Auch ist itzo der große Geschmack, seinen Witz auf Kosten der Religion spielen zu lassen, dass man beinahe für kein Genie mehr passiert, wenn man nicht seinen gottlosen Satyr auf ihren heiligsten Wahrheiten sich herumtummeln lässt. Die edle Einfalt der Schrift muss sich in alltäglichen Assembleen von den so genannten witzigen Köpfen misshandeln und ins Lächerliche verzerren lassen; denn was ist so heilig und ernsthaft, das, wenn man es falsch verdreht, nicht belacht werden kann? – Ich kann hoffen, dass ich der Religion und der wahren Moral keine gemeine Rache verschafft habe, wenn ich diese mutwillige Schriftverächter in der Person meiner schändlichsten Räuber dem Abscheu der Welt überliefere.

Aber noch mehr. Diese unmoralische Charaktere, von denen vorhin gesprochen wurde, mussten von gewissen Seiten glänzen, ja oft von Seiten des Geistes gewinnen, was sie von Seiten des Herzens verlieren. Hierin habe ich nur die Natur gleichsam wörtlich abgeschrieben. Jedem, auch dem Lasterhaftesten, ist gewissermaßen der Stempel des göttlichen Ebenbilds aufgedrückt, und

Konterfei *(frz.)* Abbild, Bildnis

Mechanik heute würde man sagen: Mechanismus

→

Konjunktur *(lat., frz.)* das Zusammentreffen, der Umstand

enthusiastisch *(griech.)* begeistert

→

unidealische Welt die dem Ideal nicht entsprechende Welt

→

→

Assemblee *(frz.)* Versammlung, Zusammenkunft

Moralität *(frz.)* Sittlichkeit

imputabel *(frz.)* schwerwiegend

vielleicht hat der große Bösewicht keinen so weiten Weg zum großen Rechtschaffenen als der kleine; denn die Moralität hält gleichen Gang mit den Kräften, und je weiter die Fähigkeit, desto weiter und ungeheurer ihre Verirrung, desto imputabler ihre Verfälschung.

Klopstocks Adramelech weckt in uns eine Empfindung, worin Bewunderung in Abscheu schmilzt. Miltons Satan folgen wir mit schauderndem Erstaunen durch das unwegsame Chaos. Die Medea der alten Dramatiker bleibt bei all ihren Gräueln noch ein großes, staunenswürdiges Weib, und Shakespeares Richard hat so gewiss am Leser einen Bewunderer, als er auch ihn hassen würde, wenn er ihm vor der Sonne stünde. Wenn es mir darum zu tun ist, ganze Menschen hinzustellen, so muss ich auch ihre Vollkommenheiten mitnehmen, die auch dem Bösesten nie ganz fehlen. Wenn ich vor dem Tiger gewarnt haben will, so darf ich seine schöne, blendende Fleckenhaut nicht übergehen, damit man nicht den Tiger beim Tiger vermisse. Auch ist ein Mensch, der ganz Bosheit ist, schlechterdings kein Gegenstand der Kunst und äußert eine zurückstoßende Kraft, statt dass er die Aufmerksamkeit der Leser fesseln sollte. Man würde umblättern, wenn er redet. Eine edle Seele erträgt so wenig anhaltende moralische Dissonanzen als das Ohr das Gekritzel eines Messers auf Glas.

Dissonanz *(frz.)* Missklang

Aber eben darum will ich selbst missraten haben, dieses mein Schauspiel auf der Bühne zu wagen. Es gehört beiderseits, beim Dichter und seinem Leser, schon ein gewisser Gehalt von Geisteskraft dazu; bei jenem, dass er das Laster nicht ziere, bei diesem, dass er sich nicht von einer schönen Seite bestechen lasse, auch den hässlichen Grund zu schätzen. Meinerseits entscheide ein Dritter – aber von meinen Lesern bin ich es nicht ganz versichert. Der Pöbel, worunter ich keineswegs die Gassenkehrer allein will verstanden wissen, der Pöbel wurzelt (unter uns gesagt) weit um und gibt zum Unglück – den Ton an. Zu kurzsichtig, mein Ganzes auszureichen, zu kleingeistisch, mein Großes zu begreifen, zu boshaft, mein Gutes wissen zu wollen, wird er, fürcht ich, fast meine Absicht vereiteln, wird vielleicht eine Apologie des Lasters, das ich stürze, darin zu finden meinen und seine eigene Einfalt den armen Dichter entgelten lassen, dem man gemeiniglich alles, nur nicht Gerechtigkeit widerfahren lässt.

Dacapo *(ital.)* noch einmal, von vorn!

Es ist das ewige Dacapo mit Abdera und Demokrit, und unsre gute Hippokrate müssten ganze Plantagen Nieswurz erschöpfen, wenn sie dem Unwesen durch ein heilsames Dekokt abhelfen wollten. Noch so viele Freunde der Wahrheit mögen zusammenstehen, ihren Mitbürgern auf Kanzel und Schaubühne Schule zu halten, der Pöbel hört nie auf, Pöbel zu sein, und wenn Sonne und Mond sich wandeln und Himmel und Erde veralten wie ein Kleid. → Vielleicht hätt ich, den Schwachherzigen zu frommen, der Natur minder getreu sein sollen; aber wenn jener Käfer, den wir alle kennen, auch den Mist aus den Perlen stört, wenn man Exempel hat, dass Feuer verbrannt und Wasser ersäuft habe, soll darum Perle – Feuer – und Wasser konfisziert werden?

konfiszieren *(frz.)* einziehen

Ich darf meiner Schrift zufolge ihrer merkwürdigen Katastrophe mit Recht einen Platz unter den moralischen Büchern versprechen; das Laster nimmt den Ausgang, der seiner würdig ist. Der Verirrte tritt wieder in das Geleise der Gesetze. Die Tugend geht siegend davon. Wer nur so billig gegen mich handelt, mich ganz zu lesen, mich verstehen zu wollen, von dem kann ich erwarten, dass er – nicht den Dichter bewundere, aber den rechtschaffenen Mann in mir hoch schätze.

Geschrieben in der Ostermesse. 1781.

Der Herausgeber.

PERSONEN

MAXIMILIAN, regierender Graf von Moor
KARL } seine Söhne
FRANZ } seine Söhne
AMALIA VON EDELREICH
SPIEGELBERG, SCHWEIZER, GRIMM, RAZMANN, SCHUFTERLE, ROLLER, KOSINSKY, SCHWARZ } Libertiner, nachher Banditen ←
HERMANN, Bastard von einem Edelmann
DANIEL, Hausknecht des Grafen von Moor
Pastor MOSER
Ein Pater
Räuberbande
Nebenpersonen

← *Der Ort der Geschichte ist Teutschland, die Zeit ohngefähr zwei Jahre*

← Die Pfeile verweisen auf Anmerkungen im Anhang.
Kurze Worterläuterungen stehen direkt neben dem Text.

1. Akt, 1. Szene

ERSTER AKT

ERSTE SZENE

Franken.
Saal im Moorischen Schloss.

Franz. Der alte Moor.

FRANZ. Aber ist Euch auch wohl, Vater? Ihr seht so blass.

DER ALTE MOOR. Ganz wohl, mein Sohn – was hattest du mir zu sagen?

FRANZ. Die Post ist angekommen – ein Brief von unserm Korrespondenten in Leipzig –

DER ALTE MOOR *(begierig)*. Nachrichten von meinem Sohne Karl?

FRANZ. Hm! Hm! – So ist es. Aber ich fürchte – ich weiß nicht – ob ich – Eurer Gesundheit? – Ist Euch wirklich ganz wohl, mein Vater?

DER ALTE MOOR. Wie dem Fisch im Wasser! Von meinem Sohne schreibt er? – Wie kommst du zu dieser Besorgnis? Du hast mich zweimal gefragt.

FRANZ. Wenn Ihr krank seid – nur die leiseste Ahndung habt, es zu werden, so lasst mich – ich will zu gelegnerer Zeit zu Euch reden. *(Halb vor sich.)* Diese Zeitung ist nicht für einen zerbrechlichen Körper.

DER ALTE MOOR. Gott! Gott! was werd ich hören?

FRANZ. Lasst mich vorerst auf die Seite gehn und eine Träne des Mitleids vergießen um meinen verlornen Bruder – ich sollte schweigen auf ewig – denn er ist Euer Sohn; ich sollte seine Schande verhüllen auf ewig – denn er ist mein Bruder. – Aber Euch gehorchen ist meine erste, traurige Pflicht – darum vergebt mir.

DER ALTE MOOR. O Karl! Karl! Wüsstest du, wie deine Aufführung das Vaterherz foltert! Wie eine einzige frohe Nachricht von dir meinem Leben zehen Jahre zusetzen würde – mich zum Jüngling machen würde – da mich nun jede, ach! – einen Schritt näher ans Grab rückt!

FRANZ. Ist es das, alter Mann, so lebt wohl – wir alle würden noch heute die Haare ausraufen über Eurem Sarge.

DER ALTE MOOR. Bleib! – Es ist noch um den kleinen kurzen Schritt zu tun – lass ihm seinen Willen. *(Indem er sich niedersetzt.)* Die Sünden seiner Väter werden heimgesucht im dritten und vierten Glied – lass ihn's vollenden.

sehen aussehen

Korrespondent Briefschreiber, Briefpartner

Zeitung Nachricht

1. Akt, 1. Szene

FRANZ *(nimmt den Brief aus der Tasche)*. Ihr kennt unsern Korrespondenten! Seht! Den Finger meiner rechten Hand wollt ich drum geben, dürft ich sagen, er ist ein Lügner, ein schwarzer, giftiger Lügner. – – Fasst Euch! Ihr vergebt mir, wenn ich Euch den Brief nicht selbst lesen lasse – noch dörft Ihr nicht alles hören.

DER ALTE MOOR. Alles, alles – mein Sohn, du ersparst mir die Krücke.

FRANZ *(liest)*. „Leipzig, vom 1. Mai. – Verbände mich nicht eine unverbrüchliche Zusage, dir auch nicht das Geringste zu verhehlen, was ich von den Schicksalen deines Bruders auffangen kann, liebster Freund, nimmermehr würde meine unschuldige Feder an dir zur Tyrannin geworden sein. Ich kann aus hundert Briefen von dir abnehmen, wie Nachrichten dieser Art dein brüderliches Herz durchbohren müssen, mir ist's, als säh ich dich schon um den Nichtswürdigen, den Abscheulichen" – – *(Der alte Moor verbirgt sein Gesicht.)* Seht Vater! ich lese Euch nur das Glimpflichste – „den Abscheulichen in tausend Tränen ergossen", – ach sie flossen – stürzten stromweis von dieser mitleidigen Wange – „mir ist's, als säh ich schon deinen alten, frommen Vater totenbleich" – Jesus Maria! Ihr seid's, eh Ihr noch das Mindeste wisset?

DER ALTE MOOR. Weiter! Weiter!

FRANZ. „Totenbleich in seinen Stuhl zurücktaumeln und dem Tage fluchen, an dem ihm zum ersten Mal Vater entgegengestammelt ward. Man hat mir nicht alles entdecken mögen, und von dem Wenigen, das ich weiß, erfährst du nur weniges. Dein Bruder scheint nun das Maß seiner Schande gefüllt zu haben; ich wenigstens kenne nichts über dem, was er wirklich erreicht hat, wenn nicht sein Genie das meinige hierin übersteigt. Gestern um Mitternacht hatte er den großen Entschluss, nach vierzigtausend Dukaten Schulden" – ein hübsches Taschengeld, Vater! – „nachdem er zuvor die Tochter eines reichen Bankiers allhier entjungfert und ihren Galan, einen braven Jungen von Stand, im Duell auf den Tod verwundet, mit sieben andern, die er mit in sein Luderleben gezogen, dem Arm der Justiz zu entlaufen" – Vater! Um Gotteswillen, Vater! Wie wird Euch?

DER ALTE MOOR. Es ist genug. – Lass ab, mein Sohn!

FRANZ. Ich schone Eurer – „Man hat ihm Steckbriefe nachgeschickt, die Beleidigte schreien laut um Genugtuung, ein Preis ist auf seinen Kopf gesetzt – der Name Moor" – Nein! Meine arme Lippen sollen nimmermehr einen Vater ermorden! *(Zerreißt den Brief.)* Glaubt es nicht, Vater! Glaubt ihm keine Silbe!

1. Akt, 1. Szene

DER ALTE MOOR *(weint bitterlich)*. Mein Name! Mein ehrlicher Name!

FRANZ *(fällt ihm um den Hals)*. Schändlicher, dreimal schändlicher Karl! Ahndete mir's nicht, da er, noch ein Knabe, den Mädels so nachschlenderte, mit Gassenjungen und elendem Gesindel auf Wiesen und Bergen sich herumhetzte, den Anblick der Kirche wie ein Missetäter das Gefängnis floh und die Pfennige, die er Euch abquälte, dem ersten dem besten Bettler in den Hut warf, während dass wir daheim mit frommen Gebeten und heiligen Predigtbüchern uns erbauten? – Ahndete mir's nicht, da er die Abenteuer des Julius Cäsar und Alexander Magnus und anderer stockfinsterer Heiden lieber las als die Geschichte des bußfertigen Tobias? – Hundert Mal hab ich's Euch geweissagt, denn meine Liebe zu ihm war immer in den Schranken der kindlichen Pflicht – der Junge wird uns alle noch in Elend und Schande stürzen! – O dass er Moors Namen nicht trüge! dass mein Herz nicht so warm für ihn schlüge! Die gottlose Liebe, die ich nicht vertilgen kann, wird mich noch einmal vor Gottes Richterstuhl anklagen.

Alexander Magnus
Alexander der Große (356–323 v. Chr.)
→

DER ALTE MOOR. Oh – meine Aussichten! Meine goldenen Träume!

FRANZ. Das weiß ich wohl. Das ist es ja, was ich eben sagte. Der feurige Geist, der in dem Buben lodert, sagtet Ihr immer, der ihn für jeden Reiz von Größe und Schönheit so empfindlich macht, diese Offenheit, die seine Seele auf dem Auge spiegelt, diese Weichheit des Gefühls, die ihn bei jedem Leiden in weinende Sympathie dahinschmelzt, dieser männliche Mut, der ihn auf den Wipfel hundertjähriger Eichen treibet und über Gräben und Palisaden und reißende Flüsse jagt, dieser kindische Ehrgeiz, dieser unüberwindliche Starrsinn und alle diese schöne, glänzende Tugenden, die im Vatersöhnchen keimten, werden ihn dereinst zu einem warmen Freund eines Freundes, zu einem trefflichen Bürger, zu einem Helden, zu einem großen, großen Manne machen. – Seht Ihr's nun, Vater! – Der feurige Geist hat sich entwickelt, ausgebreitet, herrliche Früchte hat er getragen. Seht diese Offenheit, wie hübsch sie sich zur Frechheit herumgedreht hat; seht diese Weichheit, wie zärtlich sie für Koketten girret, wie so empfindsam für die Reize einer Phryne! → Seht dieses feurige Genie, wie es das Öl seines Lebens in sechs Jährchen so rein weggebrannt hat, dass er bei lebendigem Leibe umgeht, und da kommen die Leute und sind so unverschämt und sagen: c'est l'amour qui a fait ça! Ah! seht doch diesen kühnen, unternehmenden Kopf, wie er Plane schmiedet und aus-

C'est l'amour qui a fait ça!
Das hat die Liebe getan, bewirkt

Monument zwischen Himmel und Erde der Galgen

Wehmutter Hebamme

← führt, vor denen die Heldentaten eines Cartouches und Howards verschwinden! – Und wenn erst diese prächtigen Keime zur vollen Reife erwachsen, – was lässt sich auch von einem so zarten Alter Vollkommenes erwarten? – Vielleicht, Vater, erlebet Ihr noch die Freude, ihn an der Fronte eines Heeres zu erblicken, das in der heiligen Stille der Wälder residieret und dem müden Wanderer seine Reise um die Hälfte der Bürde erleichtert – vielleicht könnt Ihr noch, eh Ihr zu Grabe geht, eine Wallfahrt nach seinem Monumente tun, das er sich zwischen Himmel und Erden errichtet – vielleicht, o Vater, Vater, Vater – seht Euch nach einem andern Namen um, sonst deuten Krämer und Gassenjungen mit Fingern auf Euch, die Euren Herrn Sohn auf dem Leipziger Marktplatz im Porträt gesehen haben. ←

DER ALTE MOOR. Und auch du, mein Franz, auch du? O meine Kinder! Wie sie nach meinem Herzen zielen!

FRANZ. Ihr seht, ich kann auch witzig sein; aber mein Witz ist Skorpionstich. – Und dann der trockne Alltagsmensch, der kalte, hölzerne Franz und wie die Titelchen alle heißen mögen, die Euch der Kontrast zwischen ihm und mir mocht' eingegeben haben, wenn er Euch auf dem Schoße saß oder in die Backen zwickte – der wird einmal zwischen seinen Grenzsteinen sterben und modern und vergessen werden, wenn der Ruhm dieses Universalkopfes von einem Pole zum andern fliegt – Ha! mit gefaltnen Händen dankt dir, o Himmel, der kalte, trockne, hölzerne Franz – dass er nicht ist wie dieser!

DER ALTE MOOR. Vergib mir, mein Kind; zürne nicht auf einen Vater, der sich in seinen Planen betrogen findet. Der Gott, der mir durch Karln Tränen zusendet, wird sie durch dich, mein Franz, aus meinen Augen wischen.

FRANZ. Ja, Vater, aus Euren Augen soll er sie wischen. Euer Franz wird sein Leben dran setzen, das Eurige zu verlängern. Euer Leben ist das Orakel, das ich vor allem zu Rate ziehe über dem, was ich tun will, der Spiegel, durch den ich alles betrachte – keine Pflicht ist mir so heilig, die ich nicht zu brechen bereit bin, wenn's um Euer kostbares Leben zu tun ist. – Ihr glaubt mir das?

DER ALTE MOOR. Du hast noch große Pflichten auf dir, mein Sohn – Gott segne dich für das, was du mir warst und sein wirst!

FRANZ. Nun sagt mir einmal – wenn Ihr diesen Sohn nicht den Euren nennen müsstet, Ihr wärt ein glücklicher Mann?

DER ALTE MOOR. Stille! o stille! Da ihn die Wehmutter mir brachte, hub ich ihn gen Himmel und rief: Bin ich nicht ein glücklicher Mann?

1. Akt, 1. Szene

FRANZ. Das sagtet Ihr. Nun, habt Ihr's gefunden? Ihr beneidet den schlechtesten Eurer Bauren, dass er nicht Vater ist zu diesem. – Ihr habt Kummer, solang Ihr diesen Sohn habt. Dieser Kummer wird wachsen mit Karln. Dieser Kummer wird Euer Leben untergraben.

DER ALTE MOOR. Oh! er hat mich zu einem achtzigjährigen Manne gemacht.

FRANZ. Nun also – wenn Ihr dieses Sohnes Euch entäußertet?

DER ALTE MOOR *(auffahrend)*. Franz! Franz! was sagst du?

FRANZ. Ist es nicht diese Liebe zu ihm, die Euch all den Gram macht? Ohne diese Liebe ist er für Euch nicht da. Ohne diese strafbare, diese verdammliche Liebe ist er Euch gestorben – ist er Euch nie geboren. Nicht Fleisch und Blut, das Herz macht uns zu Vätern und Söhnen. Liebt Ihr ihn nicht mehr, so ist diese Abart auch Euer Sohn nicht mehr, und wär er aus Eurem Fleische geschnitten. Er ist Euer Augapfel gewesen bisher, nun aber, ärgert dich dein Auge, sagt die Schrift, so reiß es aus. Es ist besser, einäugig gen Himmel als mit zwei Augen in die Hölle. Es ist besser, kinderlos gen Himmel, als wenn beide, Vater und Sohn, in die Hölle fahren. So spricht die Gottheit! →

DER ALTE MOOR. Du willst, ich soll meinen Sohn verfluchen?

FRANZ. Nicht doch! nicht doch! – Euren Sohn sollt Ihr nicht verfluchen. Was heißt Ihr Euren Sohn? – Dem Ihr das Leben gegeben habt, wenn er sich auch alle ersinnliche Mühe gibt, das Eurige zu verkürzen?

DER ALTE MOOR. Oh, das ist allzu wahr! das ist ein Gericht über mich. Der Herr hat's ihm geheißen.

FRANZ. Seht Ihr's, wie kindlich Euer Busenkind an Euch handelt? Durch Eure väterliche Teilnehmung erwürgt er Euch, mordet Euch durch Eure Liebe, hat Euer Vaterherz selbst bestochen, Euch den Garaus zu machen. Seid Ihr einmal nicht mehr, so ist er Herr Eurer Güter, König seiner Triebe. Der Damm ist weg, und der Strom seiner Lüste kann itzt freier dahinbrausen. Denkt Euch einmal an seine Stelle! Wie oft muss er den Vater unter die Erde wünschen – wie oft den Bruder – die ihm im Lauf seiner Exzesse so unbarmherzig im Weg stehen. Ist das aber Liebe gegen Liebe? Ist das kindliche Dankbarkeit gegen väterliche Milde? Wenn er dem geilen Kitzel eines Augenblicks zehn Jahre Eures Lebens aufopfert? Wenn er den Ruhm seiner Väter, der sich schon sieben Jahrhunderte unbefleckt erhalten hat, in einer wollüstigen Minute aufs Spiel setzt? Heißt Ihr das Euren Sohn? Antwortet! Heißt Ihr das einen Sohn?

Exzess *(frz.)* Ausschweifung

1. Akt, 1. Szene

Vorschub Entschuldigung

DER ALTE MOOR. Ein unzärtliches Kind! ach! aber mein Kind doch! mein Kind doch!

FRANZ. Ein allerliebstes, köstliches Kind, dessen ewiges Studium ist, keinen Vater zu haben. – O dass Ihr's begreifen lerntet! dass Euch die Schuppen fielen vom Auge! Aber Eure Nachsicht muss ihn in seinen Liederlichkeiten befestigen, Euer Vorschub ihnen Rechtmäßigkeit geben. Ihr werdet freilich den Fluch von seinem Haupte laden, auf Euch, Vater, auf Euch wird der Fluch der Verdammnis fallen.

DER ALTE MOOR. Gerecht! sehr gerecht! – Mein, mein ist alle Schuld!

FRANZ. Wie viele Tausende, die voll sich gesoffen haben vom Becher der Wollust, sind durch Leiden gebessert worden! Und ist nicht der körperliche Schmerz, der jedes Übermaß begleitet, ein Fingerzeig des göttlichen Willens? Sollte ihn der Mensch durch seine grausame Zärtlichkeit verkehren? Soll der Vater das ihm anvertraute Pfand auf ewig zu Grund richten? – Bedenkt, Vater, wenn Ihr ihn seinem Elend auf einige Zeit preisgeben werdet, wird er nicht entweder umkehren müssen und sich bessern? Oder er wird auch in der großen Schule des Elends ein Schurke bleiben, und dann – wehe dem Vater, der die Ratschlüsse einer höheren Weisheit durch Verzärtlung zernichtet! – Nun, Vater?

DER ALTE MOOR. Ich will ihm schreiben, dass ich meine Hand von ihm wende.

FRANZ. Da tut Ihr recht und klug daran.

DER ALTE MOOR. Dass er nimmer vor meine Augen komme.

FRANZ. Das wird eine heilsame Wirkung tun.

DER ALTE MOOR *(zärtlich)*. Bis er anders worden!

FRANZ. Schon recht, schon recht! – Aber, wenn er nun kommt mit der Larve des Heuchlers, Euer Mitleid erweint, Eure Vergebung sich erschmeichelt und morgen hingeht und Eurer Schwachheit spottet im Arm seiner Huren? – Nein, Vater! Er wird freiwillig wiederkehren, wenn ihn sein Gewissen rein gesprochen hat.

DER ALTE MOOR. So will ich ihm das auf der Stelle schreiben.

FRANZ. Halt! noch ein Wort, Vater! Eure Entrüstung, fürchte ich, möchte Euch zu harte Worte in die Feder werfen, die ihm das Herz zerspalten würden – und dann – glaubt Ihr nicht, dass er das schon für Verzeihung nehmen werde, wenn Ihr ihn noch eines eigenhändigen Schreibens wert haltet? Darum wird's besser sein, Ihr überlasst das Schreiben mir.

DER ALTE MOOR. Tu das, mein Sohn. – Ach, es hätte mir doch das Herz gebrochen! Schreib ihm – –

FRANZ *(schnell)*. Dabei bleibt's also?

DER ALTE MOOR. Schreib ihm, dass ich tausend blutige Tränen, tausend schlaflose Nächte – aber bring meinen Sohn nicht zur Verzweiflung!

FRANZ. Wollt Ihr Euch nicht zu Bette legen, Vater? Es griff Euch hart an.

DER ALTE MOOR. Schreib ihm, dass die väterliche Brust – ich sage dir, bring meinen Sohn nicht zur Verzweiflung! *(Geht traurig ab.)*

FRANZ *(mit Lachen ihm nachsehend)*. Tröste dich, Alter, du wirst ihn nimmer an diese Brust drücken, der Weg dazu ist ihm verrammelt wie der Himmel der Hölle. – Er war aus deinen Armen gerissen, ehe du wusstest, dass du es wollen könntest – da müsst ich ein erbärmlicher Stümper sein, wenn ich's nicht einmal so weit gebracht hätte, einen Sohn vom Herzen des Vaters loszulösen, und wenn er mit ehernen Banden daran geklammert wäre. – Ich hab einen magischen Kreis von Flüchen um dich gezogen, den er nicht überspringen soll. – Glück zu, Franz! Weg ist das Schoßkind – der Wald ist heller. Ich muss diese Papiere vollends aufheben, wie leicht könnte jemand meine Handschrift kennen! *(Er liest die zerrissenen Briefstücke zusammen.)* – Und Gram wird auch den Alten bald fortschaffen, – und ihr muss ich diesen Karl aus dem Herzen reißen, wenn auch ihr halbes Leben dran hängen bleiben sollte.

magischer Kreis Zauberkreis

Ich habe große Rechte, über die Natur ungehalten zu sein, und bei meiner Ehre! ich will sie geltend machen. – Warum bin ich nicht der Erste aus Mutterleib gekrochen? Warum nicht der Einzige? Warum musste sie mir diese Bürde von Hässlichkeit aufladen? Gerade mir? Nicht anders, als ob sie bei meiner Geburt einen Rest gesetzt hätte. Warum gerade mir die Lappländersnase? Gerade mir dieses Mohrenmaul? diese Hottentottenaugen? Wirklich, ich glaube, sie hat von allen Menschensorten das Scheußliche auf einen Haufen geworfen und mich daraus gebacken. Mord und Tod! Wer hat ihr die Vollmacht gegeben, jenem dieses zu verleihen und mir vorzuenthalten? Könnte ihr jemand darum hofieren, eh er entstund? Oder sie beleidigen, eh er selbst wurde? Warum ging sie so parteilich zu Werke?

→

Nein! nein! Ich tu ihr Unrecht. Gab sie uns doch Erfindungsgeist mit, setzte uns nackt und armselig ans Ufer dieses großen Ozeans Welt. – Schwimme, wer schwimmen kann, und wer zu plump ist, geh unter! Sie gab mir nichts mit; wozu ich mich machen will, das ist nun meine Sache. Jeder hat gleiches Recht zum Größten und Kleinsten; Anspruch wird an Anspruch, Trieb an Trieb und Kraft an Kraft zernichtet. Das Recht wohnet beim Überwältiger, und die Schranken unserer Kraft sind unsere Gesetze.

Pakta Mehrzahl von *lat.* Paktum = der Pakt, der Vertrag

Wohl gibt es gewisse gemeinschaftliche Pakta, die man geschlossen hat, die Pulse des Weltzirkels zu treiben. Ehrlicher Name! – Wahrhaftig, eine reichhaltige Münze, mit der sich meisterlich schachern lässt, wer's versteht, sie gut auszugeben. Gewissen – o ja freilich! ein tüchtiger Lumpenmann, Sperlinge von Kirschbäumen wegzuschröcken! – auch das ein gut geschriebener Wechselbrief, mit dem auch der Bankerottierer zur Not noch hinauslangt.

←

ohne Anstand ohne Bedenken, ohne Zweifel

schnackische Anstalten spaßige Einrichtungen

weiland vergangen, verstorben. *Hier*: vernichtet

In der Tat sehr lobenswürdige Anstalten, die Narren im Respekt und den Pöbel unter dem Pantoffel zu halten, damit die Gescheiten es desto bequemer haben. Ohne Anstand, recht schnackische Anstalten! Kommen mir für wie die Hecken, die meine Bauren gar schlau um ihre Felder herumführen, dass ja kein Hase drüber setzt, ja beileibe kein Hase! – Aber der gnädige Herr gibt seinem Rappen den Sporn und galoppiert weich über der weiland Ernte.

Hausmann Hausvater

Armer Hase! Es ist doch eine jämmerliche Rolle, der Hase sein müssen auf dieser Welt – aber der gnädige Herr braucht Hasen! Also frisch drüber hinweg! Wer nichts fürchtet, ist nicht weniger mächtig als der, den alles fürchtet. Es ist itzo die Mode, Schnallen an den Beinkleidern zu tragen, womit man sie nach Belieben weiter und enger schnürt. Wir wollen uns ein Gewissen nach der neuesten Façon anmessen lassen, um es hübsch weiter aufzuschnallen, wie wir zulegen. Was können wir dafür? Geht zum Schneider! Ich habe Langes und Breites von einer so genannten Blutliebe schwatzen gehört, das einem ordentlichen Hausmann den Kopf heiß machen könnte. – Das ist dein Bruder! – das ist verdolmetscht: Er ist aus eben dem Ofen geschossen worden, aus dem du geschossen bist – also sei er dir heilig! – Merkt doch einmal diese verzwickte Konsequenz, diesen possierlichen Schluss von der Nachbarschaft der Leiber auf die Harmonie der Geister, von eben derselben Heimat zu eben derselben Empfindung, von einerlei Kost zu einerlei Neigung. Aber weiter – es ist dein Vater! Er hat dir das Leben gegeben, du bist sein Fleisch, sein Blut – also sei er dir heilig. Wiederum eine schlaue Konsequenz! Ich möchte doch fragen, warum hat er mich gemacht? Doch wohl nicht gar aus Liebe zu mir, der erst ein Ich werden sollte? Hat er mich gekannt, ehe er mich machte? Oder hat er mich gedacht, wie er mich machte? Oder hat er mich gewünscht, da er mich machte? Wusste er, was ich werden würde? Das wollt ich ihm nicht raten, sonst möcht ich ihn dafür strafen, dass er mich doch gemacht hat! Kann ich's ihm Dank wissen, dass ich ein Mann wurde? So wenig, als ich ihn verklagen könnte, wenn er ein Weib aus mir gemacht hätte. Kann ich eine Liebe erkennen, die sich nicht auf Achtung gegen mein Selbst gründet? Konnte Achtung gegen mein Selbst vorhanden sein, das erst dardurch entstehen sollte, davon es die Voraussetzung sein muss? Wo stickt dann nun das Heilige? Etwa im Aktus selber, durch den ich entstund? – Als wenn dieser etwas mehr wäre als viehischer Prozess zur Stillung viehischer Begierden! Oder stickt es vielleicht im Resultat dieses Aktus, der doch nichts ist als eiserne Notwendigkeit, die man so gern wegwünschte, wenn's nicht auf Unkosten von Fleisch und Blut geschehn müsste? Soll ich ihm etwa darum gute Worte geben, dass er mich liebt? Das ist eine Eitelkeit von ihm, die Schoßsünde aller Künstler, die sich in ihrem Werk kokettieren, wär es auch noch so hässlich. – Sehet also, das ist die ganze Hexerei, die ihr in einen heiligen Nebel verschleiert, unsre Furchtsamkeit zu missbrauchen. Soll auch ich mich dadurch gängeln lassen wie einen Knaben?

Frisch also! mutig ans Werk! – Ich will alles um mich her ausrotten, was mich einschränkt, dass ich nicht Herr bin. Herr muss ich sein, dass ich das mit Gewalt ertrotze, wozu mir die Liebenswürdigkeit gebricht. *(Ab.)*

Kann ich eine Liebe erkennen ... „erkennen". *Hier*: anerkennen

ZWEITE SZENE

Schenke an den Grenzen von Sachsen.

Karl von Moor, in ein Buch vertieft. Spiegelberg, trinkend am Tisch.

Säkulum *(lat.)* Jahrhundert, Zeitalter

KARL VON MOOR *(legt das Buch weg)*. Mir ekelt vor diesem tintenklecksenden Säkulum, wenn ich in meinem Plutarch lese von großen Menschen.

SPIEGELBERG *(stellt ihm ein Glas hin und trinkt)*. Den Josephus musst du lesen.

MOOR. Der lohe Lichtfunke Prometheus' ist ausgebrannt, dafür nimmt man itzt die Flamme von Bärlappenmehl – Theaterfeuer, das keine Pfeife Tabak anzündet. Da krabbeln sie nun wie die Ratten auf der Keule des Herkules und studieren sich das Mark aus dem Schädel, was das für ein Ding sei, das er in seinen Hoden geführt hat? Ein französischer Abbé doziert, Alexander sei ein Hasenfuß gewesen, ein schwindsüchtiger Professor hält sich bei jedem Wort ein Fläschchen Salmiakgeist vor die Nase und liest ein Kollegium über die Kraft. Kerls, die in Ohnmacht fallen, wenn sie einen Buben gemacht haben, kritteln über die Taktik des Hannibals – feuchtohrige Buben fischen Phrases aus der Schlacht bei Cannä und greinen über die Siege des Scipio, weil sie sie exponieren müssen.

Abbé *(frz.)* in Frankreich Bezeichnung für den Weltgeistlichen

SPIEGELBERG. Das ist ja recht alexandrinisch geflennt.

MOOR. Schöner Preis für euren Schweiß in der Feldschlacht, dass ihr jetzt in Gymnasien lebet und eure Unsterblichkeit in einem Bücherriemen mühsam fortgeschleppt wird. Kostbarer Ersatz eures verprassten Blutes, von einem Nürnberger Krämer um Lebkuchen gewickelt – oder, wenn's glücklich geht, von einem französischen Tragödienschreiber auf Stelzen geschraubt und mit Drahtfäden gezogen zu werden. Hahaha!

exponieren *(lat.)* ins Deutsche übersetzen

um Lebkuchen gewickelt auf bedrucktem Altpapier

SPIEGELBERG *(trinkt)*. Lies den Josephus, ich bitte dich drum.

MOOR. Pfui! Pfui über das schlappe Kastratenjahrhundert, zu nichts nütze, als die Taten der Vorzeit wiederzukäuen und die Helden des Altertums mit Kommentationen zu schinden und zu verhunzen mit Trauerspielen. Die Kraft seiner Lenden ist versiegen gegangen, und nun muss Bierhefe den Menschen fortpflanzen helfen.

Kastrat *(lat.)* Verschnittener

Kommentation *(frz.)* Erklärung

SPIEGELBERG. Tee, Bruder, Tee!

MOOR. Da verrammeln sie sich die gesunde Natur mit abgeschmackten Konventionen, haben das Herz nicht, ein Glas zu leeren, weil sie Gesundheit dazu trinken müssen – belecken den Schuhputzer, dass er sie vertrete bei Ihro Gnaden, und hudeln den armen Schelm, den sie nicht fürchten. – Vergöttern sich um ein Mittagessen und möchten einander vergiften um ein Unterbett, das ihnen beim Aufstreich überboten wird. – Verdammen den Sadduzäer, der nicht fleißig genug in die Kirche kommt, und berechnen ihren Judenzins am Altare – fallen auf die Knie, damit sie ja ihren Schlamp ausbreiten können – wenden kein Aug von dem Pfarrer, damit sie sehen, wie seine Perücke frisiert ist. – Fallen in Ohnmacht, wenn sie eine Gans bluten sehen, und klatschen in die Hände, wenn ihr Nebenbuhler bankerott von der Börse geht. – – So warm ich ihnen die Hand drückte: – Nur noch einen Tag! – Umsonst! – Ins Loch mit dem Hund! – Bit-

hudeln als Lumpen (Hudel) behandeln; quälen *(oberdeutsch)*

Aufstreich Versteigerung an den Meistbietenden

Schlamp *hier*: die weite Schleppe am Frauenkleid

ten! Schwüre! Tränen! *(Auf den Boden stampfend.)* Hölle und Teufel.

SPIEGELBERG. Und um so ein paar tausend lausige Dukaten –

MOOR. Nein, ich mag nicht daran denken! Ich soll meinen Leib pressen in eine Schnürbrust und meinen Willen schnüren in Gesetze. Das Gesetz hat zum Schneckengang verdorben, was Adlerflug geworden wäre. Das Gesetz hat noch keinen großen Mann gebildet, aber die Freiheit brütet Kolosse und Extremitäten aus. Sie verpalisadieren sich ins Bauchfell eines Tyrannen, hofieren der Laune seines Magens und lassen sich klemmen von seinen Winden. – Ah! dass der Geist Hermanns noch in der Asche glimmte! – Stelle mich vor ein Heer Kerls wie ich, und aus Deutschland soll eine Republik werden, gegen die Rom und Sparta Nonnenklöster sein sollen. *(Er wirft den Degen auf den Tisch und steht auf.)*

SPIEGELBERG *(aufspringend)*. Bravo! Bravissimo! Du bringst mich eben recht auf das Chapitre. Ich will dir was ins Ohr sagen, Moor, das schon lang mit mir umgeht, und du bist der Mann dazu – sauf, Bruder, sauf – wie wär's, wenn wir Juden würden und das Königreich wieder aufs Tapet brächten?

MOOR *(lacht aus vollem Halse)*. Ah! nun merk ich – nun merk ich – du willst die Vorhaut aus der Mode bringen, weil der Barbier die deinige schon hat?

SPIEGELBERG. Dass dich Bärenhäuter! Ich bin freilich wunderbarerweis schon voraus beschnitten. Aber sag, ist das nicht ein schlauer und herzhafter Plan? Wir lassen ein Manifest ausgehen in alle vier Enden der Welt und zitieren nach Palästina, was kein Schweinefleisch isst. Da beweis ich nun durch triftige Dokumente, Herodes, der Vierfürst, sei mein Großahnherr gewesen, und so ferner. Das wird ein Viktoria abgeben, Kerl, wenn sie wieder ins Trockene kommen und Jerusalem wieder aufbauen dörfen. Itzt frisch mit den Türken aus Asien, weil's Eisen noch warm ist, und Zedern gehauen aus dem Libanon, und Schiffe gebaut, und geschachert mit alten Borten und Schnallen das ganze Volk. Mittlerweile –

MOOR *(nimmt ihn lächelnd bei der Hand)*. Kamerad! Mit den Narrenstreichen ist's nun am Ende.

SPIEGELBERG *(stutzig)*. Pfui, du wirst doch nicht gar den verlorenen Sohn spielen wollen? Ein Kerl wie du, der mit dem Degen mehr auf die Gesichter gekritzelt hat, als drei Substituten in einem Schaltjahr ins Befehlbuch schreiben! Soll ich dir von der großen Hundsleiche vorerzählen? Ha! ich muss nur dein eigenes Bild wieder vor dich rufen, das wird Feuer in deine Adern

Chapitre *(frz.)* Kapitel

Königreich das Königreich Palästina

Manifest *(lat.)* Kundgabe, öffentliche Erklärung

Zitieren *(lat.) hier*: bestellen, vorladen

Viktoria *(lat.)* Sieg, Sieggeschrei

Reskript *(lat., frz.)* Befehlsbrief

Magistrat *(lat.)* Obrigkeit einer Stadt

düsseln *(schwäbisch)* eigentlich: flüstern. *Hier*: sinnen

←

Konzilium *(lat.)* Ratsversammlung, bes. Kirchenversammlung

forcieren *(frz.)* zwingen

Abstreich Ausbietung an den Mindestfordernden

blasen, wenn dich sonst nichts mehr begeistert. Weißt du noch, wie die Herren vom Kollegio deiner Dogge das Bein hatten abschießen lassen, und du zur Revanche ließest ein Fasten ausschreiben in der ganzen Stadt? Man schmollte über dein Reskript. Aber du nicht faul, lässest alles Fleisch aufkaufen in ganz L., dass in acht Stund kein Knoch mehr zu nagen ist in der ganzen Rundung und die Fische anfangen im Preise zu steigen. Magistrat und Bürgerschaft düsselten Rache. Wir Pursche frisch heraus zu siebzehnhundert, und du an der Spitze, und Metzger und Schneider und Krämer hinterher, und Wirt und Barbierer und alle Zünfte, und fluchen, Sturm zu laufen wider die Stadt, wenn man den Purschen ein Haar krümmen wollte. Da ging's aus wie's Schießen zu Hornberg, und mussten abziehen mit langer Nase. Du lässest Doktores kommen ein ganzes Konzilium und botst drei Dukaten, wer dem Hund ein Rezept schreiben würde. Wir sorgten, die Herren werden zu viel Ehr im Leib haben und nein sagen, und hatten's schon verabred't, sie zu forcieren. Aber das war unnötig; die Herren schlugen sich um die drei Dukaten, und kam's im Abstreich herab auf drei Batzen, in einer Stund sind zwölf Rezepte geschrieben, dass das Tier auch bald drauf verreckte.

MOOR. Schändliche Kerls!

Carmina *(lat.)* Mehrzahl von Carmen = das Lied

Mort de ma vie *(frz.)* Bei meinem Leben!

SPIEGELBERG. Der Leichenpomp wird veranstaltet in aller Pracht, Carmina gab's die schwere Meng um den Hund, und zogen wir aus des Nachts gegen tausend, eine Laterne in der einen Hand, unsere Raufdegen in der andern, und so fort durch die Stadt mit Glockenspiel und Geklimper, bis der Hund beigesetzt war. Drauf gab's ein Fressen, das währt bis an den lichten Morgen, da bedanktest du dich bei den Herren für das herzliche Beileid und ließest das Fleisch verkaufen ums halbe Geld. Mort de ma vie, da hatten wir dir Respekt, wie eine Garnison in einer eroberten Festung –

MOOR. Und du schämst dich nicht, damit groß zu prahlen? Hast nicht einmal so viel Scham, dich dieser Streiche zu schämen?

der alte Filz gemeint ist Maximilian von Moor

SPIEGELBERG. Geh, geh! Du bist nicht mehr Moor. Weißt du noch, wie tausendmal du, die Flasche in der Hand, den alten Filzen hast aufgezogen und gesagt: Er soll nur drauflos schaben und scharren, du wollest dir dafür die Gurgel absaufen. – Weißt du noch? he? weißt du noch? O du heilloser, erbärmlicher Prahlhans! Das war noch männlich gesprochen und edelmännisch, aber –

MOOR. Verflucht seist du, dass du mich daran erinnerst! Verflucht ich, dass ich es sagte! Aber es war nur im Dampfe des Weins, und mein Herz hörte nicht, was meine Zunge prahlte.

SPIEGELBERG *(schüttelt den Kopf)*. Nein! nein! nein! das kann nicht sein. Unmöglich, Bruder, das kann dein Ernst nicht sein. Sag, Brüderchen, ist es nicht die Not, die dich so stimmt? Komm, lass dir ein Stückchen aus meinen Bubenjahren erzählen. Da hatt' ich neben meinem Haus einen Graben, der, wie wenig, seine acht Schuh breit war, wo wir Buben uns in die Wette bemühten hinüberzuspringen. Aber das war umsonst. Pflumpf! lagst du, und ward ein Gezisch und Gelächter über dir, und wurdest mit Schneeballen geschmissen über und über. Neben meinem Haus lag eines Jägers Hund an einer Kette, eine so bissige Bestie, die dir die Mädels wie der Blitz am Rockzipfel hatte, wenn sie sich's versahn und zu nah dran vorbeistrichen. Das war nun mein Seelengaudium, den Hund überall zu necken, wo ich nur konnte, und wollt' halb krepieren vor Lachen, wenn mich dann das Luder so giftig anstierte und so gern auf mich losgerannt wär, wenn's nur gekonnt hätte. – Was geschieht? Ein andermal mach ich's ihm auch wieder so und werf ihn mit einem Stein so derb an die Ripp, dass er vor Wut von der Kette reißt und auf mich dar, und ich wie alle Donnerwetter reißaus und davon – Tausend Schwerenot! Da ist dir just der vermaledeite Graben dazwischen. Was zu tun? Der Hund ist mir hart an den Fersen und wütig, also kurz resolviert – ein Anlauf genommen – drüben bin ich. Dem Sprung hatt' ich Leib und Leben zu danken; die Bestie hätte mich zuschanden gerissen.

MOOR. Aber wozu itzt das?

SPIEGELBERG. Dazu – dass du sehen sollst, wie die Kräfte wachsen in der Not. Darum lass ich mir's auch nicht bange sein, wenn's aufs Äußerste kommt. Der Mut wächst mit der Gefahr; die Kraft erhebt sich im Drang. Das Schicksal muss einen großen Mann aus mir haben wollen, weil's mir so quer durch den Weg streicht.

MOOR *(ärgerlich)*. Ich wüsste nicht, wozu wir den Mut noch haben sollten und noch nicht gehabt hätten.

SPIEGELBERG. So? – Und du willst also deine Gaben in dir verwittern lassen? Dein Pfund vergraben? Meinst du, deine Stinkereien in Leipzig machen die Grenzen des menschlichen Witzes aus? Da lass uns erst in die große Welt kommen. Paris und London! – wo man Ohrfeigen einhandelt, wenn man einen mit dem Namen eines ehrlichen Mannes grüßt. Da ist es auch ein Seelenjubilo, wenn man das Handwerk ins Große praktiziert. –

wie wenig schwäbisch für: wenigstens

Pflumpf schwäbisch aus dem niederdeutschen plumps

Seelengaudium Gaudium *(lat.)* = Freude

auf mich dar dar *(schwäb.)* = her, herab

resolviert *(frz.)* entschlossen

Grenzen des menschlichen Witzes Witz *hier*: Wissen, Verstand

Seelenjubilo Seelenjubel *(lat. jubilo = ich juble)*

praktizieren *(frz.)* anwenden, ausüben

Du wirst gaffen! Du wirst Augen machen! Wart, und wie man Handschriften nachmacht, Würfel verdreht, Schlösser aufbricht und den Koffern das Eingeweid ausschüttet – das sollst ← du noch von Spiegelberg lernen! Die Kanaille soll man an den nächsten besten Galgen knüpfen, die bei geraden Fingern verhungern will.

MOOR *(zerstreut)*. Wie? Du hast es wohl gar noch weiter gebracht?

SPIEGELBERG. Ich glaube gar, du setzest ein Misstrauen in mich. Wart, lass mich erst warm werden; du sollst Wunder sehen, dein Gehirnchen soll sich im Schädel umdrehen, wenn mein kreißender Witz in die Wochen kommt. – *(Steht auf, hitzig.)* Wie es sich aufhellt in mir! Große Gedanken dämmern auf in meiner Seele! Riesenplane gären in meinem schöpfrischen Schädel. Verfluchte Schlafsucht *(sich vorn Kopf schlagend)*, die bisher meine Kräfte in Ketten schlug, meine Aussichten sperrte und spannte; ich erwache, fühle, wer ich bin – wer ich werden muss!

kreißend gebärend

← MOOR. Du bist ein Narr. Der Wein bramarbasiert aus deinem Gehirne.

SPIEGELBERG *(hitziger)*. Spiegelberg, wird es heißen, kannst du hexen, Spiegelberg? Es ist schade, dass du kein General worden bist, Spiegelberg, wird der König sagen, du hättest die Östreicher durch ein Knopfloch gejagt. Ja, hör ich die Dokters jammern, es ist unverantwortlich, dass der Mann nicht die Medizin studiert hat, er hätte ein neues Kropfpulver erfunden. ← Ach! und dass er das Kamerale nicht zum Fach genommen hat, ← werden die Sullys in ihren Kabinetten seufzen, er hätte aus Stei- ← nen Louisdore hervorgezaubert. Und Spiegelberg wird es heißen in Osten und Westen, und in den Kot mit euch, ihr Memmen, ihr Kröten, indes Spiegelberg mit ausgespreiteten Flügeln zum Tempel des Nachruhms emporfliegt.

MOOR. Glück auf den Weg! Steig du auf Schandsäulen zum Gipfel des Ruhms. Im Schatten meiner väterlichen Haine, in den Armen meiner Amalia lockt mich ein edler Vergnügen. Schon die vorige Woche hab ich meinem Vater um Vergebung geschrieben, hab ihm nicht den kleinsten Umstand verschwiegen, und wo Aufrichtigkeit ist, ist auch Mitleid und Hilfe. Lass uns Abschied nehmen, Moritz. Wir sehen uns heut und nie mehr. Die Post ist angelangt. Die Verzeihung meines Vaters ist schon ← innerhalb dieser Stadtmauren.

Schweizer, Grimm, Roller, Schufterle, Razmann treten auf.

1. Akt, 2. Szene

ROLLER. Wisst ihr auch, dass man uns auskundschaftet?

GRIMM. Dass wir keinen Augenblick sicher sind aufgehoben zu werden?

MOOR. Mich wundert's nicht. Es gehe, wie es will! Saht ihr den Schwarz nicht? Sagt' er euch von keinem Brief, den er an mich hätte?

ROLLER. Schon lang sucht er dich, ich vermute so etwas.

MOOR. Wo ist er, wo? wo? *(Will eilig fort.)*

ROLLER. Bleib! wir haben ihn hieher beschieden. Du zitterst? –

MOOR. Ich zittre nicht. Warum sollt ich auch zittern? Kameraden! dieser Brief – freut euch mit mir! Ich bin der Glücklichste unter der Sonne, warum sollt ich zittern?

Schwarz tritt auf.

MOOR *(fliegt ihm entgegen)*. Bruder! Bruder! den Brief! den Brief!

SCHWARZ *(gibt ihm den Brief, den er hastig aufbricht)*. Was ist dir? Wirst du nicht wie die Wand?

MOOR. Meines Bruders Hand!

SCHWARZ. Was treibt denn der Spiegelberg?

GRIMM. Der Kerl ist unsinnig. Er macht Gestus wie beim Sankt-Veits-Tanz.

SCHUFTERLE. Sein Verstand geht im Ring herum. Ich glaub, er macht Verse.

RAZMANN. Spiegelberg! He, Spiegelberg! – Die Bestie hört nicht.

GRIMM *(schüttelt ihn)*. Kerl! träumst du, oder –?

SPIEGELBERG *(der sich die ganze Zeit über mit den Pantomimen eines Projektmachers im Stubeneck abgearbeitet hat, springt wild auf)* La bourse ou la vie! *(und packt Schweizern an der Gurgel, der ihn gelassen an die Wand wirft. – Moor lässt den Brief fallen und rennt hinaus. Alle fahren auf.)*

ROLLER *(ihm nach)*. Moor! wo 'naus, Moor? was beginnst du?

GRIMM. Was hat er, was hat er? Er ist bleich wie die Leiche.

SCHWEIZER. Das müssen schöne Neuigkeiten sein! Lass doch sehen!

ROLLER *(nimmt den Brief von der Erde und liest)*. „Unglücklicher Bruder!“, der Anfang klingt lustig. „Nur kürzlich muss ich dir melden, dass deine Hoffnung vereitelt ist – du sollst hingehen, lässt dir der Vater sagen, wohin dich deine Schandtaten führen. Auch, sagt er, werdest du dir keine Hoffnung machen, jemals Gnade zu seinen Füßen zu erwimmern, wenn du nicht gewärtig sein wollest, im untersten Gewölb seiner Türme mit Wasser und Brot so lang traktiert zu werden, bis →

Pantomime *(griech.)* Gebärdenspiel

Projektmacher Pläneschmied

das Stubeneck „das Eck“ ist süddeutsch

la bourse ou la vie *(frz.)* die Börse oder das Leben

kürzlich kurz

bis deine Haare wachsen ... nach AT, Daniel 4, 30

deine Haare wachsen wie Adlersfedern und deine Nägel wie Vogelsklauen werden. Das sind seine eigene Worte. Er befiehlt mir, den Brief zu schließen. Leb wohl auf ewig! Ich bedaure dich –

Franz von Moor."

SCHWEIZER. Ein zuckersüßes Brüderchen! In der Tat! – Franz heißt die Kanaille?

SPIEGELBERG *(sachte herbeischleichend)*. Von Wasser und Brot ist die Rede? Ein schönes Leben! Da hab ich anders für euch gesorgt! Sagt' ich's nicht, ich müsst am Ende für euch alle denken?

SCHWEIZER Was sagt der Schafskopf? Der Esel will für uns alle denken?

SPIEGELBERG. Hasen, Krüppel, lahme Hunde seid ihr alle, wenn ihr das Herz nicht habt, etwas Großes zu wagen!

vermaledeit *(lat.)* verflucht, verwünscht

raffinieren *(frz.)* verschlagen auf etwas sinnen

Damit trabt deine Mähre zum Stalle? Damit bist du zufrieden?

ROLLER. Nun, das wären wir freilich, du hast Recht – aber wird es uns auch aus dieser vermaledeiten Lage reißen, was du wagen wirst? wird es? –

SPIEGELBERG *(mit einem stolzen Gelächter)*. Armer Tropf! Aus dieser Lage reißen? hahaha! – aus dieser Lage reißen? – und auf mehr raffiniert dein Fingerhut voll Gehirn nicht? und damit trabt deine Mähre zum Stalle? Spiegelberg müsste ein Hundsfott sein, wenn er mit dem nur anfangen wollte. Zu Helden, sag ich dir, zu Freiherrn, zu Fürsten, zu Göttern wird's euch machen!

RAZMANN. Das ist viel auf einen Hieb, wahrlich! Aber es wird wohl eine halsbrechende Arbeit sein, den Kopf wird's wenigstens kosten.

SPIEGELBERG. Es will nichts als Mut, denn was den Witz betrifft, den nehm ich ganz über mich. Mut, sag ich, Schweizer! Mut! Roller, Grimm, Razmann, Schufterle! Mut! –

SCHWEIZER. Mut? Wenn's nur das ist – Mut hab ich genug, um barfuß mitten durch die Hölle zu gehn.

SCHUFTERLE. Mut genug, mich unterm lichten Galgen mit dem leibhaftigen Teufel um einen armen Sünder zu balgen.

SPIEGELBERG. So gefällt mir's! Wenn ihr Mut habt, tret einer auf und sag, er habe noch etwas zu verlieren und nicht alles zu gewinnen! –

SCHWARZ. Wahrhaftig, da gäb's manches zu verlieren, wenn ich das verlieren wollte, was ich noch zu gewinnen habe!

RAZMANN. Ja, zum Teufel! und manches zu gewinnen, wenn ich das gewinnen wollte, was ich nicht verlieren kann.

SCHUFTERLE. Wenn ich das verlieren müsste, was ich auf

Borgs auf dem Leibe trage, so hätt ich allenfalls morgen nichts mehr zu verlieren. →

SPIEGELBERG. Also denn! *(Er stellt sich mitten unter sie mit beschwörendem Ton.)* Wenn noch ein Tropfen deutschen Heldenbluts in euren Adern rinnt – kommt! Wir wollen uns in den böhmischen Wäldern niederlassen, dort eine Räuberbande zusammenziehen und – Was gafft ihr mich an? – Ist euer bisschen Mut schon verdampft? →

ROLLER. Du bist wohl nicht der erste Gauner, der über den hohen Galgen weggesehen hat – und doch – was hätten wir sonst noch für eine Wahl übrig?

SPIEGELBERG. Wahl? Was? Nichts habt ihr zu wählen! Wollt ihr im Schuldturm stecken und zusammenschnurren, bis man zum Jüngsten Tag posaunt? Wollt ihr euch mit der Schaufel und Haue um einen Bissen trocken Brot abquälen? Wollt ihr an der Leute Fenster mit einem Bänkelsängerlied ein mageres Almosen erpressen? – Oder wollt ihr zum Kalbsfell schwören – und da ist erst noch die Frage, ob man euren Gesichtern traut – und dort unter der milzsüchtigen Laune eines gebieterischen Korporals das Fegfeuer zum Voraus abverdienen? oder bei klingendem Spiel nach dem Takt der Trommel spazieren gehn, oder im Galiotenparadies das ganze Eisenmagazin Vulkans hinterherschleifen? Seht, das habt ihr zu wählen, da ist es beisammen, was ihr wählen könnt!

zusammenschnurren zusammenschrumpfen

→

→

→

Korporal Unteroffizier

→

ROLLER. So Unrecht hat der Spiegelberg eben nicht. Ich hab auch meine Plane schon zusammengemacht, aber sie treffen endlich auf eins. Wie wär's, dacht' ich, wenn ihr euch hinsetztet und ein Taschenbuch oder einen Almanach oder so was Ähnliches zusammensudeltet und um den lieben Groschen rezensiertet, wie's wirklich Mode ist? →

SCHUFTERLE. Zum Henker! ihr ratet nah zu meinen Projekten. Ich dachte bei mir selbst, wie, wenn du ein Pietist würdest und wöchentlich deine Erbauungsstunden hieltest?

GRIMM. Getroffen! und wenn das nicht geht, ein Atheist! Wir könnten die vier Evangelisten aufs Maul schlagen, ließen unser Buch durch den Schinder verbrennen, und so ging's reißend ab.

RAZMANN. Oder zögen wir wider die Franzosen zu Felde – ich kenne einen Doktor, der sich ein Haus von purem Quecksilber gebauet hat, wie das Epigramm auf der Haustüre lautet. → →

SCHWEIZER *(steht auf und gibt Spiegelberg die Hand)*. Moritz, du bist ein großer Mann! – oder es hat ein blindes Schwein eine Eichel gefunden.

SCHWARZ. Vortreffliche Plane! honette Gewerbe! Wie doch

honett *(frz.)* ehrlich

sympathisieren *(griech.)* übereinstimmen

die großen Geister sympathisieren! Itzt fehlte nur noch, dass wir Weiber und Kupplerinnen würden, oder gar unsere Jungferschaft zu Markte trieben.

poussieren *(frz.)* *hier*: vorwärts bringen

SPIEGELBERG. Possen! Possen! Und was hindert's, dass ihr nicht das meiste in einer Person sein könnt? Mein Plan wird euch immer am höchsten poussieren, und da habt ihr noch Ruhm und Unsterblichkeit! Seht, arme Schlucker! Auch so weit muss man hinausdenken! Auch auf den Nachruhm, das süße Gefühl von Unvergesslichkeit –

ROLLER. Und obenan in der Liste der ehrlichen Leute! Du bist ein Meisterredner, Spiegelberg, wenn's drauf ankommt, aus einem ehrlichen Mann einen Halunken zu machen. – Aber sag doch einer, wo der Moor bleibt?

Finte *(ital.)* Trugstoß beim Fechten. Listiger Einfall

SPIEGELBERG. Ehrlich, sagst du? Meinst du, du seist nachher weniger ehrlich, als du itzt bist? Was heißt du ehrlich? Reichen Filzen ein Drittteil ihrer Sorgen vom Hals schaffen, die ihnen nur den goldenen Schlaf verscheuchen, das stockende Geld in Umlauf bringen, das Gleichgewicht der Güter wieder herstellen, mit einem Wort, das goldne Alter wieder zurückrufen, dem lieben Gott von manchem lästigen Kostgänger helfen, ihm Krieg, Pestilenz, teure Zeit und Dokters ersparen – siehst du, das heiß ich ehrlich sein, das heiß ich ein würdiges Werkzeug in der Hand der Vorsehung abgeben. – Und so bei jedem Braten, den man isst, den schmeichelhaften Gedanken zu haben: den haben dir deine Finten, dein Löwenmut, deine Nachtwachen erworben – von Groß und Klein respektiert zu werden –

←

Potentat *(lat., frz.)* Machthaber

dreibeinigtes Tier der Galgen

ROLLER. Und endlich gar bei lebendigem Leibe gen Himmel fahren und trutz Sturm und Wind, trutz dem gefräßigen Magen der alten Urahne Zeit unter Sonn und Mond und allen Fixsternen schweben, wo selbst die unvernünftigen Vögel des Himmels, von edler Begierde herbeigelockt, ihr himmlisches Konzert musizieren, und die Engel mit Schwänzen ihr hochheiliges Synedrium halten? Nicht wahr? – Und wenn Monarchen und Potentaten von Motten und Würmern verzehrt werden, die Ehre haben zu dürfen, von Jupiters königlichem Vogel Visiten anzunehmen? – Moritz, Moritz, Moritz! nimm dich in Acht! nimm dich in Acht vor dem dreibeinigten Tiere!

←

Successionsleiter geschichtliche Zeitfolge, Erbfolge

SPIEGELBERG. Und das schröckt dich, Hasenherz? Ist doch schon manches Universalgenie, das die Welt hätte reformieren können, auf dem Schindanger verfault, und spricht man nicht von so einem Jahrhunderte, Jahrtausende lang, da mancher König und Kurfürst in der Geschichte überhüpft würde, wenn sein Geschichtschreiber die Lücke in der Successionsleiter nicht scheute und sein Buch dardurch nicht um ein paar Oktavseiten gewönne, die ihm der Verleger mit barem Gelde bezahlt. – Und wenn dich der Wanderer so hin und her fliegen sieht im Winde – der muss auch kein Wasser im Hirn gehabt haben, brummt er in den Bart und seufzt über die elenden Zeiten. →

SCHWEIZER *(klopft ihn auf die Achsel)*. Meisterlich, Spiegelberg! Meisterlich! Was, zum Teufel, steht ihr da und zaudert?

SCHWARZ. Und lass es auch Prostitution heißen – was folgt weiter? Kann man nicht auf den Fall immer ein Pülverchen mit sich führen, das einen so im Stillen übern Acheron fördert, wo kein Hahn darnach kräht? Nein, Bruder Moritz! dein Vorschlag ist gut. So lautet auch mein Katechismus. → →

Katechismus *(griech., lat.)* Bekenntnis

SCHUFTERLE. Blitz! Und der meine nicht minder. Spiegelberg, du hast mich geworben!

RAZMANN. Du hast, wie ein anderer Orpheus, die heulende Bestie, mein Gewissen, in den Schlaf gesungen. Nimm mich ganz, wie ich da bin! →

GRIMM. Si omnes consentiunt ego non dissentio. Wohlgemerkt, ohne Komma! Es ist ein Aufstreich in meinem Kopf: Pietisten – Quacksalber – Rezensenten und Jauner. Wer am meisten bietet, der hat mich. Nimm diese Hand, Moritz! →

Jauner schwäbische Nebenform zu Gauner

ROLLER. Und auch du, Schweizer? *(Gibt Spiegelberg die rechte Hand.)* Also verpfänd ich meine Seele dem Teufel.

SPIEGELBERG. Und deinen Namen den Sternen! Was liegt daran, wohin auch die Seele fährt? Wenn Scharen vorausgesprengter Kuriere unsere Niederfahrt melden, dass sich die Satane festtäglich herausputzen, sich den tausendjährigen Ruß aus den Wimpern stäuben und Myriaden gehörnter Köpfe aus der rauchenden Mündung ihrer Schwefelkamine hervorwachsen, unsern Einzug zu sehen? Kameraden! *(Aufgesprungen.)* Frisch auf! Kameraden! Was in der Welt wiegt diesen Rausch des Entzückens auf? Kommt, Kameraden! →

ROLLER. Sachte nur! sachte! Wohin? Das Tier muss auch seinen Kopf haben, Kinder!

SPIEGELBERG *(giftig)*. Was predigt der Zauderer? Stand nicht der Kopf schon, eh noch ein Glied sich regte? Folgt, Kameraden!

ROLLER. Gemach, sag ich. Auch die Freiheit muss ihren Herrn haben. Ohne Oberhaupt ging Rom und Sparta zugrunde.

SPIEGELBERG *(geschmeidig)*. Ja – haltet – Roller sagt recht. Und das muss ein erleuchteter Kopf sein. Versteht ihr? Ein feiner, politischer Kopf muss das sein! Ja! wenn ich mir's denke, was ihr vor einer Stunde waret, was ihr itzt seid – durch einen glücklichen Gedanken seid – ja, freilich, freilich müsst ihr einen Chef haben – und wer diesen Gedanken entsponnen, sagt, muss das nicht ein erleuchteter politischer Kopf sein?

ROLLER. Wenn sich's hoffen ließe – träumen ließe – aber ich fürchte, er wird es nicht tun.

SPIEGELBERG. Warum nicht? Sag's keck heraus, Freund! – So schwer es ist, das kämpfende Schiff gegen die Winde zu lenken, so schwer sie auch drückt, die Last der Kronen – sag's unverzagt, Roller, – vielleicht wird er's doch tun.

ROLLER. Und leck ist das Ganze, wenn er's nicht tut. Ohne den Moor sind wir Leib ohne Seele.

SPIEGELBERG *(unwillig von ihm weg)*. Stockfisch!

MOOR *(tritt herein in wilder Bewegung und läuft heftig im Zimmer auf und nieder, mit sich selber)*. Menschen – Menschen! falsche, heuchlerische Krokodilbrut! Ihre Augen sind Wasser! Ihre Herzen sind Erz! Küsse auf den Lippen! Schwerter im Busen! Löwen und Leoparde füttern ihre Jungen, Raben tischen ihren Kleinen auf dem Aas, und e r, e r – Bosheit hab ich dulden gelernt, kann dazu lächeln, wenn mein erboster Feind mir mein eigen Herzblut zutrinkt – aber wenn Blutliebe zur Verräterin, wenn Vaterliebe zur Megäre wird, o so fange Feuer, männliche Gelassenheit, verwilde zum Tiger, sanftmütiges Lamm, und jede Faser recke sich auf zu Grimm und Verderben.

tischen den Tisch bereiten

←

ROLLER. Höre, Moor! Was denkst du davon? Ein Räuberleben ist doch auch besser, als bei Wasser und Brot im untersten Gewölbe der Türme?

MOOR. Warum ist dieser Geist nicht in einen Tiger gefahren, der sein wütendes Gebiss in Menschenfleisch haut? Ist das Vatertreue? Ist das Liebe für Liebe? Ich möchte ein Bär sein und die Bären des Nordlands wider dies mörderische Geschlecht anhetzen – Reue und keine Gnade! – Oh ich möchte den Ozean vergiften, dass sie den Tod aus allen Quellen saufen! Vertrauen, unüberwindliche Zuversicht, und kein Erbarmen!

ROLLER. So höre doch, Moor, was ich dir sage!

MOOR. Es ist unglaublich, es ist ein Traum, eine Täuschung. – So eine rührende Bitte, so eine lebendige Schilderung des Elends und der zerfließenden Reue – die wilde Bestie wär in Mitleid zerschmolzen! Steine hätten Tränen vergossen, und doch – man würde es für ein boshaftes Pasquill aufs Menschengeschlecht halten, wenn ich's aussagen wollte – und doch, doch – oh, dass ich durch die ganze Natur das Horn des Aufruhrs blasen könnte, Luft, Erde und Meer wider das Hyänengezücht ins Treffen zu führen!

←

1. Akt, 2. Szene

GRIMM. Höre doch, höre! vor Rasen hörst du ja nicht.

MOOR. Weg, weg von mir! Ist dein Name nicht Mensch? Hat dich das Weib nicht geboren? – Aus meinen Augen, du mit dem Menschengesicht! – Ich hab ihn so unaussprechlich geliebt! so liebte kein Sohn, ich hätte tausend Leben für ihn – *(Schäumend auf die Erde stampfend.)* Ha! – wer mir itzt ein Schwert in die Hand gäb, dieser Otterbrut eine brennende Wunde zu versetzen! wer mir sagte, wo ich das Herz ihres Lebens erzielen, zermalmen, zernichten – er sei mein Freund, mein Engel, mein Gott – ich will ihn anbeten!

ROLLER. Eben diese Freunde wollen ja wir sein, lass dich doch weisen!

SCHWARZ. Komm mit uns in die böhmischen Wälder! Wir wollen eine Räuberbande sammeln, und du – *(Moor stiert ihn an.)*

SCHWEIZER. Du sollst unser Hauptmann sein! Du musst unser Hauptmann sein!

SPIEGELBERG *(wirft sich wild in einen Sessel)*. Sklaven und Memmen!

MOOR. Wer blies dir das Wort ein? Höre, Kerl! *(indem er Schwarzen hart ergreift)* Das hast du nicht aus deiner Menschenseele hervorgeholt! Wer blies dir das Wort ein? Ja, bei dem tausendarmigen Tod! das wollen wir! das müssen wir! Der Gedanke verdient Vergötterung – Räuber und Mörder! – So wahr meine Seele lebt, ich bin euer Hauptmann!

ALLE *(mit lärmendem Geschrei)*. Es lebe der Hauptmann!

SPIEGELBERG *(aufspringend, vor sich)*. Bis ich ihm hinhelfe!

MOOR. Siehe, da fällt's wie der Star von meinen Augen! was für ein Tor war ich, dass ich ins Käficht zurückwollte! – Mein Geist dürstet nach Taten, mein Atem nach Freiheit, – Mörder, Räuber! – mit diesem Wort war das Gesetz unter meine Füße gerollt – Menschen haben Menschheit vor mir verborgen, da ich an Menschheit appellierte, weg dann von mir Sympathie und menschliche Schonung! – Ich habe keinen Vater mehr, ich habe keine Liebe mehr, und Blut und Tod soll mich vergessen lehren, dass mir jemals etwas teuer war! Kommt, kommt! – Oh ich will mir eine fürchterliche Zerstreuung machen – es bleibt dabei, ich bin euer Hauptmann! Und Glück zu dem Meister unter euch, der am wildesten sengt, am grässlichsten mordet, denn ich sage euch, er soll königlich belohnet werden – tretet her um mich ein jeder und schwöret mir Treu und Gehorsam zu bis in den Tod! – Schwört mir das bei dieser männlichen Rechte!

ALLE *(geben ihm die Hand)*. Wir schwören dir Treu und Gehorsam bis in den Tod!

Menschheit Menschlichkeit

appellieren *(frz.)* anrufen

Fatum *(lat.)* Schicksal

Register *(lat.)* Verzeichnis

MOOR. Nun, und bei dieser männlichen Rechte schwör ich euch hier, treu und standhaft euer Hauptmann zu bleiben bis in den Tod! Den soll dieser Arm gleich zur Leiche machen, der jemals zagt oder zweifelt oder zurücktritt! Ein Gleiches widerfahre mir von jedem unter euch, wenn ich meinen Schwur verletze! Seid ihr's zufrieden? *(Spiegelberg läuft wütend auf und nieder.)*

ALLE *(mit aufgeworfenen Hüten).* Wir sind's zufrieden.

MOOR. Nun dann, so lasst uns gehn! Fürchtet euch nicht vor Tod und Gefahr, denn über uns waltet ein unbeugsames Fatum! ← Jeden ereilet endlich sein Tag, es sei auf dem weichen Kissen von Flaum oder im rauen Gewühl des Gefechts oder auf offe- ← nem Galgen und Rad! Eins davon ist unser Schicksal! *(Sie gehen ab.)*

SPIEGELBERG *(ihnen nachsehend, nach einer Pause).* Dein Register hat ein Loch. Du hast das Gift weggelassen. *(Ab.)*

DRITTE SZENE

Im Moorischen Schloss. Amaliens Zimmer.

Franz. Amalia.

FRANZ. Du siehst weg, Amalia? Verdien ich weniger als der, den der Vater verflucht hat?

AMALIA. Weg! – Ha des liebevollen, barmherzigen Vaters, der seinen Sohn Wölfen und Ungeheuern preisgibt! Daheim labt er sich mit süßem, köstlichem Wein und pflegt seiner morschen Glieder in Kissen von Eider, während sein großer, herrlicher Sohn darbt – schämt euch, ihr Unmenschen! schämt euch, ihr Drachenseelen, ihr Schande der Menschheit! – seinen einzigen Sohn!

FRANZ. Ich dächte, er hätt ihrer zween.

AMALIA. Ja, er verdient, solche Söhne zu haben, wie du bist. Auf seinem Todbett wird er umsonst die welken Hände ausstrecken nach seinem Karl und schaudernd zurückfahren, wenn er die eiskalte Hand seines Franzens fasst – oh es ist süß, es ist köstlich süß, von deinem Vater verflucht zu werden! Sprich, Franz, liebe brüderliche Seele! was muss man tun, wenn man von ihm verflucht sein will?

FRANZ. Du schwärmst, meine Liebe, du bist zu bedauren.

AMALIA. O ich bitte dich – bedauerst du deinen Bruder? – Nein, Unmensch, du hassest ihn! Du hassest mich doch auch?

FRANZ. Ich liebe dich wie mich selbst, Amalia!

AMALIA. Wenn du mich liebst, kannst du mir wohl eine Bitte abschlagen?

FRANZ. Keine, keine! wenn sie nicht mehr ist als mein Leben.

AMALIA. O, wenn das ist! Eine Bitte, die du so leicht, so gern erfüllen wirst. (Stolz.) – Hasse mich! Ich müsste feuerrot werden vor Scham, wenn ich an Karln denke und mir eben einfiel, dass du mich nicht hassest. Du versprichst mir's doch? – Itzt geh und lass mich, ich bin so gern allein!

FRANZ. Allerliebste Träumerin! wie sehr bewundere ich dein sanftes liebevolles Herz. *(Ihr auf die Brust klopfend.)* Hier, hier herrschte Karl wie ein Gott in seinem Tempel, Karl stand vor dir im Wachen, Karl regierte in deinen Träumen, die ganze Schöpfung schien dir nur in den Einzigen zu zerfließen, den Einzigen widerzustrahlen, den Einzigen dir entgegenzutönen.

AMALIA *(bewegt)*. Ja wahrhaftig, ich gesteh es. Euch Barbaren zum Trutz will ich's vor aller Welt gestehen – ich lieb ihn!

FRANZ. Unmenschlich, grausam! Diese Liebe so zu belohnen! Die zu vergessen –

AMALIA *(auffahrend)*. Was, mich vergessen?

FRANZ. Hattest du ihm nicht einen Ring an den Finger gesteckt? einen Diamantring zum Unterpfand deiner Treue! – Freilich nun, wie kann auch ein Jüngling den Reizen einer Metze Widerstand tun? Wer wird's ihm auch verdenken, da ihm sonst nichts mehr übrig war wegzugeben, – und bezahlte sie ihn nicht mit Wucher dafür mit ihren Liebkosungen, ihren Umarmungen?

AMALIA *(aufgebracht)*. Meinen Ring einer Metze?

FRANZ. Pfui, pfui! das ist schändlich. Wohl aber, wenn's nur das wäre! – Ein Ring, so kostbar er auch ist, ist im Grunde bei jedem Juden wiederzuhaben – vielleicht mag ihm die Arbeit daran nicht gefallen haben, vielleicht hat er einen schönern dafür eingehandelt.

AMALIA *(heftig)*. Aber m e i n e n Ring – ich sage, m e i n e n Ring?

FRANZ. Keinen andern, Amalia – ha! solch ein Kleinod, und an meinem Finger – und von Amalia! – von hier sollt ihn der Tod nicht gerissen haben – nicht wahr, Amalia, nicht die Kostbarkeit des Diamants, nicht die Kunst des Gepräges – die Liebe macht seinen Wert aus. – Liebstes Kind, du weinest? Wehe über den, der diese köstlichen Tropfen aus so himmlischen Augen presst – ach, und wenn du erst alles wüsstest, ihn selbst sähest, ihn unter d e r Gestalt sähest?

1. Akt, 3. Szene

AMALIA. Ungeheuer! wie, unter welcher Gestalt?

FRANZ. Stille, stille, gute Seele, frage mich nicht aus! *(Wie vor sich, aber laut.)* Wenn es doch wenigstens nur einen Schleier hätte, das garstige Laster, sich dem Auge der Welt zu entstehlen! Aber da blickt's schrecklich durch den gelben, bleifarbenen Augenring; – da verrät sich's im totenblassen, eingefallenen Gesicht und dreht die Knochen hässlich hervor – da stammelt's in der halben, verstümmelten Stimme – da predigt's fürchterlich laut vom zitternden, hinschwankenden Gerippe – da durchwühlt es der Knochen innerstes Mark und bricht die mannhafte Stärke der Jugend – da, da spritzt es den eitrigten, fressenden Schaum aus Stirn und Wangen und Mund und der ganzen Fläche des Leibes zum scheußlichen Aussatz hervor und nistet abscheulich in den Gruben der viehischen Schande – pfui, pfui! mir ekelt. Nasen, Augen, Ohren schütteln sich. – Du hast jenen Elenden gesehen, Amalia, der in unserem Siechenhause seinen Geist auskeuchte, die Scham schien ihr scheues Auge vor ihm zuzublinzen – du ruftest Wehe über ihn aus. Ruf dies Bild noch einmal ganz in deine Seele zurück, und Karl steht vor dir! – Seine Küsse sind Pest, seine Lippen vergiften die deinen!

AMALIA *(schlägt ihn)*. Schamloser Lästerer!

FRANZ. Graut dir vor diesem Karl? Ekelt dir schon von dem matten Gemälde? Geh, gaff ihn selbst an, deinen schönen, englischen, göttlichen Karl! Geh, sauge seinen balsamischen Atem ein und lass dich von den Ambrosiadüften begraben, die aus seinem Rachen dampfen! Der bloße Hauch seines Mundes wird dich in jenen schwarzen, todähnlichen Schwindel hauchen, der den Geruch eines berstenden Aases und den Anblick eines leichenvollen Walplatzes begleitet.

AMALIA *(wendet ihr Gesicht ab)*.

FRANZ. Welches Aufwallen der Liebe! Welche Wollust in der Umarmung – aber ist es nicht ungerecht, einen Menschen um seiner siechen Außenseite willen zu verdammen? Auch im elendesten Äsopischen Krüppel kann eine große, liebenswürdige Seele wie ein Rubin aus dem Schlamme glänzen. *(Boshaft lächelnd.)* Auch aus blattrigten Lippen kann ja die Liebe – Freilich, wenn das Laster auch die Festen des Charakters erschüttert, wenn mit der Keuschheit auch die Tugend davonfliegt, wie der Duft aus der welken Rose verdampft – wenn mit dem Körper auch der Geist zum Krüppel verdirbt –

AMALIA *(froh aufspringend)*. Ha! Karl! nun erkenn ich dich wieder! Du bist noch ganz! ganz! Alles war Lüge! – Weißt du nicht, Bösewicht, dass Karl unmöglich das werden kann?

zublinzen schwäbisch: schließen

du ruftest die schwache Form ist im 18. Jahrhundert häufig

englisch engelhaft

Walplatz Walstatt, Schlachtfeld

(Franz steht einige Zeit tiefsinnig, dann dreht er sich plötzlich, um zu gehen.) Wohin so eilig? Fliehst du vor deiner eigenen Schande?

FRANZ *(mit verhülltem Gesicht)*. Lass mich, lass mich! – meinen Tränen den Lauf lassen – tyrannischer Vater! den besten deiner Söhne so hinzugeben dem Elend – der rings umgebenden Schande – lass mich, Amalia! ich will ihm zu Füßen fallen, auf den Knien will ich ihn beschwören, den ausgesprochenen Fluch auf mich, auf mich zu laden – mich zu enterben – mich – mein Blut – mein Leben – alles –

AMALIA *(fällt ihm um den Hals)*. Bruder meines Karls, bester, liebster Franz!

FRANZ. O Amalia! wie lieb ich dich um dieser unerschütterten Treue gegen meinen Bruder – verzeih, dass ich es wagte, deine Liebe auf diese harte Probe zu setzen! – Wie schön hast du meine Wünsche gerechtfertigt! – Mit diesen Tränen, diesen Seufzern, diesem himmlischen Unwillen – auch für mich, für mich – unsere Seelen stimmten so zusammen.

AMALIA. O nein, das taten sie nie!

FRANZ. Ach, sie stimmten so harmonisch zusammen, ich meinte immer, wir müssten Zwillinge sein! Und wär der leidige Unterschied von außen nicht, wobei leider freilich ich verlieren muss, wir würden zehnmal verwechselt. Du bist, sagt' ich oft zu mir selbst, ja, du bist der ganze Karl, sein Echo, sein Ebenbild! →

AMALIA *(schüttelt den Kopf)*. Nein, nein, bei jenem keuschen Lichte des Himmels! kein Äderchen von ihm, kein Fünkchen von seinem Gefühle –

FRANZ. So ganz gleich in unsern Neigungen – die Rose war seine liebste Blume – welche Blume war mir über die Rose? Er liebte die Musik unaussprechlich, und ihr seid Zeugen, ihr Sterne! ihr habt mich so oft in der Totenstille der Nacht beim Klaviere belauscht, wenn alles um mich begraben lag in Schatten und Schlummer – und wie kannst du noch zweifeln, Amalia, wenn unsere Liebe in e i n e r Vollkommenheit zusammentraf, und wenn die Liebe die Nämliche ist, wie könnten ihre Kinder entarten?

in einer Vollkommenheit
d. h. in Amalia

AMALIA *(sieht ihn verwundernd an)*.

FRANZ. Es war ein stiller, heiterer Abend, der letzte, eh er nach Leipzig abreiste, da er mich mit sich in jene Laube nahm, wo ihr so oft zusammensaßet in Träumen der Liebe – stumm blieben wir lang – zuletzt ergriff er meine Hand und sprach leise mit Tränen: Ich verlasse Amalia, ich weiß nicht – mir ahndet's, als hieß es auf ewig – verlass sie nicht, Bruder! – sei ihr Freund – ihr

Karl – wenn Karl – nimmer – wiederkehrt – *(Er stürzt vor ihr nieder und küsst ihr die Hand mit Heftigkeit.)* Nimmer, nimmer, nimmer wird er wiederkehren, und ich hab's ihm zugesagt mit einem heiligen Eide!

AMALIA *(zurückspringend).* Verräter, wie ich dich ertappe! In eben dieser Laube beschwur er mich, keiner andern Liebe – wenn er sterben sollte – siehst du, wie gottlos, wie abscheulich du – geh aus meinen Augen!

FRANZ. Du kennst mich nicht, Amalia, du kennst mich gar nicht!

AMALIA. O ich kenne dich, von itzt an kenn ich dich – und du wolltest ihm gleich sein? Vor dir sollt er um mich geweint haben? Vor dir? Ehe hätt er meinen Namen auf den Pranger geschrieben! Geh den Augenblick!

FRANZ. Du beleidigst mich!

AMALIA. Geh, sag ich. Du hast mir eine kostbare Stunde gestohlen, sie werde dir an deinem Leben abgezogen!

FRANZ. Du hassest mich.

AMALIA. Ich verachte dich, geh!

FRANZ *(mit den Füßen stampfend).* Wart! so sollst du vor mir zittern! Mich einem Bettler aufopfern? *(Zornig ab.)*

AMALIA. Geh, Lotterbube – itzt bin ich wieder bei Karln – Bettler, sagt er? so hat die Welt sich umgedreht, Bettler sind Könige, und Könige sind Bettler! – Ich möchte die Lumpen, die er anhat, nicht mit dem Purpur der Gesalbten vertauschen – der Blick, mit dem er bettelt, das muss ein großer, ein königlicher Blick sein – ein Blick, der die Herrlichkeit, den Pomp, die Triumphe der Großen und Reichen zernichtet! In den Staub mit dir, du prangendes Geschmeide! *(Sie reißt sich die Perlen vom Hals.)* Seid verdammt, Gold und Silber und Juwelen zu tragen, ihr Großen und Reichen! Seid verdammt, an üppigen Mahlen zu zechen! Verdammt, euren Gliedern wohl zu tun auf weichen Polstern der Wollust! Karl! Karl! so bin ich dein wert – *(Ab.)*

ZWEITER AKT

ERSTE SZENE

Franz von Moor, nachdenkend in seinem Zimmer.

FRANZ. Es dauert mir zu lange – der Doktor will, er sei im Umkehren – das Leben eines Alten ist doch eine Ewigkeit! – Und nun wär freie, ebene Bahn bis auf diesen ärgerlichen zähen Klumpen Fleisch, der mir, gleich dem unterirdischen Zauberhund in den Geistermärchen, den Weg zu meinen Schätzen verrammelt.

Müssen denn aber meine Entwürfe sich unter das eiserne Joch des Mechanismus beugen? – Soll sich mein hochfliegender Geist an den Schneckengang der Materie ketten lassen? – Ein Licht ausgeblasen, das ohnehin nur mit den letzten Öltropfen noch wuchert – mehr ist's nicht – und doch möcht ich das nicht gern selbst getan haben um der Leute willen. Ich möchte ihn nicht gern getötet, aber abgelebt. Ich möcht es machen wie der gescheite Arzt, nur umgekehrt. – Nicht der Natur durch einen Querstreich den Weg verrannt, sondern sie in ihrem eigenen Gange befördert. Und wir vermögen doch wirklich die Bedingungen des Lebens zu verlängern, warum sollten wir sie nicht auch verkürzen können?

Philosophen und Mediziner lehren mich, wie treffend die Stimmungen des Geists mit den Bewegungen der Maschine zusammenlauten. Gichtrische Empfindungen werden jederzeit von einer Dissonanz der mechanischen Schwingungen begleitet – Leidenschaften misshandeln die Lebenskraft – der überladene Geist drückt sein Gehäuse zu Boden. – Wie denn nun? – Wer es verstünde, dem Tod diesen ungebahnten Weg in das Schloss des Lebens zu ebenen! – den Körper vom Geist aus zu verderben – ha! ein Originalwerk! wer das zustand brächte! – Ein Werk ohnegleichen! – Sinne nach, Moor! – Das wär eine Kunst, die's verdiente, dich zum Erfinder zu haben. Hat man doch die Giftmischerei beinahe in den Rang einer ordentlichen Wissenschaft erhoben und die Natur durch Experimente gezwungen, ihre Schranken anzugeben, dass man nunmehr des Herzens Schläge

Materie *(lat.)* Stoff, Inhalt, Gegenstand

→

→

*) Eine Frau in Paris soll es durch ordentlich angestellte Versuche mit Giftpulvern so weit gebracht haben, dass sie den entfernten Todestag mit ziemlicher Zuverlässigkeit vorausbestimmen konnte. Pfui über unsere Ärzte, die diese Frau im Prognostizieren beschämt!

Arsenal *(lat.)* Zeughaus

Furientrupp Furie: römische Bezeichnung für Rachegöttin

korrosivisch *(lat.)* ätzend, zerfressend

jahrlang vorausrechnet und zu dem Pulse spricht, bis hieher und nicht weiter*! – Wer sollte nicht auch hier seine Flügel versuchen?

Und wie ich nun werde zu Werk gehen müssen, diese süße, friedliche Eintracht der Seele mit ihrem Leibe zu stören? Welche Gattung von Empfindnissen ich werde wählen müssen? Welche wohl den Flor des Lebens am grimmigsten anfeinden? Zorn? – dieser heißhungrige Wolf frisst sich zu schnell satt – Sorge? – dieser Wurm nagt mir zu langsam – Gram? diese Natter schleicht mir zu träge – Furcht? – die Hoffnung lässt sie nicht umgreifen – was? sind das all die Henker des Menschen? – Ist das Arsenal des Todes so bald erschöpft? – *(Tiefsinnend.)* Wie? – Nun? – Was? Nein! – Ha! *(Auffahrend.)* Schreck! – Was kann der Schreck nicht? – Was kann Vernunft, Religion wider dieses Giganten eiskalte Umarmung? – Und doch? – Wenn er auch diesem Sturm stünde? – Wenn er? – O so komme du mir zu Hülfe, Jammer, und ← du, Reue, höllische Eumenide, grabende Schlange, die ihren Fraß wiederkäut und ihren eigenen Kot wiederfrisst; ewige Zerstörerinnen und ewige Schöpferinnen eures Giftes, und du, heulende Selbstverklagung, die du dein eigen Haus verwüstest und deine eigene Mutter verwundest – Und kommt auch ihr mir zu Hülfe, ← wohltätige Grazien selbst, sanft lächelnde Vergangenheit, und du mit dem überquellenden Füllhorn, blühende Zukunft, haltet ihm in euren Spiegeln die Freuden des Himmels vor, wenn euer fliehender Fuß seinen geizigen Armen entgleitet. – So fall ich Streich auf Streich, Sturm auf Sturm dieses zerbrechliche Leben an, bis den Furientrupp zuletzt schließt – die Verzweiflung! Triumph! Triumph! – Der Plan ist fertig – schwer und kunstvoll wie keiner zuverlässig – sicher – denn *(spöttisch)* des Zergliederers Messer findet ja keine Spuren von Wunde oder korrosivischem Gift. ← *(Entschlossen.)* Wohlan denn! *(Hermann tritt auf.)* Ha! Deus ex machina! Hermann!

HERMANN. Zu Euren Diensten, gnädiger Junker!

FRANZ *(gibt ihm die Hand)*. Die du keinem Undankbaren erweisest.

HERMANN. Ich hab Proben davon.

FRANZ. Du sollst mehr haben mit nächstem – mit nächstem, Hermann! – Ich habe dir etwas zu sagen. Hermann.

HERMANN. Ich höre mit tausend Ohren.

FRANZ. Ich kenne dich, du bist ein entschlossner Kerl – Soldatenherz – Haar auf der Zunge! – Mein Vater hat dich sehr beleidigt, Hermann!

HERMANN. Der Teufel hole mich, wenn ich's vergesse!

2. Akt, 1. Szene

FRANZ. Das ist der Ton eines Manns! Rache geziemt einer männlichen Brust. Du gefällst mir, Hermann. Nimm diesen Beutel, Hermann. Er sollte schwerer sein, wenn ich erst Herr wäre.

HERMANN. Das ist ja mein ewiger Wunsch, gnädiger Junker, ich dank Euch.

FRANZ. Wirklich, Hermann? wünschest du wirklich, ich wäre Herr? – aber mein Vater hat das Mark eines Löwen, und ich bin der jüngere Sohn.

HERMANN. Ich wollt, Ihr wärt der ältere Sohn und Euer Vater hätte das Mark eines schwindsüchtigen Mädchens.

FRANZ. Ha! wie dich der ältere Sohn dann belohnen wollte! wie er dich aus diesem unedeln Staub, der sich so wenig mit deinem Geist und Adel verträgt, ans Licht emporheben wollte! – Dann solltest du, ganz wie du da bist, mit Gold überzogen werden und mit vier Pferden durch die Straßen dahinrasseln, wahrhaftig, das solltest du! – Aber ich vergesse, wovon ich dir sagen wollte – hast du das Fräulein von Edelreich schon vergessen, Hermann?

HERMANN. Wetter Element! was erinnert Ihr mich an das?

FRANZ. Mein Bruder hat sie dir weggefischt.

HERMANN. Er soll dafür büßen!

FRANZ. Sie gab dir einen Korb. Ich glaube gar, er warf dich die Treppen hinunter.

HERMANN. Ich will ihn dafür in die Hölle stoßen.

FRANZ. Er sagte: man raune sich einander ins Ohr, du seist zwischen dem Rindfleisch und Meerrettich gemacht worden, und dein Vater habe dich nie ansehen können, ohne an die Brust zu schlagen und zu seufzen: Gott sei mir Sünder gnädig!

HERMANN *(wild)*. Blitz, Donner und Hagel, seid still!

FRANZ. Er riet dir, deinen Adelbrief im Aufstreich zu verkaufen und deine Strümpfe damit flicken zu lassen.

Adelbrief
Adelsurkunde

HERMANN. Alle Teufel! ich will ihm die Augen mit den Nägeln auskratzen.

FRANZ. Was? du wirst böse? Was kannst du böse auf ihn sein? Was kannst du ihm Böses tun? Was kann so eine Ratze gegen einen Löwen? Dein Zorn versüßt ihm seinen Triumph nur. Du kannst nichts tun, als deine Zähne zusammenschlagen und deine Wut an trocknem Brote auslassen.

HERMANN *(stampft auf den Boden)*. Ich will ihn zu Staub zerreiben.

FRANZ *(klopft ihm auf die Achsel)*. Pfui, Hermann, du bist ein Kavalier. Du musst den Schimpf nicht auf dir sitzen lassen. Du musst das Fräulein nicht fahren lassen, nein, das musst du um alle Welt nicht tun, Hermann! Hagel und Wetter! Ich würde das Äußerste versuchen, wenn ich an deiner Stelle wäre.

HERMANN. Ich ruhe nicht, bis ich ihn und ihn unterm Boden hab.

FRANZ. Nicht so stürmisch, Hermann! Komm näher – du sollst Amalia haben!

HERMANN. Das muss ich, trutz dem Teufel! das muss ich!

FRANZ. Du sollst sie haben, sag ich dir, und das von meiner Hand. Komm näher, sag ich – du weißt vielleicht nicht, dass Karl so gut als enterbt ist?

HERMANN *(näher kommend)*. Unbegreiflich! Das erste Wort, das ich höre.

FRANZ. Sei ruhig und höre weiter! du sollst ein andermal mehr davon hören – ja, ich sage dir, seit eilf Monaten so gut als verbannt. Aber schon bereut der Alte den voreiligen Schritt, den er doch, *(lachend)* will ich hoffen, nicht selbst getan hat. Auch liegt ihm die Edelreich täglich hart an mit ihren Vorwürfen und Klagen. Über kurz oder lang wird er ihn in allen vier Enden der Welt aufsuchen lassen, und gute Nacht, Hermann! wenn er ihn findet. Du kannst ihm ganz demütig die Kutsche halten, wenn er mit ihr in die Kirche zur Trauung fährt.

seit eilf Monaten zur Datierung vgl. Anm. auf S. 127

HERMANN. Ich will ihn am Kruzifix erwürgen!

FRANZ. Der Vater wird ihm bald die Herrschaft abtreten und in Ruhe auf seinen Schlössern leben. Itzt hat der stolze Strudelkopf den Zügel in Händen, itzt lacht er seiner Hasser und Neider – und ich, der ich dich zu einem wichtigen großen Manne machen wollte, ich selbst, Hermann, werde tief gebückt vor seiner Türschwelle –

HERMANN *(in Hitze)*. Nein, so wahr ich Hermann heiße, das sollt Ihr nicht! Wenn noch ein Fünkchen Verstand in diesem Gehirne glostet, das sollt Ihr nicht!

glosten glimmen, glühen *(schwäbisch)*

FRANZ. Wirst du es hindern? Auch dich, mein lieber Hermann, wird er seine Geißel fühlen lassen, wird dir ins Angesicht speien, wenn du ihm auf der Straße begegnest, und wehe dir dann, wenn du die Achsel zuckst oder das Maul krümmst – siehe, so steht's mit deiner Anwerbung ums Fräulein, mit deinen Aussichten, mit deinen Entwürfen.

HERMANN. Sagt mir, was soll ich tun?

FRANZ. Höre dann, Hermann! dass du siehst, wie ich mir dein Schicksal zu Herzen nehme als ein redlicher Freund – geh – kleide dich um – mach dich ganz unkenntlich, lass dich beim Alten melden, gib vor, du kämest geraden Wegs aus Böhmen, hättest mit meinem Bruder dem Treffen bei Prag beigewohnt – hättest ihn auf der Walstatt den Geist aufgeben sehen –

HERMANN. Wird man mir glauben?

FRANZ. Hoho! dafür lass mich sorgen! Nimm dieses Paket. Hier findest du deine Kommission ausführlich. Und Dokumente darzu, die den Zweifel selbst glaubig machen sollen – mach itzt nur, dass du fortkommst, und ungesehen! Spring durch die Hintertüre in den Hof, von da über die Gartenmauer – die Katastrophe dieser Tragikomödie überlass mir!

HERMANN. Und die wird sein: Vivat der neue Herr, Franziskus von Moor!

FRANZ *(streichelt ihm die Backen)*. Wie schlau du bist! – denn siehst du, auf diese Art erreichen wir alle Zwecke zumal und bald. Amalia gibt ihre Hoffnung auf ihn auf. Der Alte misst sich den Tod seines Sohnes bei, und – er kränkelt – ein schwankendes Gebäude braucht des Erdbebens nicht, um übern Haufen zu fallen – er wird die Nachricht nicht überleben – dann bin ich sein einziger Sohn – Amalia hat ihre Stützen verloren und ist ein Spiel meines Willens, da kannst du leicht denken – kurz, alles geht nach Wunsch – aber du musst dein Wort nicht zurücknehmen!

HERMANN. Was sagt Ihr? *(Frohlockend.)* Eh soll die Kugel in ihrem Lauf zurückkehren und in dem Eingeweid ihres Schützen wüten – rechnet auf mich! Lasst nur mich machen – Adieu!

FRANZ *(ihm nachrufend)*. Die Ernte ist dein, lieber Hermann! – Wenn der Ochse den Kornwagen in die Scheune gezogen hat, so muss er mit Heu vorlieb nehmen. Dir eine Stallmagd, und keine Amalia! *(Geht ab.)*

Kommission *(frz.)* Auftrag

Dokument *(lat., frz.)* Urkunde

Vivat *(lat.)* Es lebe ...

ZWEITE SZENE

Des alten Moors Schlafzimmer.

Der alte Moor, schlafend in einem Lehnsessel. Amalia.

AMALIA *(sachte herbeischleichend)*. Leise, leise! er schlummert. *(Sie stellt sich vor den Schlafenden.)* Wie schön, wie ehrwürdig! – ehrwürdig, wie man die Heiligen malt – nein, ich kann dir nicht zürnen! Weißlockigtes Haupt, dir kann ich nicht zürnen! Schlummre sanft, wache froh auf, ich allein will hingehn und leiden.

DER ALTE MOOR *(träumend)*. Mein Sohn! mein Sohn! mein Sohn!

AMALIA *(ergreift seine Hand).* Horch, horch! sein Sohn ist in seinen Träumen.

DER ALTE MOOR. Bist du da? bist du wirklich? ach! wie siehst du so elend! Sieh mich nicht an mit diesem kummervollen Blick! Ich bin elend genug.

AMALIA *(weckt ihn schnell).* Seht auf, lieber Greis! Ihr träumtet nur. Fasst Euch!

DER ALTE MOOR *(halb wach).* Er war nicht da? drückt' ich nicht seine Hände? Garstiger Franz! willst du ihn auch meinen Träumen entreißen?

AMALIA. Merkst du's, Amalia?

DER ALTE MOOR *(ermuntert sich).* Wo ist er? wo? wo bin ich? du da, Amalia?

AMALIA. Wie ist Euch? Ihr schlieft einen erquickenden Schlummer.

DER ALTE MOOR. Mir träumte von meinem Sohn. Warum hab ich nicht fortgeträumt? Vielleicht hätt ich Verzeihung erhalten aus seinem Munde.

AMALIA. Engel grollen nicht – er verzeiht Euch. *(Fasst seine Hand mit Wehmut.)* Vater meines Karls! ich verzeih Euch.

DER ALTE MOOR. Nein, meine Tochter! diese Totenfarbe deines Angesichts verdammet den Vater. Armes Mädchen! Ich brachte dich um die Freuden deiner Jugend – o fluche mir nicht!

AMALIA *(küsst seine Hand mit Zärtlichkeit).* Euch?

DER ALTE MOOR. Kennst du dieses Bild, meine Tochter?

AMALIA. Karls! –

DER ALTE MOOR. So sah er, als er ins sechszehente Jahr ging. Itzt ist er anders. – Oh es wütet in meinem Innern – diese Milde ist Unwillen, dieses Lächeln Verzweiflung. – Nicht wahr, Amalia? Es war an seinem Geburtstage in der Jasminlaube, als du ihn maltest? – Oh meine Tochter! Eure Liebe machte mich so glücklich.

AMALIA *(immer das Auge auf das Bild geheftet).* Nein, nein! er ist's nicht. Bei Gott! das ist Karl nicht. – Hier, hier *(auf Herz und Stirne zeigend)* so ganz, so anders. Die träge Farbe reicht nicht, den himmlischen Geist nachzuspiegeln, der in seinem feurigen Auge herrschte. Weg damit! dies ist so menschlich! Ich war eine Stümperin.

DER ALTE MOOR. Dieser huldreiche, erwärmende Blick – wär er vor meinem Bette gestanden, ich hätte gelebt mitten im Tode! Nie, nie wär ich gestorben!

AMALIA. Nie, nie wärt Ihr gestorben! Es wär ein Sprung gewesen, wie man von einem Gedanken auf einen andern und schönern hüpft – dieser Blick hätt Euch übers Grab hinübergeleuchtet. Dieser Blick hätt Euch über die Sterne getragen!

DER ALTE MOOR. Es ist schwer, es ist traurig! Ich sterbe, und mein Sohn Karl ist nicht hier – ich werde zu Grabe getragen, und er weint nicht an meinem Grabe – wie süß ist's, eingewiegt zu werden in den Schlaf des Todes von dem Gebet eines Sohns – das ist Wiegengesang.

AMALIA *(schwärmend)*. Ja süß, himmlisch süß ist's, eingewiegt zu werden in den Schlaf des Todes von dem Gesang des Geliebten – vielleicht träumt man auch im Grabe noch fort – ein langer, ewiger, unendlicher Traum von Karln, bis man die Glocke der Auferstehung läutet – *(aufspringend, entzückt)* und von itzt an in seinen Armen auf ewig. *(Pause. Sie geht ans Klavier und spielt.)*

Willst dich, Hektor, ewig mir entreißen,
Wo des Äaciden mordend Eisen
Dem Patroklus schröcklich Opfer bringt?
Wer wird künftig deinen Kleinen lehren
Speere werfen und die Götter ehren,
Wenn hinunter dich der Xanthus schlingt?

→

Xanthus einer der Unterweltsflüsse

DER ALTE MOOR. Ein schönes Lied, meine Tochter. Das musst du mir vorspielen, eh ich sterbe.

→

AMALIA. Es ist der Abschied Andromachas und Hektors – Karl und ich haben's oft zusammen zu der Laute gesungen. *(Spielt fort.)*

Teures Weib, geh, hol die Todeslanze,
Lass mich fort zum wilden Kriegestanze,
Meine Schultern tragen Ilium;
Über Astyanax unsre Götter!
Hektor fällt, ein Vaterlandserretter,
Und wir sehn uns wieder in Elysium.

→

Astyanax der Sohn Hektors und Andromaches

Daniel.

DANIEL. Es wartet draußen ein Mann auf Euch. Er bittet, vorgelassen zu werden, er hab Euch eine wichtige Zeitung.

DER ALTE MOOR. Mir ist auf der Welt nur etwas wichtig, du weißt's, Amalia – ist's ein Unglücklicher, der meiner Hülfe bedarf? Er soll nicht mit Seufzen von hinnen gehn.

AMALIA. Ist's ein Bettler, er soll eilig heraufkommen. *(Daniel ab.)*

DER ALTE MOOR. Amalia, Amalia! schone meiner!

AMALIA *(spielt fort)*.

Nimmer lausch ich deiner Waffen Schalle,
Einsam liegt dein Eisen in der Halle,
Priams großer Heldenstamm verdirbt!
Du wirst hingehn, wo kein Tag mehr scheinet,

2. Akt, 2. Szene

Cocytus einer der Unterweltsflüsse, sonst Styx genannt

Lethe der als Strom des Vergessens bekannte Unterweltsfluss

der Wilde Achill, der seinen Freund Patroklus rächen will

Der Cocytus durch die Wüsten weinet,
Deine Liebe in dem Lethe stirbt.
All mein Sehnen, all mein Denken,
Soll der schwarze Lethefluss ertränken,
Aber meine Liebe nicht!
Horch! der Wilde rast schon an den Mauren –
Gürte mir das Schwert um, lass das Trauren,
Hektors Liebe stirbt im Lethe nicht!

Franz. Hermann verkappt. Daniel.

FRANZ. Hier ist der Mann. Schröckliche Botschaften, sagt er, warten auf Euch. Könnt Ihr sie hören?

DER ALTE MOOR. Ich kenne nur eine. Tritt her, mein Freund, und schone mein nicht! Reicht ihm einen Becher Wein!

HERMANN *(mit veränderter Stimme)*. Gnädiger Herr! lasst es einen armen Mann nicht entgelten, wenn er wider Willen Euer Herz durchbohrt. Ich bin ein Fremdling in diesem Lande, aber Euch kenne ich sehr gut, Ihr seid der Vater Karls von Moor.

DER ALTE MOOR. Woher weißt du das?

HERMANN. Ich kannte Euren Sohn –

AMALIA *(auffahrend)*. Er lebt? lebt? Du kennst ihn? wo ist er? wo, wo? *(Will hinwegrennen.)*

DER ALTE MOOR. Du weißt von meinem Sohn?

HERMANN. Er studierte in Leipzig. Von da zog er, ich weiß nicht wie weit, herum. Er durchschwärmte Deutschland in die Runde und, wie er mir sagte, mit unbedecktem Haupt, barfuß, und erbettelte sein Brot vor den Türen. Fünf Monate drauf brach der leidige Krieg zwischen Preußen und Österreich wieder aus, und da er auf der Welt nichts mehr zu hoffen hatte, zog ihn der Hall von Friederichs siegreicher Trommel nach Böhmen. Erlaubt mir, sagte er zum großen Schwerin, dass ich den Tod sterbe auf dem Bette der Helden, ich hab keinen Vater mehr! –

DER ALTE MOOR. Sieh mich nicht an, Amalia!

HERMANN. Man gab ihm eine Fahne. Er flog den preußischen Siegesflug mit. Wir kamen zusammen unter ein Zelt zu liegen. Er sprach viel von seinem alten Vater und von bessern vergangenen Tagen – und von vereitelten Hoffnungen – uns standen die Tränen in den Augen.

DER ALTE MOOR *(verhüllt sein Haupt in das Kissen)*. Stille, o stille!

HERMANN. Acht Tage drauf war das heiße Treffen bei Prag – ich darf Euch sagen, Euer Sohn hat sich gehalten wie ein wackerer Kriegsmann. Er tat Wunder vor den Augen der Armee. Fünf Regimenter mussten neben ihm wechseln, er stand. Feuerkugeln fielen rechts und links, Euer Sohn stand. Eine Kugel zerschmetterte ihm die rechte Hand, Euer Sohn nahm die Fahne in die linke, und stand –

AMALIA *(in Entzückung)*. Hektor, Hektor! hört Ihr's? er stand –

HERMANN. Ich traf ihn am Abend der Schlacht niedergesunken unter Kugelgepfeife, mit der Linken hielt er das stürzende Blut, die Rechte hatte er in die Erde gegraben. Bruder! rief er mir entgegen, es lief ein Gemurmel durch die Glieder, der General sei vor einer Stunde gefallen – er ist gefallen, sagt' ich, und du? – Nun, wer ein braver Soldat ist, rief er und ließ die linke Hand los, der folge seinem General wie ich! Bald darauf hauchte er seine große Seele dem Helden zu.

FRANZ *(wild auf Hermann losgehend)*. Dass der Tod deine verfluchte Zunge versiegle! Bist du hieher kommen, unserem Vater den Todesstoß zu geben? – Vater! Amalia! Vater!

HERMANN. Es war der letzte Wille meines sterbenden Kameraden. Nimm dies Schwert, röchelte er, du wirst's meinem alten Vater überliefern, das Blut seines Sohnes klebt daran, er ist gerochen, er mag sich weiden. Sag ihm, sein Fluch hätte mich gejagt in Kampf und Tod, ich sei gefallen in Verzweiflung! Sein letzter Seufzer war Amalia.

AMALIA *(wie aus einem Todesschlummer aufgejagt)*. Sein letzter Seufzer, Amalia!

DER ALTE MOOR *(grässlich schreiend, sich die Haare ausraufend)*. Mein Fluch ihn gejagt in den Tod! gefallen in Verzweiflung!

FRANZ *(umherirrend im Zimmer)*. Oh! was habt Ihr gemacht, Vater? Mein Karl, mein Bruder!

HERMANN. Hier ist das Schwert, und hier ist auch ein Porträt, das er zu gleicher Zeit aus dem Busen zog! Es gleicht diesem Fräulein auf ein Haar. Dies soll meinem Bruder Franz, sagte er – ich weiß nicht, was er damit sagen wollte.

FRANZ *(wie erstaunt)*. Mir? Amalias Porträt? Mir, Karl, Amalia? Mir?

AMALIA *(heftig auf Hermann losgehend)*. Feiler, bestochener Betrüger! *(Fasst ihn hart an.)*

HERMANN. Das bin ich nicht, gnädiges Fräulein. Sehet selbst, ob's nicht Euer Bild ist – Ihr mögt's ihm wohl selbst gegeben haben.

FRANZ. Bei Gott! Amalia, das deine! Es ist wahrlich das deine!

AMALIA *(gibt ihm das Bild zurück)*. Mein, mein! O Himmel und Erde!

DER ALTE MOOR *(schreiend, sein Gesicht zerfleischend)*. Wehe, wehe! mein Fluch ihn gejagt in den Tod! gefallen in Verzweiflung!

FRANZ. Und er gedachte meiner in der letzten schweren Stunde des Scheidens, meiner! Englische Seele – da schon das schwarze Panier des Todes über ihm rauschte – meiner! –

←

DER ALTE MOOR *(lallend)*. Mein Fluch ihn gejagt in den Tod, gefallen mein Sohn in Verzweiflung! –

HERMANN. Den Jammer steh ich nicht aus. Lebt wohl, alter Herr! *(Leise zu Franz.)* Warum habt Ihr auch das gemacht, Junker? *(Geht schnell ab.)*

AMALIA *(aufspringend, ihm nach)*. Bleib! bleib! Was waren seine letzten Worte?

HERMANN *(zurückrufend)*. Sein letzter Seufzer war Amalia! *(Ab.)*

AMALIA. Sein letzter Seufzer war Amalia! – Nein, du bist kein Betrüger! So ist es wahr – wahr – er ist tot! – tot! – *(Hin und her taumelnd, bis sie umsinkt.)* tot – Karl ist tot –

FRANZ. Was seh ich? Was steht da auf dem Schwert geschrieben mit Blut – Amalia!

AMALIA. Von ihm?

FRANZ. Seh ich recht oder träum ich? Siehe da mit blutiger Schrift: F r a n z, v e r l a s s m e i n e A m a l i a n i c h t! Sieh doch! sieh doch! Und auf der andern Seite: A m a l i a, d e i n e n E i d z e r b r a c h d e r a l l g e w a l t i g e T o d! – Siehst du nun, siehst du nun? Er schrieb's mit erstarrender Hand, schrieb's mit dem warmen Blut seines Herzens, schrieb's an der Ewigkeit feierlichem Rande! Sein fliehender Geist verzog, Franz und Amalia noch zusammenzuknüpfen.

verzog
verweilte

AMALIA. Heiliger Gott! es ist seine Hand. – Er hat mich nie geliebt! *(Schnell ab.)*

FRANZ *(auf den Boden stampfend)*. Verzweifelt! meine ganze Kunst erliegt an dem Starrkopf.

DER ALTE MOOR. Wehe, wehe! Verlass mich nicht, meine Tochter! – Franz, Franz! gib mir meinen Sohn wieder!

FRANZ. Wer war's, der ihm den Fluch gab? Wer war's, der seinen Sohn jagte in Kampf und Tod und Verzweiflung? – Oh! er war ein Engel, ein Kleinod des Himmels. Fluch über seine Henker! Fluch, Fluch über Euch selber! –

DER ALTE MOOR *(schlägt mit geballter Faust wider Brust und Stirn)*. Er war ein Engel, war Kleinod des Himmels! Fluch,

Fluch, Verderben, Fluch über mich selber! Ich bin der Vater, der seinen großen Sohn erschlug. Mich liebt' er bis in den Tod! mich zu rächen, rannte er in Kampf und Tod! Ungeheuer, Ungeheuer! *(Wütet wider sich selber.)*

mich zu rächen gemeint ist: meine Rache zu vollziehen

FRANZ. Er ist dahin, was helfen späte Klagen? *(Höhnisch lachend.)* Es ist leichter morden, als lebendig machen. Ihr werdet ihn nimmer aus seinem Grabe zurückholen.

DER ALTE MOOR. Nimmer, nimmer, nimmer aus dem Grabe zurückholen! Hin, verloren auf ewig! – Und du hast mir den Fluch aus dem Herzen geschwätzt, du – du – Meinen Sohn mir wieder!

FRANZ. Reizt meinen Grimm nicht. Ich verlass Euch im Tode! –

DER ALTE MOOR. Scheusal! Scheusal! Schaff mir meinen Sohn wieder! *(Fährt aus dem Sessel, will Franz an der Gurgel fassen, der ihn zurückschleudert.)*

FRANZ. Kraftlose Knochen! ihr wagt es – sterbt! verzweifelt! *(Ab.)*

DER ALTE MOOR. Tausend Flüche donnern dir nach! Du hast mir meinen Sohn aus den Armen gestohlen. *(Voll Verzweiflung hin und her geworfen im Sessel.)* Wehe, wehe! Verzweifeln, aber nicht sterben! – Sie fliehen, verlassen mich im Tode – meine gute Engel fliehen von mir, weichen alle die Heilige vom eisgrauen Mörder – Wehe! Wehe! Will mir keiner das Haupt halten, will keiner die ringende Seele entbinden? Keine Söhne! keine Töchter! keine Freunde! – Menschen nur – will keiner, allein – verlassen. – Wehe! Wehe! – Verzweifeln, aber nicht sterben.

Amalia (mit verweinten Augen).

DER ALTE MOOR. Amalia! Bote des Himmels! Kommst du, meine Seele zu lösen?

AMALIA *(mit sanfterem Ton).* Ihr habt einen herrlichen Sohn verloren.

DER ALTE MOOR. Ermordet, willst du sagen. Mit diesem Zeugnis belastet, tret ich vor den Richterstuhl Gottes.

AMALIA. Nicht also, jammervoller Greis! der himmlische Vater rückt' ihn zu sich. Wir wären zu glücklich gewesen auf dieser Welt. – Droben, droben über den Sonnen – Wir sehn ihn wieder.

DER ALTE MOOR. Wiedersehen, wiedersehen! Oh, es wird mir durch die Seele schneiden ein Schwert – Wenn ich, ein Heiliger, ihn unter den Heiligen finde – mitten im Himmel werden durch mich schauern Schauer der Hölle! im Anschauen des Unendlichen mich zermalmen die Erinnerung: Ich hab meinen Sohn ermordet!

2. Akt, 2. Szene

AMALIA. Oh, er wird Euch die Schmerzerinnerung aus der Seele lächeln! Seid doch heiter, lieber Vater! ich bin's so ganz. Hat er nicht schon den himmlischen Hörern den Namen Amalia vorgesungen auf der seraphischen Harfe, und die himmlischen Hörer lispelten leise ihn nach? Sein letzter Seufzer war ja Amalia! Wird nicht sein erster Jubel Amalia sein?

seraphisch Seraph *(hebr.)* = Engel mit 6 Flügeln

DER ALTE MOOR. Himmlischer Trost quillt von deinen Lippen! Er wird mir lächeln, sagst du? Vergeben? du musst bei mir bleiben, Geliebte meines Karls, wenn ich sterbe.

AMALIA. Sterben ist Flug in seine Arme. Wohl Euch! Ihr seid zu beneiden. Warum sind diese Gebeine nicht mürb? warum diese Haare nicht grau? Wehe über die Kräfte der Jugend! Willkommen, du markloses Alter! näher gelegen dem Himmel und meinem Karl.

Franz tritt auf.

DER ALTE MOOR. Tritt her, mein Sohn! Vergib mir, wenn ich vorhin zu hart gegen dich war! Ich vergebe dir alles. Ich möchte so gern im Frieden den Geist aufgeben.

FRANZ. Habt Ihr genug um Euren Sohn geweint? Soviel ich sehe, habt Ihr nur einen.

DER ALTE MOOR. Jakob hatte der Söhne zwölf, aber um seinen Joseph hat er blutige Tränen geweint.

FRANZ. Hum!

DER ALTE MOOR. Geh, nimm die Bibel, meine Tochter, und lies mir die Geschichte Jakobs und Josephs! Sie hat mich immer so gerührt, und damals bin ich noch nicht Jakob gewesen.

Jakob und Joseph vgl. AT, 1. Mose, 37

AMALIA. Welches soll ich Euch lesen? *(Nimmt die Bibel und blättert.)*

DER ALTE MOOR. Lies mir den Jammer des Verlassenen, als er ihn nimmer unter seinen Kindern fand – und vergebens sein harrte im Kreis seiner eilfe – und sein Klagelied, als er vernahm, sein Joseph sei ihm genommen auf ewig –

AMALIA *(liest)*. „Da nahmen sie Josephs Rock, und schlachteten einen Ziegenbock, und tauchten den Rock in das Blut, und schickten den bunten Rock hin, und ließen ihn ihrem Vater bringen und sagen: Diesen haben wir funden, siehe, ob's deines Sohnes Rock sei oder nicht? *(Franz geht plötzlich hinweg.)* Er kannte ihn aber und sprach: Es ist meines Sohnes Rock, ein böses Tier hat ihn gefressen, ein reißend Tier hat Joseph zerrissen."

DER ALTE MOOR *(fällt aufs Kissen zurück)*. Ein reißend Tier hat Joseph zerrissen!

AMALIA *(liest weiter)*. „Und Jakob zerriss seine Kleider, und legte einen Sack um seine Lenden, und trug Leide um seinen Sohn lange Zeit, und all seine Söhne und Töchter traten auf, dass sie ihn trösteten, aber er wollte sich nicht trösten lassen und sprach: Ich werde mit Leid hinunterfahren – "

DER ALTE MOOR. Hör auf, hör auf! Mir wird sehr übel.

AMALIA *(hinzuspringend, lässt das Buch fallen).* Hilf Himmel! Was ist das?

DER ALTE MOOR. Das ist der Tod! – Schwarz – schwimmt – vor meinen Augen – ich bitt dich – ruf dem Pastor – dass er mir – das Abendmahl reiche. – Wo ist – mein Sohn Franz? →

AMALIA. Er ist geflohen! Gott erbarme sich unser!

DER ALTE MOOR. Geflohen – geflohen von des Sterbenden Bett? – – Und das all – all – von zwei Kindern voll Hoffnung – du hast sie – gegeben – hast sie genommen – – dein Name sei – –

AMALIA *(mit einem plötzlichen Schrei).* Tot! Alles tot! *(Ab in Verzweiflung.)*

Franz hüpft frohlockend herein.

FRANZ. Tot, schreien sie, tot! Itzt bin ich Herr. Im ganzen Schlosse zetert es tot! – Wie aber, schläft er vielleicht nur? – freilich, ach freilich! das ist nun freilich ein Schlaf, wo es ewig niemals Guten Morgen heißt – Schlaf und Tod sind nur Zwillinge. Wir wollen einmal die Namen wechseln! Wackerer, willkommener Schlaf! Wir wollen dich Tod heißen! *(Er drückt ihm die Augen zu.)* Wer wird nun kommen und es wagen, mich vor Gericht zu fordern? oder mir ins Angesicht zu sagen: du bist ein Schurke! Weg dann mit dieser lästigen Larve von Sanftmut und Tugend! Nun sollt ihr den nackten Franz sehen und euch entsetzen! Mein Vater überzuckerte seine Forderungen, schuf sein Gebiet zu einem Familienzirkel um, saß liebreich lächelnd am Tor und grüßte sie Brüder und Kinder. – Meine Augbrauen sollen über euch herhangen wie Gewitterwolken, mein herrischer Name schweben wie ein drohender Komet über diesen Gebirgen, meine Stirne soll euer Wetterglas sein! Er streichelte und koste den Nacken, der gegen ihn störrig zurückschlug. Streicheln und Kosen ist meine Sache nicht. Ich will euch die zackigte Sporen ins Fleisch hauen und die scharfe Geißel versuchen. – In meinem Gebiet soll's so weit kommen, dass Kartoffeln und Dünnbier ein Traktament für Festtage werden, und wehe dem, der mir mit vollen, feurigen Backen unter die Augen tritt! Blässe der Armut und sklavischen Furcht sind meine Leibfarbe: in diese Liverei will ich euch kleiden! *(Er geht ab.)*

Traktament *(lat., frz.) hier:* Schmaus, Festessen →

2. Akt, 3. Szene

DRITTE SZENE

Die böhmischen Wälder.

Spiegelberg. Razmann. Räuberhaufen.

RAZMANN. Bist da? bist's wirklich? So lass dich doch zu Brei zusammendrucken, lieber Herzensbruder Moritz! Willkommen in den böhmischen Wäldern! Bist ja groß worden und stark. Stern-Kreuz-Bataillon! Bringst ja Rekruten mit, einen ganzen Trieb, du trefflicher Werber!

SPIEGELBERG. Gelt, Bruder? Gelt? Und das ganze Kerl' darzu! – du glaubst nicht, Gottes sichtbarer Segen ist bei mir; war dir ein armer hungriger Tropf, hatte nichts als diesen Stab, da ich über den Jordan ging, und itzt sind unserer achtundsiebenzig, meistens ruinierte Krämer, rejizierte Magister und Schreiber aus den schwäbischen Provinzen. Das ist dir ein Korps Kerles, Bruder, deliziöse Bursche, sag ich dir, wo als einer dem andern die Knöpfe von den Hosen stiehlt und mit geladener Flinte neben ihm sicher ist – und haben vollauf und stehen dir in einem Renommee vierzig Meilen weit, das nicht zu begreifen ist. Da ist dir keine Zeitung, wo du nicht ein Artikelchen von dem Schlaukopf Spiegelberg wirst getroffen haben, ich halte sie mir auch pur deswegen – vom Kopf bis zun Füßen haben sie mich dir hingestellt, du meinst, du sähst mich – sogar meine Rockknöpfe haben sie nicht vergessen. Aber wir führen sie erbärmlich am Narrenseil herum. Ich geh letzthin in die Druckerei, geb vor, ich hätte den berüchtigten Spiegelberg gesehn, und diktier einem Skrizler, der dort saß, das leibhaftige Bild von einem dortigen Wurmdoktor in die Feder, das Ding kommt um, der Kerl wird eingezogen, par force inquiriert, und in der Angst und in der Dummheit gesteht er dir, hol mich der Teufel! gesteht dir, er sei der Spiegelberg – Donner und Wetter! Ich war eben auf dem Sprung, mich beim Magistrat anzugeben, dass die Canaille mir meinen Namen so verhunzen soll – wie ich sage, drei Monat drauf hangt er. Ich musste nachher eine derbe Prise Tobak in die Nase reiben, als ich am Galgen vorbeispazierte und den Pseudo-Spiegelberg in seiner Glorie da paradieren sah – und unterdessen dass Spiegelberg hangt, schleicht sich Spiegelberg ganz sachte aus den Schlingen und deutet der superklugen Gerechtigkeit hinterrucks Eselsohren, dass's zum Erbarmen ist.

RAZMANN *(lacht)*. Du bist eben noch immer der Alte.

Trieb Herde, Schar, Trupp

←

rejizieren fortjagen

ein Korps eine Truppe

←

als *hier*: immer, gewöhnlich

←

Renommee *(frz.)* der gute oder böse Ruf

pur *(frz.)* rein, nur

←

Wurmdoktor Jahrmarktshändler, der Wurmkuren anpreist

par force inquirieren *(frz.)* mit Gewalt verhören; foltern

Tobak alte Form für Tabak

Pseudo-Spiegelberg der falsche Spiegelberg

Glorie *(lat.)* Ruhm

←

2. Akt, 3. Szene

SPIEGELBERG. Das bin ich, wie du siehst, an Leib und Seel. Narr! einen Spaß muss ich dir doch erzählen, den ich neulich im Cäcilienkloster angerichtet habe. Ich treffe das Kloster auf meiner Wanderschaft so gegen die Dämmerung, und da ich eben den Tag noch keine Patrone verschossen hatte, du weißt, ich hasse das diem perdidi auf den Tod, so musste die Nacht noch durch einen Streich verherrlicht werden, und sollt's dem Teufel um ein Ohr gelten! Wir halten uns ruhig bis in die späte Nacht. Es wird mausstill. Die Lichter gehen aus. Wir denken, die Nonnen könnten itzt in den Federn sein. – Nun nehm ich meinen Kameraden Grimm mit mir, heiß die andern warten vorm Tor, bis sie mein Pfeifchen hören würden, – versichere mich des Klosterwächters, nehm ihm die Schlüssel ab, schleich mich hinein, wo die Mägde schliefen, praktizier ihnen die Kleider weg, und heraus mit dem Pack zum Tor. Wir gehn weiter von Zelle zu Zelle, nehmen einer Schwester nach der andern die Kleider, endlich auch der Äbtissin. – Itzt pfeif ich, und meine Kerls draußen fangen an zu stürmen und zu hasselieren, als käm der Jüngste Tag, und hinein mit bestialischem Gepolter in die Zellen der Schwestern! – Hahaha! – da hättest du die Hatz sehen sollen, wie die armen Tierchen in der Finstere nach ihren Röcken tappten und sich jämmerlich gebärdeten, wie sie zum Teufel waren, und wir indes wie alle Donnerwetter zugesetzt, und wie sie sich vor Schreck und Bestürzung in Bettlaken wickelten oder unter dem Ofen zusammenkrochen wie Katzen, andere in der Angst ihres Herzens die Stube so besprenzten, dass du hättest das Schwimmen drin lernen können, und das erbärmliche Gezeter und Lamento, und endlich gar die alte Schnurre, die Äbtissin, angezogen wie Eva vor dem Fall – du weißt, Bruder, dass mir auf diesem weiten Erdenrund kein Geschöpf so zuwider ist, als eine Spinne und ein altes Weib, und nun denk dir einmal die schwarzbraune, runzligte, zottigte Vettel vor mir herumtanzen und mich bei ihrer jungfräulichen Sittsamkeit beschwören – alle Teufel! ich hatte schon den Ellbogen angesetzt, ihr die übrig gebliebenen wenigen Edlen vollends in den Mastdarm zu stoßen – kurz resolviert! entweder heraus mit dem Silbergeschirr, mit dem Klosterschatz und allen den blanken Tälerchen, oder – meine Kerls verstanden mich schon – ich sage dir, ich hab aus dem Kloster mehr dann tausend Taler Werts geschleift, und den Spaß obendrein, und meine Kerls haben ihnen ein Andenken hinterlassen, sie werden ihre neun Monate dran zu schleppen haben.

→

→

wegpraktizieren wegschaffen, wegnehmen

→

besprenzen besprengen

Lamento *(ital.)* Wehklagen

die Schnurre altes, zusammengeschrumpftes Weib

→

→

resolviert *(lat., frz.)* entschlossen

2. Akt, 3. Szene

RAZMANN *(auf den Boden stampfend)*. Dass mich der Donner da weg hatte!

SPIEGELBERG. Siehst du? Sag du mehr, ob das kein Luderleben ist? Und dabei bleibt man frisch und stark, und das Korpus ist noch beisammen, und schwillt dir stündlich wie ein Prälatsbauch – ich weiß nicht, ich muss was Magnetisches an mir haben, das dir alles Lumpengesindel auf Gottes Erdboden anzieht wie Stahl und Eisen.

RAZMANN. Schöner Magnet du! Aber so möcht ich Henkers doch wissen, was für Hexereien du brauchst –

SPIEGELBERG. Hexereien? Braucht keiner Hexereien – Kopf musst du haben! Ein gewisses praktisches Judizium, das man freilich nicht in der Gerste frisst – denn siehst du, ich pfleg immer zu sagen: einen honetten Mann kann man aus jedem Weidenstotzen formen, aber zu einem Spitzbuben will's Grütz – auch gehört darzu ein eigenes Nationalgenie, ein gewisses, dass ich so sage, Spitzbubenklima, und da rat ich dir, reis du ins Graubünder Land, das ist das Athen der heutigen Gauner.

RAZMANN. Bruder! man hat mir überhaupt das ganze Italien gerühmt.

SPIEGELBERG. Ja, ja! man muss niemand sein Recht vorenthalten, Italien weist auch seine Männer auf, und wenn Deutschland so fortmacht, wie es bereits auf dem Weg ist, und die Bibel vollends hinausvotiert, wie es die glänzendsten Aspekten hat, so kann mit der Zeit auch noch aus Deutschland was Gutes kommen – überhaupt aber, muss ich dir sagen, macht das Klima nicht sonderlich viel, das Genie kommt überall fort, und das Übrige, Bruder – ein Holzapfel, weißt du wohl, wird im Paradiesgärtlein selber ewig keine Ananas – aber dass ich dir weiter sage – wo bin ich stehen geblieben?

RAZMANN. Bei den Kunstgriffen.

SPIEGELBERG. Ja recht, bei den Kunstgriffen. So ist dein erstes, wenn du in die Stadt kommst, du ziehst bei den Bettelvögten, Stadtpatrollanten und Zuchtknechten Kundschaft ein, wer so am fleißigsten bei ihnen einspreche, die Ehre gebe, und diese Kunden suchst du auf – ferner nistest du dich in die Kaffeehäuser, Bordelle, Wirtshäuser ein, spähst, sondierst, wer am meisten über die wohlfeile Zeit, die fünf Prozent, über die einreißende Pest der Polizeiverbesserungen schreit, wer am meisten über die Regierung schimpft, oder wider die Physiognomik eifert und dergleichen. Bruder! das ist die rechte Höhe! Die Ehrlichkeit wackelt wie ein hohler Zahn, du darfst nur den Pelikan ansetzen – oder besser und kürzer: du gehst und wirfst ei-

das Korpus die Truppe
Prälat katholischer Geistlicher
Judizium *(lat.)* Urteilskraft
←
Weidenstotzen Weidenstumpf
←
das Athen der Gauner der Hauptsitz der Gauner
hinausvotieren [durch Abstimmung (Votum)] beseitigen
Aspekt *(lat., frz.)* Aussicht
Stadtpatrollant Stadtstreife
die wohlfeile Zeit die billige Zeit, schlechte Zeit
←
←

nen vollen Beutel auf die offene Straße, versteckst dich irgendwo und merkst dir wohl, wer ihn aufhebt – eine Weile drauf jagst du hinterher, suchst, schreist und fragst nur so im Vorbeigehen: Haben der Herr nicht etwa einen Geldbeutel gefunden? Sagt er ja – nun, so hat's der Teufel gesehen; leugnet er's aber: Der Herr verzeihen – ich wüsste mich nicht zu entsinnen, – ich bedaure, *(aufspringend)* Bruder! Triumph, Bruder! Lösch deine Laterne aus, schlauer Diogenes! – du hast deinen Mann gefunden. →

RAZMANN. Du bist ein ausgelernter Praktikus.

SPIEGELBERG. Mein Gott! als ob ich noch jemals dran gezweifelt hätte. – Nun du deinen Mann in dem Hamen hast, musst du's auch fein schlau angreifen, dass du ihn hebst! – Siehst du, mein Sohn? das hab ich so gemacht: – Sobald ich einmal die Fährte hatte, hängt' ich mich meinem Kandidaten an wie eine Klette, saufte Brüderschaft mit ihm, und, notabene! zechfrei musst du ihn halten! Da geht freilich ein Schönes drauf, aber das achtest du nicht – – du gehst weiter, du führst ihn in Spielkompanien und bei liederlichen Menschern ein, verwickelst ihn in Schlägereien und schelmische Streiche, bis er an Saft und Kraft und Geld und Gewissen und gutem Namen bankrutt wird; denn incidenter muss ich dir sagen, du richtest nichts aus, wenn du nicht Leib und Seele verderbst. – Glaube mir, Bruder! das hab ich aus meiner starken Praxi wohl fünfzigmal abstrahiert, wenn der ehrliche Mann einmal aus dem Nest gejagt ist, so ist der Teufel Meister – der Schritt ist dann so leicht – o so leicht, als der Sprung von einer Hure zu einer Betschwester. – Horch doch! was für ein Knall war das?

RAZMANN. Es war gedonnert, nur fortgemacht!

SPIEGELBERG. Noch ein kürzerer, besserer Weg ist der, du plünderst deinem Mann Haus und Hof ab, bis ihm kein Hemd mehr am Leibe hebt, alsdann kommt er dir von selber – lern mich die Pfiffe nicht, Bruder – frag einmal das Kupfergesicht dort – Schwerenot! den hab ich schön ins Garn gekriegt – ich hielt ihm vierzig Dukaten hin, die sollt er haben, wenn er mir seines Herrn Schlüssel in Wachs drücken wollte – denk einmal! die dumme Bestie tut's, bringt mir, hol mich der Teufel! die Schlüssel und will itzt das Geld haben – „Monsieur", sagt' ich, „weiß Er auch, dass ich itzt diese Schlüssel geradeswegs zum Polizeileutnant trage und Ihm ein Logis am lichten Galgen miete?" – Tausendsackerment! da hättest du den Kerl sehen sollen die Augen aufreißen und anfangen zu zappeln wie ein nasser Pudel. – „Um's Himmels willen, hab der Herr doch Einsicht!

Hamen
Fangnetz zum Fischen

saufte
die schwache Form wie auf S. 30 bei „rufte"

Spielkompanie
Gesellschaft von Spielern

→

abstrahieren
hier: entnehmen (vgl. auch Anm. auf S. 126)

heben
schwäbisch-alemannisch für halten, festhalten

← ich will – will –“ „Was will Er? Will Er itzt gleich den Zopf hinaufschlagen und mit mir zum Teufel gehn?“ – „O von Herzen gern, mit Freuden!“ – Hahaha! guter Schlucker, mit Speck fangt man Mäuse – lach ihn doch aus, Razmann! hahaha!

RAZMANN. Ja, ja, ich muss gestehen. Ich will mir diese Lektion mit goldenen Ziffern auf meine Hirntafel schreiben. Der Satan mag seine Leute kennen, dass er dich zu seinem Mäkler gemacht hat.

SPIEGELBERG. Gelt, Bruder? Und ich denke, wenn ich ihm zehen stelle, lässt er mich frei ausgehn – gibt ja jeder Verleger seinem Sammler das zehente Exemplar gratis, warum soll der Teufel so jüdisch zu Werk gehn? – Razmann! ich rieche Pulver –

RAZMANN. Sapperment! ich riech's auch schon lang. – Gib Acht, es wird in der Näh was gesetzt haben! – Ja, ja, wie ich dir sage, Moritz – du wirst dem Hauptmann mit deinen Rekruten willkommen sein – er hat auch schon brave Kerle angelockt.

SPIEGELBERG. Aber die meinen! die meinen – pah –

RAZMANN. Nun ja! sie mögen hübsche Fingerchen haben – aber ich sage dir, der Ruf unsers Hauptmanns hat auch schon ehrliche Kerl in Versuchung geführt.

SPIEGELBERG. Ich will nicht hoffen.

sans Spaß ohne Spaß

RAZMANN. Sans Spaß! und sie schämen sich nicht, unter ihm zu dienen. Er mordet nicht um des Raubes willen, wie wir – nach dem Geld schien er nicht mehr zu fragen, sobald er's vollauf haben konnte, und selbst sein Drittteil an der Beute, das ihn von Rechts wegen trifft, verschenkt er an Waisenkinder, oder lässt damit arme Jungen von Hoffnung studieren. Aber soll er dir einen Landjunker schröpfen, der seine Bauren wie das Vieh abschindet, oder einen Schurken mit goldenen Borten unter den Hammer kriegen, der die Gesetze falschmünzt und das Auge der Gerechtigkeit übersilbert, oder sonst ein Herrchen von dem Gelichter – Kerl! da ist er dir in seinem Element und haust teufelmäßig, als wenn jede Faser an ihm eine Furie wäre.

SPIEGELBERG. Hum! Hum!

RAZMANN. Neulich erfuhren wir im Wirtshaus, dass ein reicher ← Graf von Regensburg durchkommen würde, der einen Prozess von einer Million durch die Pfiffe seines Advokaten durchgesetzt hätte, er saß eben am Tisch und brettelte. – „Wie viel sind unserer?“, frug er mich, indem er hastig aufstand, ich sah ihn die Unterlippe zwischen die Zähne klemmen, welches er nur tut, wenn er am grimmigsten ist. – „Nicht mehr als fünf!“, sagt' ich. – „Es ist genug!“, sagt' er, warf der Wirtin das Geld auf den Tisch, ließ den Wein, den er sich hatte reichen lassen, un-

bretteln ein Brettspiel spielen

berührt stehen – wir machten uns auf den Weg. Die ganze Zeit über sprach er kein Wort, lief abseitwärts und allein, nur dass er uns von Zeit zu Zeit fragte, ob wir noch nichts gewahr worden wären, und uns befahl, das Ohr an die Erde zu legen. Endlich so kommt der Graf hergefahren, der Wagen schwer bepackt, der Advokat saß bei ihm drin, voraus ein Reuter, nebenher ritten zwei Knechte – da hättest du den Mann sehen sollen, wie er, zwei Terzerolen in der Hand, vor uns her auf den Wagen zusprang! Und die Stimme, mit der er rief: „Halt!" – Der Kutscher, der nicht Halt machen wollte, musste vom Bock herabtanzen; der Graf schoss aus dem Wagen in den Wind, die Reuter flohen. – „Dein Geld, Canaille!", rief er donnernd – er lag wie ein Stier unter dem Beil. – „Und bist du der Schelm, der die Gerechtigkeit zur feilen Hure macht?" Der Advokat zitterte, dass ihm die Zähne klapperten, – der Dolch stak in seinem Bauch wie ein Pfahl in dem Weinberg. – „Ich habe das Meine getan!", rief er und wandte sich stolz von uns weg, „das Plündern ist eure Sache." – Und somit verschwand er in den Wald –

SPIEGELBERG. Hum, hum! Bruder, was ich dir vorhin erzählt habe, bleibt unter uns, er braucht's nicht zu wissen. Verstehst du?

RAZMANN. Recht, recht! ich versteh.

SPIEGELBERG. Du kennst ihn ja! Er hat so seine Grillen. Du verstehst mich.

RAZMANN. Ich versteh, ich versteh.

Schwarz, in vollem Lauf.

RAZMANN. Wer da? was gibt's da? Passagiers im Wald?

SCHWARZ. Hurtig, hurtig! wo sind die andern? – tausendsackerment! ihr steht da und plaudert! Wisst ihr denn nicht – wisst ihr denn gar nicht? – und Roller –

RAZMANN. Was dann? was dann?

SCHWARZ. Roller ist gehangen, noch vier andere mit.

RAZMANN. Roller? Schwerenot! Seit wenn – woher weißt du's?

SCHWARZ. Schon über drei Wochen sitzt er, und wir erfahren nichts, schon drei Rechtstäge sind über ihn gehalten worden, und wir hören nichts, man hat ihn auf der Tortur examiniert, wo der Hauptmann sei? – Der wackere Bursche hat nichts bekannt, gestern ist ihm der Prozess gemacht worden, diesen Morgen ist er dem Teufel Extrapost zugefahren.

RAZMANN. Vermaledeit! weiß es der Hauptmann?

SCHWARZ. Erst gestern erfährt er's. Er schäumt wie ein Eber. Du weißt's, er hat immer am meisten gehalten auf Roller, und

Terzerol *(ital.)* kleine Pistole

Rechtstäge Täge: südd. Mehrzahlform

auf der Tortur examinieren foltern

Extrapost *(lat.)* als Sondersendung

nun die Tortur erst – Strick und Leiter sind schon an den Turm gebracht worden, es half nichts; er selbst hat sich schon in Kapuzinerskutte zu ihm geschlichen und die Person mit ihm wechseln wollen, Roller schlug's hartnäckig ab, itzt hat er einen Eid geschworen, dass es uns eiskalt über die Leber lief, er wolle ihm eine Todesfackel anzünden, wie sie noch keinem König geleuchtet hat, die ihnen den Buckel braun und blau brennen soll. Mir ist bang für die Stadt. Er hat schon lang eine Pike auf sie, weil sie so schändlich bigott ist, und du weißt, wenn er sagt: Ich will's tun! so ist's so viel, als wenn's unsereiner getan hat.

bigott *(frz.: bigot)* frömmelnd

RAZMANN. Das ist wahr! Ich kenne den Hauptmann. Wenn er dem Teufel sein Wort drauf gegeben hätte, in die Hölle zu fahren, er würde nie beten, wenn er mit einem halben Vaterunser selig werden könnte! – Aber ach! der arme Roller! der arme Roller! –

SPIEGELBERG. Memento mori! Aber das regt mich nicht an. *(Trillert ein Liedchen.)*

Memento mori *(lat.)* Denk an den Tod!

Geh ich vorbei am Rabensteine,
So blinz ich nur das rechte Auge zu
Und denk, du hängst mir wohl alleine,
Wer ist ein Narr, ich oder du?

RAZMANN *(aufspringend)*. Horch! ein Schuss. *(Schießen und Lärmen.)*

SPIEGELBERG. Noch einer!

RAZMANN. Wieder einer! der Hauptmann!

(Hinter der Szene gesungen.)

Die Nürnberger henken keinen,
Sie hätten ihn denn vor. *(Da capo.)*

SCHWEIZER. ROLLER *(hinter der Szene)*. Holla ho! Holla ho!

RAZMANN. Roller! Roller! Holen mich zehn Teufel!

SCHWEIZER. ROLLER *(hinter der Szene)*. Razmann! Schwarz! Spiegelberg! Razmann!

RAZMANN. Roller! Schweizer! Blitz, Donner, Hagel und Wetter! *(Fliegen ihm entgegen.)*

Räuber Moor zu Pferd. Schweizer, Roller, Grimm, Schufterle, Räubertrupp, mit Kot und Staub bedeckt, treten auf.

RÄUBER MOOR *(vom Pferd springend)*. Freiheit! Freiheit! – – Du bist im Trocknen, Roller! – Führ meinen Rappen ab, Schweizer, und wasch ihn mit Wein. *(Wirft sich auf die Erde.)* Das hat gegolten!

RAZMANN *(zu Roller)*. Nun, bei der Feueresse des Plutos! bist du vom Rad auferstanden?

2. Akt, 3. Szene

SCHWARZ. Bist du sein Geist? oder bin ich ein Narr? oder bist du's wirklich?

ROLLER *(in Atem).* Ich bin's. Leibhaftig. Ganz. Wo glaubst du, dass ich herkomme?

SCHWARZ. Da frag die Hexe! Der Stab war schon über dich gebrochen.

ROLLER. Das war er freilich, und noch mehr. Ich komme recta vom Galgen her. Lass mich nur erst zu Atem kommen. Der Schweizer wird dir erzählen. Gebt mir ein Glas Branntewein! – du auch wieder da, Moritz? Ich dachte, dich woanders wieder zu sehen – gebt mir doch ein Glas Branntewein! meine Knochen fallen auseinander – o mein Hauptmann! wo ist mein Hauptmann?

recta
recta via *(lat.)* = geradewegs

SCHWARZ. Gleich, gleich! – so sag doch, so schwätz doch! Wie bist du davonkommen? wie haben wir dich wieder? der Kopf geht mir um. Vom Galgen her, sagst du?

ROLLER *(stürzt eine Flasche Branntewein hinunter).* Ah, das schmeckt, das brennt ein! – geradeswegs vom Galgen her! sag ich. Ihr steht da und gafft und könnt's nicht träumen – ich war auch nur drei Schritte von der Sackermentsleiter, auf der ich in den Schoß Abrahams steigen sollte – so nah, so nah – war dir schon mit Haut und Haar auf die Anatomie verhandelt! Hättest mein Leben um'n Prise Schnupftabak haben können, dem Hauptmann dank ich Luft, Freiheit und Leben.

Sackermentsleiter
Sackerment oder Sakrament

SCHWEIZER. Es war ein Spaß, der sich hören lässt. Wir hatten den Tag vorher durch unsre Spionen Wind gekriegt, der Roller liege tüchtig im Salz, und wenn der Himmel nicht beizeit noch einfallen wollte, so werde er morgen am Tag – das war als heut – den Weg alles Fleisches gehen müssen. – Auf! sagt der Hauptmann, was wiegt ein Freund nicht. – Wir retten ihn, oder retten ihn nicht, so wollen wir ihm wenigstens doch eine Todesfackel anzünden, wie sie noch keinem König geleuchtet hat, die ihnen den Buckel braun und blau brennen soll. Die ganze Bande wird aufgeboten. Wir schicken einen Expressen an ihn, der's ihm in einem Zettelchen beibrachte, das er ihm in die Suppe warf.

ein Expresser
ein Eilbote

ROLLER. Ich verzweifelte an dem Erfolg.

SCHWEIZER. Wir passten die Zeit ab, bis die Passagen leer waren. Die ganze Stadt zog dem Spektakel nach, Reuter und Fußgänger durcheinander und Wagen, der Lärm und der Galgenpsalm johlten weit. Itzt, sagt der Hauptmann, brennt an, brennt an! Die Kerl' flogen wie Pfeile, steckten die Stadt an dreiunddreißig Ecken zumal in Brand, werfen feurige Lunten in die Nähe des Pulvertums, in Kirchen und Scheunen. – Mordbläu es

Passage
Durchgang, Zugang, Straße

Spektakel
(lat.) Schauspiel

→

war keine Viertelstunde vergangen, der Nordostwind, der auch seinen Zahn auf die Stadt haben muss, kam uns trefflich zustatten und half die Flamme bis hinauf in die obersten Giebel jagen. Wir indes Gasse auf, Gasse nieder, wie Furien – Feuerjo! Feurjo! durch die ganze Stadt – Geheul – Geschrei – Gepolter – fangen an die Brandglocken zu brummen, knallt der Pulverturm in die Luft, als wär die Erde mitten entzweigeborsten, und der Himmel zerplatzt und die Hölle zehntausend Klafter tiefer versunken.

ROLLER. Und itzt sah mein Gefolge zurück – da lag die Stadt wie ← Gomorrha und Sodom, der ganze Horizont war Feuer, Schwefel ← und Rauch, vierzig Gebürge brüllen den infernalischen Schwank ← in die Rund herum nach, ein panischer Schreck schmeißt alle zu Boden – itzt nutz ich den Zeitpunkt, und risch, wie der Wind! – ich war losgebunden, so nah war's dabei – da meine Begleiter ← versteinert wie Lots Weib zurückschaun, Reißaus! zerrissen die Haufen! davon! Sechzig Schritte weg werf ich die Kleider ab, stürze mich in den Fluss, schwimm unterm Wasser fort, bis ich glaubte, ihnen aus dem Gesicht zu sein. Mein Hauptmann schon parat mit Pferden und Kleidern – so bin ich entkommen. Moor! Moor! möchtest du bald auch in den Pfeffer geraten, dass ich dir Gleiches mit Gleichem vergelten kann!

parat *(lat.)* bereit

RAZMANN. Ein bestialischer Wunsch, für den man dich hängen sollte – aber es war ein Streich zum Zerplatzen.

ROLLER. Es war Hülfe in der Not, ihr könnt's nicht schätzen. Ihr hättet sollen – den Strick um den Hals – mit lebendigem Leib zu Grabe marschieren wie ich, und die sackermentalischen Anstalten und Schinderszeremonien, und mit jedem Schritt, den der scheue Fuß vorwärts wankte, näher und fürchterlich näher die verfluchte Maschine, wo ich einlogiert werden sollte, im Glanz der schröcklichen Morgensonne steigend, und die laurenden Schindersknechte und die grässliche Musik – noch raunt sie in meinen Ohren – und das Gekrächz hungriger Raben, die an meinem halbfaulen Antezessor zu dreißigen hingen, und das alles, alles – und obendrein noch der Vorschmack der Seligkeit, die mir blühete! – Bruder, Bruder! und auf einmal die Losung zur Freiheit! – Es war ein Knall, als ob dem Himmelfass ein Reif gesprungen wäre – hört, Kanaillen! ich sag euch, wenn man aus dem glühenden Ofen ins Eiswasser springt, kann man den Abfall nicht so stark fühlen als ich, da ich am andern Ufer war.

Antezessor *(lat.)* Vorgänger

SPIEGELBERG *(lacht)*. Armer Schlucker! Nun ist's ja verschwitzt. *(Trinkt ihm zu.)* Zur glücklichen Wiedergeburt!

2. Akt, 3. Szene

ROLLER *(wirft sein Glas weg)*. Nein, bei allen Schätzen des Mammons! ich möchte das nicht zum zweiten Mal erleben. Sterben ist etwas mehr als Harlekinssprung, und Todesangst ist ärger als Sterben.

SPIEGELBERG. Und der hüpfende Pulverturm – merkst du's itzt, Razmann? – Drum stank auch die Luft so nach Schwefel, stundenweit, als würde die ganze Garderobe des Molochs unter → dem Firmament ausgelüftet – es war ein Meisterstreich, Hauptmann! ich beneide dich drum.

SCHWEIZER. Macht sich die Stadt eine Freude daraus, meinen Kameraden wie ein verhetztes Schwein abtun zu sehen, was, zum Henker! sollen wir uns ein Gewissen daraus machen, unserem Kameraden zulieb die Stadt draufgehen zu lassen? Und nebenher hatten unsere Kerls noch das gefundene Fressen, über → den alten Kaiser zu plündern. – Sagt einmal! was habt ihr weggekapert?

EINER VON DER BANDE. Ich hab mich während des Durcheinanders in die Stephanskirche geschlichen und die Borten vom Altartuch abgetrennt, der liebe Gott da, sagt' ich, ist ein reicher Mann und kann ja Goldfäden aus einem Batzenstrick machen.

Batzenstrick Strick, der nur einen Batzen (Pfennig) wert ist

SCHWEIZER. Du hast wohl getan – was soll auch der Plunder in einer Kirche? Sie tragen's dem Schöpfer zu, der über den Trödelkram lachet, und seine Geschöpfe dörfen verhungern. – Und du, Spangeler – wo hast du dein Netz ausgeworfen?

EIN ZWEITER. Ich und Bügel haben einen Kaufladen geplündert und bringen Zeug für unser funfzig mit.

EIN DRITTER. Zwei goldne Sackuhren hab ich weggebixt, und ein Dutzend silberne Löffel darzu.

Sackuhr Taschenuhr

wegbixen wegstecken, stehlen

SCHWEIZER. Gut, gut. Und wir haben ihnen eins angerichtet, dran sie vierzehn Tage werden zu löschen haben. Wenn sie dem Feuer wehren wollen, so müssen sie die Stadt durch Wasser ruinieren. – Weißt du nicht, Schufterle, wie viel es Tote gesetzt hat?

SCHUFTERLE. Dreiundachtzig, sagt man. Der Turm allein hat ihrer sechzig zu Staub zerschmettert.

RÄUBER MOOR *(sehr ernst)*. Roller, du bist teuer bezahlt.

SCHUFTERLE. Pah! pah! was heißt aber das? – Ja, wenn's Männer gewesen wären – aber da waren's Wickelkinder, die ihre Laken vergolden, eingeschnurrte Mütterchen, die ihnen die Mücken wehrten, ausgedörrte Ofenhocker, die keine Türe mehr finden konnten – Patienten, die nach dem Doktor winselten, der in seinem gravitätischen Trab der Hatz nachgezogen

gravitätisch *(lat.)* würdevoll

war. – Was leichte Beine hatte, war ausgeflogen der Komödie nach, und nur der Bodensatz der Stadt blieb zurück, die Häuser zu hüten.

MOOR. O der armen Gewürme! Kranke, sagst du, Greise und Kinder?

SCHUFTERLE. Ja zum Teufel! und Kindbetterinnen darzu, und hochschwangere Weiber, die befürchteten, unterm lichten Galgen zu abortieren, junge Frauen, die besorgten, sich an den Schindersstückchen zu versehen und ihrem Kind im Mutterleib den Galgen auf den Buckel zu brennen – arme Poeten, die keinen Schuh anzuziehen hatten, weil sie ihr einziges Paar in die Mache gegeben, und was das Hundsgesindel mehr ist, es lohnt sich der Mühe nicht, dass man davon red't. Wie ich von ungefähr so an einer Baracke vorbeigehe, hör ich drinnen ein Gezeter, ich guck hinein, und wie ich's beim Licht besehe, was war's? Ein Kind war's, noch frisch und gesund, das lag auf dem Boden unterm Tisch, und der Tisch wollte eben angehen. – Armes Tierchen, sagt' ich, du verfrierst ja hier – und warf's in die Flamme –

← **abortieren** *(lat.)* vorzeitig gebären

MOOR. Wirklich, Schufterle? – Und diese Flamme brenne in deinem Busen, bis die Ewigkeit grau wird! – Fort, Ungeheuer! Lass dich nimmer unter meiner Bande sehen! Murrt ihr? – Überlegt ihr? – Wer überlegt, wann ich befehle? – Fort mit ihm, sag ich, – es sind noch mehr unter euch, die meinem Grimm reif sind. Ich kenne dich, Spiegelberg. Aber ich will nächstens unter euch treten und fürchterlich Musterung halten. *(Sie gehn zitternd ab.)*

Moor allein, heftig auf und ab gehend.

Höre sie nicht, Rächer im Himmel! – Was kann ich dafür? Was kannst du dafür, wenn deine Pestilenz, deine Teurung, deine Wasserfluten den Gerechten mit dem Bösewicht auffressen? Wer kann der Flamme befehlen, dass sie nicht auch durch die gesegneten Saaten wüte, wenn sie das Genist der Hornissel zerstören soll? – O pfui über den Kindermord! den Weibermord! – den Krankenmord! Wie beugt mich diese Tat! Sie hat meine schönsten Werke vergiftet – da steht der Knabe, schamrot und ausgehöhnt vor dem Auge des Himmels, der sich anmaßte, mit Jupiters Keile zu spielen, und Pygmäen niederwarf, da er Titanen zerschmettern sollte – geh, geh! du bist der Mann nicht, das Rachschwert der obern Tribunale zu regieren, du erlagst bei dem ersten Griff – hier entsag ich dem frechen Plan, gehe, mich in irgendeine Kluft der Erde zu verkriechen, wo der Tag vor meiner Schande zurücktritt. *(Er will fliehen.)*

Pestilenz *(lat.)* Pest, Seuche

Hornissel oberdeutsch für Hornisse

←

Tribunal *(lat.)* Gerichtshof

2. Akt, 3. Szene

RÄUBER *(eilig)*. Sieh dich vor, Hauptmann! Es spukt! Ganze Haufen böhmischer Reuter schwadronieren im Holz herum – der höllische Blaustrumpf muss ihnen verträtscht haben –

NEUE RÄUBER. Hauptmann, Hauptmann! Sie haben uns die Spur abgelauert – rings ziehen ihrer etliche Tausend einen Kordon um den mittlern Wald.

NEUE RÄUBER. Weh, weh, weh! Wir sind gefangen, gerädert, wir sind gevierteilt! Viele Tausend Husaren, Dragoner und Jäger sprengen um die Anhöhe und halten die Luftlöcher besetzt. *(Moor geht ab.)*

Schweizer. Grimm. Roller. Schwarz. Schufterle. Spiegelberg. Razmann. Räubertrupp.

SCHWEIZER. Haben wir sie aus den Federn geschüttelt? Freu dich doch, Roller! Das hab ich mir lange gewünscht, mich mit so Kommissbrotrittern herumzuhauen – wo ist der Hauptmann? Ist die ganze Bande beisammen? Wir haben doch Pulver genug?

RAZMANN. Pulver die schwere Meng. Aber unser sind achtzig in allem, und so immer kaum einer gegen ihrer zwanzig.

SCHWEIZER. Desto besser! und lass es fünfzig gegen meinen großen Nagel sein! – Haben sie so lang gewartet, bis wir ihnen die Streu unterm Arsch angezündt haben – Brüder, Brüder! so hat's keine Not. Sie setzen ihr Leben an zehen Kreuzer, fechten wir nicht für Hals und Freiheit? – Wir wollen über sie her wie die Sündflut und auf ihre Köpfe herabfeuren wie Wetterleuchten – Wo, zum Teufel! ist dann der Hauptmann?

SPIEGELBERG. Er verlässt uns in dieser Not. Können wir denn nicht mehr entwischen?

SCHWEIZER. Entwischen?

SPIEGELBERG. Oh! warum bin ich nicht geblieben in Jerusalem!

SCHWEIZER. So wollt ich doch, dass du im Kloak ersticktest, Dreckseele du! Bei nackten Nonnen hast du ein großes Maul, aber wenn du zwei Fäuste siehst – Memme, zeige dich itzt, oder man soll dich in eine Sauhaut nähen und durch Hunde verhetzen lassen.

RAZMANN. Der Hauptmann, der Hauptmann!

Moor, langsam vor sich.

MOOR. Ich habe sie vollends ganz einschließen lassen, itzt müssen sie fechten wie Verzweifelte. *(Laut.)* Kinder! Nun gilt's! Wir sind verloren, oder wir müssen fechten wie angeschossene Eber.

schwadronieren *(frz.) hier*: herumreiten, herumschwärmen

→

verträtschen gedankenlos ausplaudern

Kordon *(frz.)* Postenkette

→

→

2. Akt, 3. Szene

die Fanger eigentlich Fangzähne des Ebers. *Hier*: Stoßwaffe

Kugelbüchse Büchse mit gezogenem Lauf

SCHWEIZER. Ha! ich will ihnen mit meinen Fangern den Bauch schlitzen, dass ihnen die Kutteln schuhlang herausplatzen! – Führ uns an, Hauptmann! Wir folgen dir in den Rachen des Todes.

MOOR. Ladet alle Gewehre! Es fehlt doch an Pulver nicht?

SCHWEIZER *(springt auf)*. Pulver genug, die Erde gegen den Mond zu sprengen!

RAZMANN. Jeder hat fünf Paar Pistolen geladen, jeder noch drei Kugelbüchsen darzu.

MOOR. Gut, gut! Und nun muss ein Teil auf die Bäume klettern oder sich ins Dickicht verstecken und Feuer auf sie geben im Hinterhalt –

SCHWEIZER. Da gehörst du hin, Spiegelberg!

MOOR. Wir andern, wie Furien, fallen ihnen in die Flanken!

SCHWEIZER. Darunter bin ich, ich!

MOOR. Zugleich muss jeder sein Pfeifchen hören lassen, im Wald herumjagen, dass unsere Anzahl schröcklicher werde: Auch müssen alle Hunde los und in ihre Glieder gehetzt werden, dass sie sich trennen, zerstreuen und euch in den Schuss rennen. Wir drei, Roller, Schweizer und ich, fechten im Gedränge.

SCHWEIZER. Meisterlich, vortrefflich! – Wir wollen sie zusammenwettern, dass sie nicht wissen, wo sie die Ohrfeigen herkriegen. Ich habe wohl ehe eine Kirsche vom Maul weggeschossen. Lass sie nur anlaufen. *(Schufterle zupft Schweizern, dieser nimmt den Hauptmann beiseit und spricht leise mit ihm.)*

MOOR. Schweig!

SCHWEIZER. Ich bitte dich –

MOOR. Weg! Er dank es seiner Schande, sie hat ihn gerettet. Er soll nicht sterben, wenn ich und mein Schweizer sterben und mein Roller. Lass ihn die Kleider ausziehen, so will ich sagen, er sei ein Reisender, und ich hab ihn bestohlen – Sei ruhig, Schweizer! Ich schwöre darauf, er wird doch noch gehangen werden.

Pater tritt auf.

PATER *(vor sich, stutzt)*. Ist das das Drachennest? – Mit eurer Erlaubnis, meine Herren! Ich bin ein Diener der Kirche, und draußen stehen Siebenzehnhundert, die jedes Haar auf meinen Schläfen bewachen.

SCHWEIZER. Bravo! bravo! Das war wohl gesprochen, sich den Magen warm zu halten.

MOOR. Schweig, Kamerad! – Sagen Sie kurz, Herr Pater! Was haben Sie hier zu tun?

PATER. Mich sendet die hohe Obrigkeit, die über Leben und

Tod spricht – ihr Diebe – ihr Mordbrenner – ihr Schelmen – giftige Otterbrut, die im Finstern schleicht und im Verborgenen sticht – Aussatz der Menschheit – Höllenbrut – köstliches Mahl für Raben und Ungeziefer – Kolonie für Galgen und Rad –

SCHWEIZER. Hund! hör auf zu schimpfen – oder *(er drückt ihm den Kolben vors Gesicht.)*

MOOR. Pfui doch, Schweizer! du verdirbst ihm ja das Konzept – er hat seine Predigt so brav auswendig gelernt – nur weiter, mein Herr! – „für Galgen und Rad?"

PATER. Und du, feiner Hauptmann! Herzog der Beutelschneider! Gaunerkönig! Großmogol aller Schelmen unter der Sonne! – Ganz ähnlich jenem ersten abscheulichen Rädelsführer, der tausend Legionen schuldloser Engel in rebellisches Feuer fachte und mit sich hinab in den tiefen Pfuhl der Verdammnis zog – das Zetergeschrei verlassener Mütter heult deinen Fersen nach, Blut saufst du wie Wasser, Menschen wägen auf deinem mörderischen Dolch keine Luftblase auf. –

MOOR. Sehr wahr, sehr wahr! Nur weiter!

PATER. Was? Sehr wahr, sehr wahr? ist das auch eine Antwort?

MOOR. Wie, mein Herr? darauf haben Sie sich wohl nicht gefasst gemacht? Weiter, nur weiter! Was wollten Sie weiter sagen?

PATER *(im Eifer)*. Entsetzlicher Mensch! hebe dich weg von mir! Picht nicht das Blut des ermordeten Reichsgrafen an deinen verfluchten Fingern? Hast du nicht das Heiligtum des Herrn mit diebischen Händen durchbrochen und mit einem Schelmengriff die geweihten Gefäße des Nachtmahls entwandt? Wie? hast du nicht Feuerbrände in unsere gottesfürchtige Stadt geworfen? und den Pulverturm über die Häupter guter Christen herabgestürzt? *(Mit zusammengeschlagenen Händen.)* Gräuliche, gräuliche Frevel, die bis zum Himmel hinaufstinken, das Jüngste Gericht waffnen, dass es reißend daherbricht! Reif zur Vergeltung, zeitig zur letzten Posaune!

MOOR. Meisterlich geraten bis hieher! aber zur Sache! Was lässt mir der hochlöbliche Magistrat durch Sie kundmachen?

PATER. Was du nie wert bist zu empfangen – Schau um dich, Mordbrenner! Was nur dein Auge absehen kann, bist du eingeschlossen von unsern Reutern – hier ist kein Raum zum Entrinnen mehr – so gewiss Kirschen auf diesen Eichen wachsen und diese Tannen Pfirsiche tragen, so gewiss werdet ihr unversehrt diesen Eichen und diesen Tannen den Rücken kehren.

MOOR. Hörst du's wohl, Schweizer? – Aber nur weiter!

PATER. Höre dann, wie gütig, wie langmütig das Gericht mit dir

Konzept *(lat., frz.)* Abfassung, Fassung

Großmogol asiatischer Großkönig

→

→

pechen wie Pech kleben

Nachtmahl schwäbisch für Abendmahl

zeitig oberdeutsch für reif

Böswicht verfährt. Wirst du itzt gleich zum Kreuz kriechen und um Gnade und Schonung flehen, siehe, so wird dir die Strenge selbst Erbarmen, die Gerechtigkeit eine liebende Mutter sein – sie drückt das Auge bei der Hälfte deiner Verbrechen zu und lässt es – denk doch! – und lässt es bei dem Rade bewenden.

SCHWEIZER. Hast du's gehört, Hauptmann? Soll ich hingehn und diesem abgerichteten Schäferhund die Gurgel zusammenschnüren, dass ihm der rote Saft aus allen Schweißlöchern sprudelt? –

ROLLER. Hauptmann! – Sturm! Wetter und Hölle! – Hauptmann! – wie er die Unterlippe zwischen die Zähne klemmt! – soll ich diesen Kerl das Oberst zu unterst unters Firmament wie einen Kegel aufsetzen?

SCHWEIZER. Mir, mir! Lass mich kniend vor dir niederfallen! Mir lass die Wollust, ihn zu Brei zusammenzureiben. *(Pater schreit.)*

MOOR. Weg von ihm! Wag es keiner, ihn anzurühren! – *(Zum Pater, indem er seinen Degen zieht.)* Sehen Sie, Herr Pater! hier stehn Neunundsiebenzig, deren Hauptmann ich bin, und weiß keiner auf Wink und Kommando zu fliegen oder nach Kanonenmusik zu tanzen, und draußen stehn Siebenzehnhundert, unter Musketen ergraut – aber hören Sie nun! so redet Moor, der Mordbrenner Hauptmann: Wahr ist's, ich habe den Reichsgrafen erschlagen, die Dominikuskirche angezündet und geplündert, hab Feuerbrände in eure bigotte Stadt geworfen und den Pulverturm über die Häupter guter Christen herabgestürzt – aber das ist noch nicht alles. Ich habe noch mehr getan. *(Er streckt seine rechte Hand aus.)* Bemerken Sie die vier kostbare Ringe, die ich an jedem Finger trage – gehen Sie hin und richten Sie Punkt für Punkt den Herren des Gerichts über Leben und ← Tod aus, was Sie sehen und hören werden – diesen Rubin zog ich einem Minister vom Finger, den ich auf der Jagd zu den Füßen seines Fürsten niederwarf. Er hatte sich aus dem Pöbelstaub zu seinem ersten Günstling emporgeschmeichelt, der Fall seines Nachbars war seiner Hoheit Schemel – Tränen der Waisen huben ihn auf. Diesen Demant zog ich einem Finanzrat ab, der Ehrenstellen und Ämter an die Meistbietenden verkaufte und den traurenden Patrioten von seiner Türe stieß. – Diesen Achat trag ich einem Pfaffen Ihres Gelichters zur Ehre, den ich mit eigener Hand erwürgte, als er auf offener Kanzel geweint ← hatte, dass die Inquisition so in Zerfall käme – ich könnte Ihnen noch mehr Geschichten von meinen Ringen erzählen, wenn mich nicht schon die paar Worte gereuten, die ich mit Ihnen verschwendet habe –

PATER. O Pharao! Pharao! →

MOOR. Hört ihr's wohl? Habt ihr den Seufzer bemerkt? Steht er nicht da, als wollte er Feuer vom Himmel auf die Rotte Korah → herunterbeten, richtet mit einem Achselzucken, verdammt mit einem christlichen Ach! – Kann der Mensch denn so blind sein? Er, der die hundert Augen des Argus hat, Flecken an sei- → nem Bruder zu spähen, kann er so gar blind gegen sich selbst sein? – Da donnern sie Sanftmut und Duldung aus ihren Wolken und bringen dem Gott der Liebe Menschenopfer wie einem feuerarmigen Moloch – predigen Liebe des Nächsten und fluchen den achtzigjährigen Blinden von ihren Türen hinweg; – stürmen wider den Geiz und haben Peru um goldner Spangen → willen entvölkert und die Heiden wie Zugvieh vor ihre Wagen gespannt. – Sie zerbrechen sich die Köpfe, wie es doch möglich gewesen wäre, dass die Natur hätte können einen Ischariot → schaffen, und nicht der Schlimmste unter ihnen würde den dreieinigen Gott um zehen Silberlinge verraten. – O über euch Pharisäer, euch Falschmünzer der Wahrheit, euch Affen der Gottheit! Ihr scheut euch nicht, vor Kreuz und Altären zu knien, zerfleischt eure Rücken mit Riemen und foltert euer Fleisch mit Fasten, ihr wähnt, mit diesen erbärmlichen Gaukeleien demjenigen einen blauen Dunst vorzumachen, den ihr Toren doch den Allwissenden nennt, nicht anders, als wie man der Großen am bittersten spottet, wenn man ihnen schmeichelt, dass sie die Schmeichler hassen; ihr pocht auf Ehrlichkeit und exemplarischen Wandel, und der Gott, der euer Herz durchschaut, würde wider den Schöpfer ergrimmen, wenn er nicht eben der wäre, der das Ungeheuer am Nilus erschaffen hat. – Schafft ihn aus → meinen Augen!

exemplarischer Wandel vorbildliche Lebensführung

PATER. Dass ein Bösewicht noch so stolz sein kann!

MOOR. Nicht genug – itzt will ich stolz reden. Geh hin und sage dem hochlöblichen Gericht, das über Leben und Tod würfelt – Ich bin kein Dieb, der sich mit Schlaf und Mitternacht verschwört und auf der Leiter groß und herrisch tut – was ich getan habe, werd ich ohne Zweifel einmal im Schuldbuch des Himmels lesen, aber mit seinen erbärmlichen Verwesern will ich kein Wort mehr verlieren. Sag ihnen, mein Handwerk ist Wiedervergeltung – Rache ist mein Gewerbe. *(Er kehrt ihm den Rücken zu.)*

PATER. Du willst also nicht Schonung und Gnade? – Gut, mit dir bin ich fertig. *(Wendet sich zu der Bande).* So höret denn ihr, was die Gerechtigkeit euch durch mich zu wissen tut! – Werdet ihr itzt gleich diesen verurteilten Missetäter gebunden überliefern, seht, so soll euch die Strafe eurer Gräuel bis auf das letzte Andenken erlassen sein – die heilige Kirche wird euch verlorne Schafe mit erneuerter Liebe in ihren Mutterschoß aufnehmen, und jedem unter euch soll der Weg zu einem Ehrenamt offen stehen. *(Mit triumphierendem Lächeln.)* Nun, nun? Wie schmeckt das, Ew. Majestät? – Frisch also! Bindet ihn, und seid frei!

MOOR. Hört ihr's auch? Hört ihr? Was stutzt ihr? Was steht ihr verlegen da? Sie bietet euch Freiheit, und ihr seid wirklich schon ihre Gefangene. – Sie schenkt euch das Leben, und das ist keine Prahlerei, denn ihr seid wahrhaftig gerichtet. – Sie verheißt euch Ehren und Ämter, und was kann euer Los anders sein, wenn ihr auch obsiegtet, als Schmach und Fluch und Verfolgung? – Sie kündigt euch Versöhnung vom Himmel an, und ihr seid wirklich verdammt. Es ist kein Haar an keinem unter euch, das nicht in die Hölle fährt. Überlegt ihr noch? Wankt ihr noch? Ist es so schwer zwischen Himmel und Hölle zu wählen? Helfen Sie doch, Herr Pater!

PATER *(vor sich)*. Ist der Kerl unsinnig? – Sorgt ihr etwa, dass dies eine Falle sei, euch lebendig zu fangen? – Leset selbst, hier ist der Generalpardon unterschrieben. *(Er gibt Schweizern ein Papier.)* Könnt ihr noch zweifeln?

Generalpardon *(frz.)* die Vergebung aller Verbrechen

MOOR. Seht doch, seht doch! Was könnt ihr mehr verlangen? – Unterschrieben mit eigener Hand – es ist Gnade über alle Grenzen – oder fürchtet ihr wohl, sie werden ihr Wort brechen, weil ihr einmal gehört habt, dass man Verrätern nicht Wort hält? – O seid außer Furcht! Schon die Politik könnte sie zwingen, Wort zu halten, wenn sie es auch dem Satan gegeben hätten. – Wer würde ihnen in Zukunft noch Glauben beimessen? Wie würden sie je einen zweiten Gebrauch davon machen können? – Ich wollte drauf schwören, sie meinen's aufrichtig. Sie wissen, dass ich es bin, der euch empört und erbittert hat, euch halten sie für unschuldig. Eure Verbrechen legen sie für Jugendfehler, für Übereilungen aus. Mich allein wollen sie haben, ich allein verdiene zu büßen. Ist es nicht so, Herr Pater?

PATER. Wie heißt der Teufel, der aus ihm spricht? – Ja freilich, freilich ist es so – der Kerl macht mich wirbeln.

MOOR. Wie, noch keine Antwort? Denkt ihr wohl gar, mit den Waffen noch durchzureißen? Schaut doch um euch, schaut doch um euch! Das werdet ihr doch nicht denken, das wäre itzt kindische Zuversicht. – Oder schmeichelt ihr euch wohl gar, als

durchreißen die Oberhand gewinnen

Helden zu fallen, weil ihr saht, dass ich mich aufs Getümmel freute? – Oh glaubt das nicht! Ihr seid nicht Moor! – Ihr seid heillose Diebe! elende Werkzeuge meiner größeren Plane, wie der Strick verächtlich in der Hand des Henkers! – Diebe können nicht fallen, wie Helden fallen. Das Leben ist den Dieben Gewinn, dann kommt was Schröckliches nach – Diebe haben das Recht, vor dem Tode zu zittern. – Höret, wie ihre Hörner tönen! Sehet, wie drohend ihre Säbel daherblinken! wie? noch unschlüssig? seid ihr toll? seid ihr wahnwitzig? – Es ist unverzeihlich! Ich dank euch mein Leben nicht, ich schäme mich eures Opfers!

PATER *(äußerst erstaunt).* Ich werde unsinnig, ich laufe davon! Hat man je von so was gehört?

MOOR. Oder fürchtet ihr wohl, ich werde mich selbst erstechen und durch einen Selbstmord den Vertrag zernichten, der nur an dem Lebendigen haftet? Nein, Kinder! das ist eine unnütze Furcht. Hier werf ich meinen Dolch weg und meine Pistolen und dies Fläschchen mit Gift, das mir noch wohlkommen sollte – ich bin so elend, dass ich auch die Herrschaft über mein Leben verloren habe. – Was, noch unschlüssig? Oder glaubt ihr vielleicht, ich werde mich zur Wehr setzen, wenn ihr mich binden wollt? Seht! hier bind ich meine rechte Hand an diesen Eichenast, ich bin ganz wehrlos, ein Kind kann mich umwerfen – Wer ist der Erste, der seinen Hauptmann in der Not verlässt?

ROLLER *(in wilder Bewegung).* Und wenn die Hölle uns neunfach umzingelte! *(Schwenkt seinen Degen).* Wer kein Hund ist, rette den Hauptmann!

SCHWEIZER *(zerreißt den Pardon und wirft die Stücke dem Pater ins Gesicht).* In unsern Kugeln Pardon! Fort, Kanaille! sag dem Senat, der dich gesandt hat, du träfst unter Moors Bande keinen einzigen Verräter an. – Rettet, rettet den Hauptmann!

ALLE *(lärmend).* Rettet, rettet, rettet den Hauptmann!

MOOR *(sich losreißend, freudig).* Itzt sind wir frei – Kameraden! Ich fühle eine Armee in meiner Faust – Tod oder Freiheit! Wenigstens sollen sie keinen lebendig haben! *(Man bläst zum Angriff. Lärm und Getümmel. Sie gehen ab mit gezogenem Degen.)*

DRITTER AKT

ERSTE SZENE

← *Amalia, im Garten, spielt auf der Laute.*

AMALIA.
Schön wie Engel, voll Walhallas Wonne,
Schön vor allen Jünglingen war er,
Himmlisch mild sein Blick, wie Maiensonne,
Rückgestrahlt vom blauen Spiegelmeer.

Sein Umarmen – wütendes Entzücken! –
Mächtig feurig klopfte Herz an Herz,
Mund und Ohr gefesselt – Nacht vor unsern Blicken –
Und der Geist gewirbelt himmelwärts.

Seine Küsse – paradiesisch Fühlen! –
Wie zwo Flammen sich ergreifen, wie
Harfentöne ineinander spielen
Zu der himmelvollen Harmonie,

Stürzten, flogen, rasten Geist und Geist zusammen,
Lippen, Wangen brannten, zitterten, –
Seele rann in Seele – Erd und Himmel schwammen
Wie zerronnen um die Liebenden.

Er ist hin – vergebens ach! vergebens
Stöhnet ihm der bange Seufzer nach.
Er ist hin – und alle Lust des Lebens
Wimmert hin in ein verlornes Ach! –

Franz tritt auf.

FRANZ. Schon wieder hier, eigensinnige Schwärmerin? Du hast dich vom frohen Mahle hinweggestohlen und den Gästen die Freude verdorben.

AMALIA. Schade für diese unschuldige Freuden! Das Totenlied muss noch in deinen Ohren murmeln, das deinem Vater zu Grabe hallte –

FRANZ. Willst du dann ewig klagen? Lass die Toten schlafen, und mache die Lebendigen glücklich! Ich komme –

AMALIA. Und wann gehst du wieder?

FRANZ. O weh! Kein so finsteres, stolzes Gesicht! du betrübst mich, Amalia! Ich komme, dir zu sagen –

AMALIA. Ich muss wohl hören, Franz von Moor ist ja gnädiger Herr worden.

FRANZ. Ja, recht, das war's, worüber ich dich vernehmen wollte – Maximilian ist schlafen gegangen in der Väter Gruft. Ich bin Herr. Aber ich möchte es vollends ganz sein, Amalia. – Du weißt, was du unserm Hause warst, du wardst gehalten wie Moors Tochter, selbst den Tod überlebte seine Liebe zu dir, das wirst du wohl niemals vergessen? –

AMALIA. Niemals, niemals. Wer das auch so leichtsinnig beim frohen Mahle hinwegzechen könnte!

FRANZ. Die Liebe meines Vaters musst du in seinen Söhnen belohnen, und Karl ist tot – staunst du? schwindelt dir? Ja wahrhaftig, der Gedanke ist auch so schmeichelnd erhaben, dass er selbst den Stolz eines Weibes betäubt. Franz tritt die Hoffnungen der edelsten Fräuleins mit Füßen, Franz kommt und bietet einer armen, ohne ihn hülflosen Waise sein Herz, seine Hand und mit ihr all sein Gold an und all seine Schlösser und Wälder. – Franz, der Beneidete, der Gefürchtete, erklärt sich freiwillig für Amalias Sklaven –

AMALIA. Warum spaltet der Blitz die ruchlose Zunge nicht, die das Frevelwort ausspricht! Du hast meinen Geliebten ermordet, und Amalia soll dich Gemahl nennen! du –

FRANZ. Nicht so ungestüm, allergnädigste Prinzessin! – Freilich krümmt Franz sich nicht wie ein girrender Seladon vor dir – → freilich hat er nicht gelernt, gleich dem schmachtenden Schäfer Arkadiens, dem Echo der Grotten und Felsen seine Liebesklagen entgegenzujammern – → Franz spricht, und wenn man nicht antwortet, so wird er – *befehlen*.

AMALIA. Wurm, du, befehlen? mir befehlen? – und wenn man den Befehl mit Hohnlachen zurückschickt?

FRANZ. Das wirst du nicht. Noch weiß ich Mittel, die den Stolz eines einbildischen Starrkopfs so hübsch niederbeugen können – Kloster und Mauren!

einbildisch
im 18. Jahrhundert häufige Form für eingebildet

AMALIA. Bravo! herrlich! Und in Kloster und Mauren mit deinem Basiliskenanblick auf ewig verschont, → und Muße genug, an Karln zu denken, zu hangen. Willkommen mit deinem Kloster! auf, auf mit deinen Mauren!

FRANZ. Haha! ist es das? – Gib Acht! Itzt hast du mich die Kunst gelehrt, wie ich dich quälen soll – diese ewige Grille von Karl soll dir mein Anblick gleich einer feuerhaarigen Furie aus dem Kopfe geißeln, das Schreckbild *Franz* soll hinter dem Bild deines Lieblings im Hinterhalt lauren, gleich dem verzauberten Hund, der auf unterirdischen Goldkästen liegt – an den Haaren will ich dich in die Kapelle schleifen, den Degen in der Hand dir den ehlichen Schwur aus der Seele pressen, dein jungfräuliches Bette mit Sturm ersteigen und deine stolze Scham mit noch größerem Stolze besiegen.

AMALIA *(gibt ihm eine Maulschelle).* Nimm erst das zur Aussteuer hin.

FRANZ *(aufgebracht).* Ha! wie das zehnfach und wieder zehnfach geahndet werden soll! – Nicht meine Gemahlin – die Ehre sollst du nicht haben – meine Mätresse sollst du werden, dass die ehrlichen Baurenweiber mit Fingern auf dich deuten, wenn du es wagst und über die Gasse gehst. Knirsche nur mit den Zähnen – speie Feuer und Mord aus den Augen – mich ergötzt der Grimm eines Weibes, macht dich nur schöner, begehrenswerter. Komm – dieses Sträuben wird meinen Triumph zieren und mir die Wollust in erzwungnen Umarmungen würzen – Komm mit in meine Kammer – ich glühe vor Sehnsucht – itzt gleich sollst du mit mir gehn. *(Will sie fortreißen.)*

Mätresse die Geliebte eines Fürsten

AMALIA *(fällt ihm um den Hals).* Verzeih mir, Franz! *(Wie er sie umarmen will, reißt sie ihm den Degen von der Seite und tritt hastig zurück.)* Siehst du Bösewicht, was ich itzt aus dir machen kann? – Ich bin ein Weib, aber ein rasendes Weib – wag es einmal, mit unzüchtigem Griff meinen Leib zu betasten – dieser Stahl soll deine geile Brust mitten durchrennen, und der Geist meines Oheims wird mir die Hand dazu führen. Fleuch auf der Stelle! *(Sie jagt ihn davon.)*

Ah! wie mir wohl ist – Itzt kann ich frei atmen – ich fühlte mich stark wie das Funken sprühende Ross, grimmig wie die Tigerin dem Sieg brüllenden Räuber ihrer Jungen nach. – In ein Kloster, sagt er – Dank dir für diese glückliche Entdeckung! – Itzt hat die betrogene Liebe ihre Freistatt gefunden – das Kloster – das Kreuz des Erlösers ist die Freistatt der betrognen Liebe. *(Sie will gehen.)*

Hermann tritt schüchtern herein.

HERMANN. Fräulein Amalia! Fräulein Amalia!

AMALIA. Unglücklicher! Was störest du mich?

HERMANN. Dieser Zentner muss von meiner Seele, eh er sie zur Hölle drückt. *(Wirft sich vor ihr nieder.)* Vergebung! Vergebung! Ich hab Euch sehr beleidigt, Fräulein Amalia.

AMALIA. Steh auf! Geh! Ich will nichts wissen *(Will fort.)*

HERMANN *(der sie zurückhält).* Nein! Bleibt! Bei Gott! Bei dem ewigen Gott! Ihr sollt alles wissen!

AMALIA. Keinen Laut weiter – ich vergebe dir – ziehe heim in Frieden. *(Will hinwegeilen.)*

HERMANN. So höret nur ein einziges Wort – es wird Euch all Eure Ruhe wiedergeben.

AMALIA *(kommt zurück und blickt ihn verwundernd an).* Wie, Freund? – wer im Himmel und auf Erden kann mir meine Ruhe wiedergeben?

HERMANN. Das kann von meinen Lippen ein einziges Wort – höret mich an!

AMALIA *(mit Mitleiden seine Hand ergreifend).* Guter Mensch – Kann ein Wort von deinen Lippen die Riegel der Ewigkeit aufreißen?

HERMANN *(steht auf).* Karl lebt noch!

AMALIA *(schreiend).* Unglücklicher!

HERMANN. Nicht anders – Nun noch ein Wort – Euer Oheim –

AMALIA *(gegen ihn herstürzend).* Du lügst –

HERMANN. Euer Oheim –

AMALIA. Karl lebt noch?

HERMANN. Und Euer Oheim –

AMALIA. Karl lebt noch?

HERMANN. Auch Euer Oheim – verratet mich nicht. *(Eilt hinaus.)*

AMALIA *(steht lang wie versteinert. Dann fährt sie wild auf, eilt ihm nach).* Karl lebt noch!

ZWEITE SZENE

Gegend an der Donau.

Die Räuber, gelagert auf einer Anhöhe unter Bäumen, die Pferde weiden am Hügel hinunter.

MOOR. Hier muss ich liegen bleiben. *(Wirft sich auf die Erde.)* Meine Glieder wie abgeschlagen. Meine Zunge trocken wie eine Scherbe. *(Schweizer verliert sich unvermerkt.)* Ich wollt euch bitten, mir eine Hand voll Wassers aus diesem Strome zu holen, aber ihr seid alle matt bis in den Tod. →

SCHWARZ. Auch ist der Wein all in unsern Schläuchen.

MOOR. Seht doch, wie schön das Getreide steht! – Die Bäume brechen fast unter ihrem Segen. – Der Weinstock voll Hoffnung.

GRIMM. Es gibt ein fruchtbares Jahr.

MOOR. Meinst du? – Und so würde doch e i n Schweiß in der Welt bezahlt. – E i n e r ? – – Aber es kann ja über Nacht ein Hagel fallen und alles zugrund schlagen.

3. Akt, 2. Szene

SCHWARZ. Das ist leicht möglich. Es kann alles zugrund gehen, wenig Stunden vorm Schneiden.

MOOR. Das sag ich ja. Es wird alles zugrund gehn. Warum soll dem Menschen das gelingen, was er von der Ameise hat, wenn ihm das fehlschlägt, was ihn den Göttern gleich macht? – Oder ist hier die Mark seiner Bestimmung?

die Mark seiner Bestimmung Mark *hier*: Grenze

SCHWARZ. Ich kenne sie nicht.

MOOR. Du hast gut gesagt und noch besser getan, wenn du sie nie zu kennen verlangtest! – Bruder – ich habe die Menschen gesehen, ihre Bienensorgen und ihre Riesenprojekte – ihre Götterplane und ihre Mäusegeschäfte, das wunderseltsame Wettrennen nach Glückseligkeit; – dieser dem Schwung seines Rosses anvertraut – ein anderer der Nase seines Esels – ein dritter seinen eigenen Beinen; dieses bunte Lotto des Lebens, worein so mancher seine Unschuld und – seinen Himmel setzt, einen Treffer zu haschen, und – Nullen sind der Auszug – am Ende war kein Treffer darin. Es ist ein Schauspiel, Bruder, das Tränen in deine Augen lockt, wenn es dein Zwerchfell zum Gelächter kitzelt.

Lotto *(ital.)* Glücksspiel

SCHWARZ. Wie herrlich die Sonne dort untergeht!

MOOR *(in den Anblick verschwemmt)*. So stirbt ein Held! – Anbetenswürdig!

verschwemmt versunken, hingerissen

GRIMM. Du scheinst tief gerührt.

MOOR. Da ich noch ein Bube war – war's mein Lieblingsgedanke, wie sie zu leben, zu sterben wie sie. – *(Mit verbissnem Schmerz.)* Es war ein Bubengedanke!

GRIMM. Das will ich hoffen.

MOOR *(drückt den Hut übers Gesicht)*. Es war eine Zeit – Lasst mich allein, Kameraden.

SCHWARZ. Moor! Moor! Was zum Henker? – Wie er seine Farbe verändert!

GRIMM. Alle Teufel! Was hat er? wird ihm übel?

MOOR. Es war eine Zeit, wo ich nicht schlafen konnte, wenn ich mein Nachtgebet vergessen hatte –

GRIMM. Bist du wahnsinnig? Willst du dich von deinen Bubenjahren hofmeistern lassen?

←

MOOR *(legt sein Haupt auf Grimms Brust)*. Bruder! Bruder!

GRIMM. Wie? sei doch kein Kind – ich bitte dich –

MOOR. Wär ich's – wär ich's wieder!

GRIMM. Pfui! Pfui!

SCHWARZ. Heitre dich auf. Sieh diese malerische Landschaft – den lieblichen Abend.

MOOR. Ja, Freunde, diese Welt ist so schön.

SCHWARZ. Nun, das war wohl gesprochen.

MOOR. Diese Erde so herrlich.

GRIMM. Recht – recht – so hör ich's gerne.

MOOR *(zurückgesunken).* Und ich so hässlich auf dieser schönen Welt – und ich ein Ungeheuer auf dieser herrlichen Erde.

GRIMM. O weh! o weh!

MOOR. Meine Unschuld! Meine Unschuld! – Seht! es ist alles hinausgegangen, sich im friedlichen Strahl des Frühlings zu sonnen – warum ich allein die Hölle saugen aus den Freuden des Himmels? – dass alles so glücklich ist, durch den Geist des Friedens alles so verschwistert! – Die ganze Welt eine Familie und ein Vater dort oben – mein Vater nicht – ich allein der Verstoßene, ich allein ausgemustert aus den Reihen der Reinen – mir nicht der süße Name Kind – nimmer mir der Geliebten schmachtender Blick – nimmer nimmer des Busenfreundes Umarmung. *(Wild zurückfahrend.)* Umlagert von Mördern – von Nattern umzischt – angeschmiedet an das Laster mit eisernen Banden – hinausschwindelnd ins Grab des Verderbens auf des Lasters schwankendem Rohr – mitten in den Blumen der glücklichen Welt ein heulender Abbadona! →

SCHWARZ *(zu den Übrigen).* Unbegreiflich, ich hab ihn nie so gesehen.

MOOR *(mit Wehmut).* Dass ich wiederkehren dürfte in meiner Mutter Leib! Dass ich ein Bettler geboren werden dürfte! – Nein! ich wollte nicht mehr, o Himmel – dass ich werden dürfte wie dieser Taglöhner einer! – O ich wollte mich abmüden, dass mir das Blut von den Schläfen rollte – mir die Wollust eines einzigen Mittagsschlafs zu erkaufen – die Seligkeit einer einzigen Träne.

GRIMM *(zu den andern).* Nur Geduld! der Paroxysmus ist schon im Fallen. →

MOOR. Es war eine Zeit, wo sie mir so gern flossen – o ihr Tage des Friedens! Du Schloss meines Vaters – ihr grünen, schwärmerischen Täler! O all ihr Elysiumszenen meiner Kindheit! – Werdet ihr nimmer zurückkehren – nimmer mit köstlichen Säuseln meinen brennenden Busen kühlen? – Traure mit mir, Natur – Sie werden nimmer zurückkehren, nimmer mit köstlichen Säuseln meinen brennenden Busen kühlen. – Dahin! dahin! unwiederbringlich! –

Schweizer mit Wasser im Hut.

SCHWEIZER. Sauf zu, Hauptmann – hier ist Wasser genug, und frisch wie Eis.

SCHWARZ. Du blutest ja – was hast du gemacht?

3. Akt, 2. Szene

rheinländischer Schuh Schuh = Fuß (altes Maß)

SCHWEIZER. Narr, einen Spaß, der mich bald zwei Beine und einen Hals gekostet hätte. Wie ich so auf dem Sandhügel am Fluss hintrolle, glitsch, so rutscht der Plunder unter mir ab und ich zehn rheinländische Schuhe lang hinunter – da lag ich, und wie ich mir eben meine fünf Sinne wieder zurechtsetze, treff ich dir das klarste Wasser im Kies. Genug diesmal für den Tanz, dacht' ich, dem Hauptmann wird's wohl schmecken.

MOOR *(gibt ihm den Hut zurück und wischt ihm sein Gesicht ab).* Sonst sieht man ja die Narben nicht, die die böhmischen Reuter in deine Stirne gezeichnet haben – dein Wasser war gut, Schweizer – diese Narben stehen dir schön.

SCHWEIZER. Pah! hat noch Platz genug für ihrer dreißig.

MOOR. Ja, Kinder – es war ein heißer Nachmittag – und nur einen Mann verloren – mein Roller starb einen schönen Tod. Man würde einen Marmor auf seine Gebeine setzen, wenn er nicht mir gestorben wäre. Nehmet vorlieb mit diesem. *(Er wischt sich die Augen.)* Wie viel waren's doch von den Feinden, die auf dem Platz blieben?

SCHWEIZER. Hundertundsechzig Husaren – dreiundneunzig Dragoner, gegen vierzig Jäger – dreihundert in allem.

MOOR. Dreihundert für einen! – Jeder von euch hat Anspruch auf diesen Scheitel! *(Er entblößt sich das Haupt.)* Hier heb ich meinen Dolch auf. So wahr meine Seele lebt! Ich will euch niemals verlassen.

SCHWEIZER. Schwöre nicht! du weißt nicht, ob du nicht noch glücklich werden und bereuen wirst.

MOOR. Bei den Gebeinen meines Rollers! Ich will euch niemals verlassen.

Kosinsky kommt.

← KOSINSKY *(vor sich).* In dieser Revier herum, sagen sie, werd ich ihn antreffen – he, holla! was sind das für Gesichter? – Sollten's – wie, wenn's diese? – sie sind's, sind's! – ich will sie anreden.

SCHWARZ. Gebt Acht! wer kommt da?

KOSINSKY. Meine Herren, verzeihen Sie! Ich weiß nicht, geh ich recht oder unrecht?

MOOR. Und wer müssen wir sein, wenn Sie recht gehn?

KOSINSKY. Männer!

SCHWEIZER. Ob wir das auch gezeigt haben, Hauptmann?

KOSINSKY. Männer such ich, die dem Tod ins Gesicht sehen und die Gefahr wie eine zahme Schlange um sich spielen lassen, die Freiheit höher schätzen als Ehre und Leben, deren bloßer Name, willkommen dem Armen und Unterdrückten, die Beherztesten feig und Tyrannen bleich macht.

SCHWEIZER *(zum Hauptmann)*. Der Bursche gefällt mir. – Höre, guter Freund! Du hast deine Leute gefunden.

KOSINSKY. Das denk ich und will hoffen, bald meine Brüder. – So könnt ihr mich dann zu meinem rechten Manne weisen, denn ich such euren Hauptmann, den großen Grafen von Moor.

SCHWEIZER *(gibt ihm die Hand, mit Wärme)*. Lieber Junge! wir duzen einander.

MOOR *(näher kommend)*. Kennen Sie auch den Hauptmann?

KOSINSKY. Du bist's – in dieser Miene – wer sollte dich ansehn und einen andern suchen? *(Starrt ihn lang an.)* Ich hab mir immer gewünscht, den Mann mit dem vernichtenden Blicke zu sehen, wie er saß auf den Ruinen von Karthago – itzt wünsch ich es nicht mehr.

SCHWEIZER. Blitzbub!

MOOR. Und was führt Sie zu mir?

KOSINSKY. O Hauptmann! mein mehr als grausames Schicksal – ich habe Schiffbruch gelitten auf der ungestümen See dieser Welt, die Hoffnungen meines Lebens hab ich müssen sehen in den Grund sinken, und blieb mir nichts übrig als die marternde Erinnerung ihres Verlustes, die mich wahnsinnig machen würde, wenn ich sie nicht durch anderwärtige Tätigkeit zu ersticken suchte.

MOOR. Schon wieder ein Kläger wider die Gottheit! – Nur weiter.

KOSINSKY. Ich wurde Soldat; das Unglück verfolgte mich auch da – ich machte eine Fahrt nach Ostindien mit, mein Schiff scheiterte an den Klippen – nichts als fehlgeschlagene Plane! Ich höre endlich weit und breit erzählen von deinen Taten, *Mordbrennereien*, wie sie sie nannten, und bin hieher gereist dreißig Meilen weit, mit dem festen Entschluss, unter dir zu dienen, wenn du meine Dienste annehmen willst. – Ich bitte dich, würdiger Hauptmann. schlage mir's nicht ab!

SCHWEIZER *(mit einem Sprung)*. Heisa! Heisa! So ist ja unser Roller zehnhundertfach vergütet! Ein ganzer Mordbruder für unsere Bande!

MOOR. Wie ist dein Name?

KOSINSKY. Kosinsky.

MOOR. Wie, Kosinsky, weißt du auch, dass du ein leichtsinniger Knabe bist und über den großen Schritt deines Lebens weggaukelst wie ein unbesonnenes Mädchen? – Hier wirst du nicht Bälle werfen oder Kegelkugeln schieben, wie du dir einbildest.

KOSINSKY. Ich weiß, was du sagen willst – ich bin vierundzwanzig Jahr alt, aber ich habe Degen blinken gesehen und Kugeln um mich surren gehört.

MOOR. So, junger Herr? – und hast du dein Fechten nur darum gelernt, arme Reisende um einen Reichstaler niederzustoßen oder Weiber hinterrücks in den Bauch zu stechen? Geh, geh! du bist deiner Amme entlaufen, weil sie dir mit der Rute gedroht hat.

SCHWEIZER. Was zum Henker, Hauptmann! was denkst du? Willst du diesen Herkules fortschicken? Sieht er nicht gerade so ← drein, als wollt er den Marschall von Sachsen mit einem Rührlöffel über den Ganges jagen?

MOOR. Weil dir deine Lappereien missglücken, kommst du und willst ein Schelm, ein Meuchelmörder werden? – Mord, Knabe, verstehst du das Wort auch? Du magst ruhig schlafen gegangen sein, wenn du Mohnköpfe abgeschlagen hast, aber einen Mord auf der Seele zu tragen –

KOSINSKY. Jeden Mord, den du mich begehen heißt, will ich verantworten.

MOOR. Was? Bist du so klug? Willst du dich anmaßen, einen Mann mit Schmeicheleien zu fangen? Woher weißt du, dass ich nicht böse Träume habe oder auf dem Todbett nicht werde blass werden? Wie viel hast du schon getan, wobei du an Verantwortung gedacht hast?

KOSINSKY. Wahrlich! noch sehr wenig, aber doch diese Reise zu dir, edler Graf!

← MOOR. Hat dir dein Hofmeister die Geschichte des Robins in die Hände gespielt – man sollte dergleichen unvorsichtige Kanaillen auf die Galeere schmieden –, die deine kindische Phantasie erhitzte und dich mit der tollen Sucht zum großen Mann ansteckte? Kützelt dich nach Namen und Ehre? willst du Unsterblichkeit mit Mordbrennereien erkaufen? Merk dir's, ehrgeiziger Jüngling! Für Mordbrenner grünet kein Lorbeer! Auf Banditensiege ist kein Triumph gesetzt – aber Fluch, Gefahr, Tod, Schande – siehst du auch das Hochgericht dort auf dem Hügel?

SPIEGELBERG *(unwillig auf und ab gehend)*. Ei wie dumm! wie abscheulich, wie unverzeihlich dumm! das ist die Manier nicht! Ich hab's anderst gemacht.

KOSINSKY. Was soll der fürchten, der den Tod nicht fürchtet?

MOOR. Brav! Unvergleichlich! Du hast dich wacker in den ← Schulen gehalten, du hast deinen Seneca meisterlich auswendig gelernt. – Aber, lieber Freund, mit dergleichen Sentenzen wirst du die leidende Natur nicht beschwätzen, damit wirst du die

Sentenz *(lat.)* Ausspruch

Pfeile des Schmerzens nimmermehr stumpf machen. – Besinne dich recht, mein Sohn! *(Er nimmt seine Hand.)* Denk, ich rate dir als ein Vater – lern erst die Tiefe des Abgrunds kennen, eh du hineinspringst! Wenn du noch in der Welt eine einzige Freude zu erhaschen weißt – es könnten Augenblicke kommen, wo du – aufwachst – und dann – möcht es zu spät sein. Du trittst hier gleichsam aus dem Kreise der Menschheit – entweder musst du ein höherer Mensch sein, oder du bist ein Teufel. – Noch einmal, mein Sohn! wenn dir noch ein Funken von Hoffnung irgend anderswo glimmt, so verlass diesen schröcklichen Bund, den nur Verzweiflung eingeht, wenn ihn nicht eine höhere Weisheit gestiftet hat – man kann sich täuschen – glaube mir, man kann das für Stärke des Geistes halten, was doch am Ende Verzweiflung ist. – Glaub mir, mir! und mach dich eilig hinweg.

KOSINSKY. Nein! ich fliehe itzt nicht mehr. Wenn dich meine Bitten nicht rühren, so höre die Geschichte meines Unglücks. – Du wirst mir dann selbst den Dolch in die Hände zwingen, du wirst – lagert euch hier auf dem Boden und hört mir aufmerksam zu!

MOOR. Ich will sie hören.

KOSINSKY. Wisset also, ich bin ein böhmischer Edelmann und wurde durch den frühen Tod meines Vaters Herr eines ansehnlichen Ritterguts. Die Gegend war paradiesisch – denn sie enthielt einen Engel – ein Mädchen, geschmückt mit allen Reizen der blühenden Jugend und keusch wie das Licht des Himmels. Doch, wem sag ich das? Es schallt an euren Ohren vorüber – ihr habt niemals geliebt, seid niemals geliebt worden –

SCHWEIZER. Sachte, sachte! Unser Hauptmann wird feuerrot.

MOOR. Hör auf! ich will's ein andermal hören – morgen, nächstens, oder – wenn ich Blut gesehen habe.

KOSINSKY. Blut, Blut – höre nur weiter! Blut, sag ich dir, wird deine ganze Seele füllen. Sie war bürgerlicher Geburt, eine Deutsche – aber ihr Anblick schmelzte die Vorurteile des Adels hinweg. Mit der schüchternsten Bescheidenheit nahm sie den Trauring von meiner Hand, und übermorgen sollte ich meine Amalia vor den Altar führen.

schmelzte die früher häufige schwache Form

MOOR *(steht schnell auf)*.

KOSINSKY. Mitten im Taumel der auf mich wartenden Seligkeit, unter den Zurüstungen zur Vermählung – werd ich durch einen Expressen nach Hof zitiert. Ich stellte mich. Man zeigte mir Briefe, die ich geschrieben haben sollte, voll verräterischen Inhalts. Ich errötete über der Bosheit – man nahm mir den Degen ab, warf mich ins Gefängnis, alle meine Sinnen waren hinweg.

SCHWEIZER. Und unterdessen – nur weiter! Ich rieche den Braten schon.

KOSINSKY. Hier lag ich einen Monat lang und wusste nicht, wie mir geschah. Mir bangte für meine Amalia, die meines Schicksals wegen jede Minute einen Tod würde zu leiden haben. Endlich erschien der erste Minister des Hofes, wünschte mir zur Entdeckung meiner Unschuld Glück, mit zuckersüßen Worten, liest mir den Brief der Freiheit vor, gibt mir meinen Degen wieder. Itzt im Triumphe nach meinem Schloss, in die Arme meiner Amalia zu fliegen, – sie war verschwunden. In der Mitternacht sei sie weggebracht worden, wüsste niemand, wohin; und seitdem mit keinem Aug mehr gesehen. Hui! schoss mir's auf wie der Blitz, ich flieg nach der Stadt, sondiere am Hof – alle Augen wurzelten auf mir, niemand wollte Bescheid geben – endlich entdeck ich sie durch ein verborgenes Gitter im Palast – sie warf mir ein Billettchen zu.

SCHWEIZER. Hab ich's nicht gesagt?

KOSINSKY. Hölle, Tod und Teufel! da stand's! man hatte ihr die Wahl gelassen, ob sie mich lieber sterben sehen oder die Mätresse des Fürsten werden wollte. Im Kampf zwischen Ehre und Liebe entschied sie für das zweite, und *(lachend)* ich war gerettet.

SCHWEIZER. Was tatst du da?

KOSINSKY. Da stand ich, wie von tausend Donnern getroffen! – Blut! war mein erster Gedanke, Blut! mein letzter. Schaum auf dem Munde renn ich nach Haus, wähle mir einen dreispitzigen Degen, und damit in aller Jast in des Ministers Haus, denn nur er – er nur war der höllische Kuppler gewesen. Man muss mich von der Gasse bemerkt haben, denn wie ich hinauftrete, waren alle Zimmer verschlossen. Ich suche, ich frage: Er sei zum Fürsten gefahren, war die Antwort. Ich mache mich geradenwegs dahin, man wollte nichts von ihm wissen. Ich gehe zurück, sprenge die Türen ein, find ihn, wollte eben – aber da sprangen fünf bis sechs Bediente aus dem Hinterhalt und entwanden mir den Degen.

SCHWEIZER *(stampft auf den Boden)*. Und er kriegte nichts, und du zogst leer ab?

KOSINSKY. Ich ward ergriffen, angeklagt, peinlich prozessiert, infam – merkt's euch! – aus besonderer Gnade infam aus den Grenzen gejagt, meine Güter fielen als Präsent dem Minister zu, meine Amalia bleibt in den Klauen des Tigers, verseufzt und

dreispitziger Degen dreikantiger Stoßschläger

Jast Hitze, Zorn

peinlich prozessieren unter Androhung der Folter verhören

infam *(lat.)* mit Verlust der bürgerlichen Rechte

Präsent *(lat.)* Geschenk

vertrauert ihr Leben, während dass meine Rache fasten und sich unter das Joch des Despotismus krümmen muss.

SCHWEIZER *(aufstehend, seinen Degen wetzend)*. Das ist Wasser auf unsere Mühle, Hauptmann! Da gibt's was anzuzünden!

MOOR *(der bisher in heftigen Bewegungen hin und her gegangen, springt rasch auf, zu den Räubern)*. Ich muss sie sehen. – Auf! Rafft zusammen – du bleibst, Kosinsky – packt eilig zusammen!

DIE RÄUBER. Wohin? Was?

MOOR. Wohin? wer fragt wohin? *(Heftig zu Schweizern.)* Verräter, du willst mich zurückhalten? Aber bei der Hoffnung des Himmels! –

SCHWEIZER. Verräter ich? – geh in die Hölle, ich folge dir!

MOOR *(fällt ihm um den Hals)*. Bruderherz! du folgst mir – sie weint, sie vertrauert ihr Leben. Auf! Hurtig! Alle! nach Franken! in acht Tagen müssen wir dort sein. *(Sie gehen ab.)*

Despotismus *(griech.)* Gewaltherrschaft

VIERTER AKT

ERSTE SZENE

Ländliche Gegend um das Moorische Schloss.

Räuber Moor, Kosinsky in der Ferne.

MOOR. Geh voran und melde mich. Du weißt doch noch alles, was du sprechen musst?

KOSINSKY. Ihr seid der Graf von Brand, kommt aus Mecklenburg, ich Euer Reutknecht – sorgt nicht, ich will meine Rolle schon spielen, lebt wohl! *(Ab.)*

MOOR. Sei mir gegrüßt, Vaterlandserde! *(Er küsst die Erde.)* Vaterlandshimmel! Vaterlandssonne! – und Fluren und Hügel und Ströme und Wälder! seid alle, alle mir herzlich gegrüßt! – Wie so köstlich wehet die Luft von meinen Heimatgebürgen! wie strömt balsamische Wonne aus euch dem armen Flüchtling entgegen! – Elysium! dichterische Welt! Halt ein, Moor! dein Fuß wandelt in einem heiligen Tempel. *(Er kommt näher.)* Sieh da, auch die Schwalbennester im Schlosshof – auch das Gartentürchen! – und diese Ecke am Zaun, wo du so oft den Fanger belauschtest und necktest – und dort unten das Wiesental, wo du, der Held Alexander, deine Mazedonier ins Treffen bei Arbela führtest, und nebendran der grasigte Hügel, von welchem du den persischen Satrapen niederwarfst – und deine siegende Fahne flatterte hoch! *(Er lächelt.)* Die goldne Maienjahre der Knabenzeit leben wieder auf in der Seele des Elenden – da warst du so glücklich, warst so ganz, so wolkenlos heiter – und nun – da liegen die Trümmer deiner Entwürfe! Hier solltest du wandeln dereinst, ein großer, stattlicher, gepriesener Mann – hier dein Knabenleben in Amalias blühenden Kindern zum zweiten Mal leben – hier! hier der Abgott deines Volks – aber der böse Feind schmollte darzu! *(Er fährt auf.)* Warum bin ich hieher gekommen? Dass mir's ginge wie dem Gefangenen, den der klirrende Eisenring aus Träumen der Freiheit aufjagt – nein, ich gehe in mein Elend zurück! – Der Gefangene hatte das Licht vergessen, aber der Traum der Freiheit fuhr über ihm wie ein Blitz in die Nacht, der sie finsterer zurücklässt. – Lebt wohl, ihr Vaterlandstäler! einst saht ihr den Knaben Karl, und der Knabe Karl war ein glücklicher Knabe – itzt saht ihr den Mann, und er war in Verzweiflung. *(Er dreht sich schnell nach dem äußersten Ende der Gegend, allwo er plötzlich stille steht und nach dem*

←

der Fanger
hier: Lockvogel

←

persischer Satrap
Statthalter des persischen Großkönigs

schmollen
hier: Hohn lachen

Schloss mit Wehmut herüberblickt.) Sie nicht sehen, nicht einen Blick? – und nur eine Mauer gewesen zwischen mir und Amalia – Nein! sehen muss ich sie – muss ich ihn – es soll mich zermalmen! *(Er kehrt um.)* Vater! Vater! dein Sohn naht – weg mit dir, schwarzes, rauchendes Blut! weg, hohler, grasser, zuckender Todesblick! Nur diese Stunde lass mir frei – Amalia! Vater! dein Karl naht! *(Er geht schnell auf das Schloss zu.)* – Quäle mich, wenn der Tag erwacht, lass nicht ab von mir, wenn die Nacht kommt – quäle mich in schröcklichen Träumen! nur vergifte mir diese einzige Wollust nicht! *(Er steht an der Pforte.)* Wie wird mir? Was ist das, Moor? Sei ein Mann! – – Todesschauer – – Schreckenahndung – – *(Er geht hinein.)*

grass
wild, zornig, vgl. Anm. auf S. 137

ZWEITE SZENE

Galerie im Schloss.

Räuber Moor, Amalia treten auf.

AMALIA. Und getrauten Sie sich wohl, sein Bildnis unter diesen Gemälden zu erkennen?

MOOR. O ganz gewiss. Sein Bild war immer lebendig in mir. *(An den Gemälden herumgehend.)* Dieser ist's nicht.

AMALIA. Erraten! – Er war der Stammvater des gräflichen Hauses und erhielt den Adel vom Barbarossa, dem er wider die Seeräuber diente.

MOOR *(immer an den Gemälden).* Dieser ist's auch nicht – auch der nicht – auch nicht jener dort – er ist nicht unter ihnen.

AMALIA. Wie, sehen Sie doch besser! Ich dachte, Sie kennten ihn –

MOOR. Ich kenne meinen Vater nicht besser! Ihm fehlt der sanftmütige Zug um den Mund, der ihn aus Tausenden kenntlich machte – er ist's nicht.

AMALIA. Ich erstaune. Wie? Achtzehn Jahre nicht mehr gesehen, und noch –

MOOR *(schnell, mit einer fliegenden Röte).* Dieser ist's! *(Er steht wie vom Blitz gerührt.)*

AMALIA. Ein vortrefflicher Mann!

MOOR *(in seinen Anblick versunken).* Vater, Vater! vergib mir! – Ja, ein vortrefflicher Mann! – *(Er wischt sich die Augen.)* Ein göttlicher Mann!

4. Akt, 2. Szene

AMALIA. Sie scheinen viel Anteil an ihm zu nehmen.

MOOR. Oh ein vortrefflicher Mann – und er sollte dahin sein?

AMALIA. Dahin! wie unsere besten Freuden dahingehn – *(Sanft seine Hand ergreifend.)* Lieber Herr Graf, es reift keine Seligkeit unter dem Monde.

MOOR. Sehr wahr, sehr wahr – und sollten Sie schon diese traurige Erfahrung gemacht haben? Sie können nicht dreiundzwanzig Jahr alt sein.

AMALIA. Und habe sie gemacht. Alles lebt, um traurig wieder zu sterben. Wir interessieren uns nur darum, wir gewinnen nur darum, dass wir wieder mit Schmerzen verlieren.

MOOR. Sie verloren schon etwas?

AMALIA. Nichts! Alles! Nichts – wollen wir weitergehen, Herr Graf?

Physiognomie *(griech.)* Gesichtsbildung

der wirkliche Herr der jetzige Herr

MOOR. So eilig? Wes ist dies Bild rechter Hand dort? Mich deucht, es ist eine unglückliche Physiognomie.

AMALIA. Dies Bild linker Hand ist der Sohn des Grafen, der wirkliche Herr – kommen Sie, kommen Sie!

MOOR. Aber dies Bild rechter Hand?

AMALIA. Sie wollen nicht in den Garten gehn?

MOOR. Aber dies Bild rechter Hand? – du weinst, Amalia?

AMALIA *(schnell ab)*.

MOOR. Sie liebt mich! sie liebt mich! – Ihr ganzes Wesen fing an sich zu empören, verräterisch rollten die Tränen von ihren Wangen. Sie liebt mich! – Elender, das verdientest du um sie! Steh ich nicht hier wie ein Gerichteter vor dem tödlichen Block? Ist das ← der Sofa, wo ich an ihrem Halse in Wonne schwamm? Sind das die väterlichen Säle? *(Ergriffen vom Anblick seines Vaters.)* Du, du – Feuerflammen aus deinem Auge – Fluch, Fluch, Verwerfung! – wo bin ich? Nacht vor meinen Augen – Schrecknisse Gottes – Ich, ich hab ihn getötet! *(Er rennt davon.)*

FRANZ VON MOOR *(in tiefen Gedanken)*. Weg mit diesem Bild! weg, feige Memme! was zagst du und vor wem? Ist mir's nicht die wenige Stunden, die der Graf in diesen Mauren wandelt, als schlich immer ein Spion der Hölle meinen Fersen nach. – Ich sollt ihn kennen! Es ist so was Großes und oft Gesehenes in seinem wilden, sonnverbrannten Gesicht, das mich beben macht – auch Amalia ist nicht gleichgültig gegen ihn! Lässt sie nicht so gierig schmachtende Blicke auf dem Kerl herumkreuzen, mit denen sie doch gegen alle Welt sonst so geizig tut? – Sah ich's nicht, wie sie ein paar diebische Tränen in den Wein fallen ließ, den er hinter meinem Rücken so hastig in sich schlürfte, als wenn er das Glas mit hineinziehen wollte? Ja, das sah ich, durch den Spiegel sah ich's mit diesen meinen Augen. Holla, Franz! siehe dich vor! dahinter steckt irgendein verderbenschwangeres Ungeheuer! *(Er steht forschend dem Porträt Karls gegenüber.)* Sein langer Gänsehals – seine schwarzen, Feuer werfenden Augen, hm! hm! – sein finsteres, überhangendes, buschigtes Augenbraun *(Plötzlich zusammenfahrend.)* – schadenfrohe Hölle! jagst du mir diese Ahndung ein? Es ist Karl! Ja, itzt werden mir alle Züge wieder lebendig – Er ist's! trutz seiner Larve! – Er ist's – Tod und Verdammnis! *(Auf und ab mit heftigen Schritten.)* Hab ich darum meine Nächte verprasst – darum Felsen hinweggeräumt und Abgründe eben gemacht – bin ich darum gegen alle Instinkte der Menschheit rebellisch geworden, dass mir zuletzt dieser unstete Landstreicher durch meine künstlichsten Wirbel tölple? – Sachte! Nur sachte! Es ist nur noch Spielarbeit übrig. – Bin ich doch ohnehin schon bis an die Ohren in Todsünden gewatet, dass es Unsinn wäre zurückzuschwimmen, wenn das Ufer schon so weit hinten liegt. – Ans Umkehren ist doch nicht mehr zu gedenken. – Die Gnade selbst würde an den Bettelstab gebracht und die unendliche Erbarmung bankerott werden, wenn sie für meine Schulden all gutsagen wollte. – Also vorwärts wie ein Mann – *(Er schellt.)* Er versammle sich zu dem Geist seines Vaters und komme, der Toten spott ich. – Daniel, he, Daniel! – Was gilt's, den haben sie auch schon gegen mich aufgewiegelt! Er sieht so geheimnisvoll.

Er versammle sich ... Er soll sterben

Daniel kommt.

DANIEL. Was steht zu Befehl, mein Gebieter?

FRANZ. Nichts. Fort, fülle diesen Becher mit Wein, aber hurtig! *(Daniel ab.)* Wart, Alter! dich will ich fangen, ins Auge will ich dich fassen, so starr, dass dein getroffenes Gewissen durch die Larve erblassen soll! – Er soll sterben! – Der ist ein Stümper, der sein Werk nur auf die Hälfte bringt und dann weggeht und müßig zugafft, wie es weiter damit werden wird.

Daniel mit Wein.

FRANZ. Stell ihn hieher! Sieh mir fest ins Auge! Wie deine Knie schlottern! Wie du zitterst! Gesteh, Alter! Was hast du getan?

DANIEL. Nichts, gnädiger Herr, so wahr Gott lebt und meine arme Seele!

FRANZ. Trink diesen Wein aus! – Was? Du zauderst? – Heraus, schnell! Was hast du in den Wein geworfen?

DANIEL. Hilf Gott! Was? Ich – in den Wein?

FRANZ. Gift hast du in den Wein geworfen! Bist du nicht bleich wie Schnee? Gesteh, gesteh! Wer hat's dir gegeben? Nicht wahr, der Graf, der Graf hat dir's gegeben?

4. Akt, 2. Szene

DANIEL. Der Graf? Jesus Maria! Der Graf hat mir nichts gegeben.

FRANZ *(greift ihn hart an)*. Ich will dich würgen, dass du blau wirst, eisgrauer Lügner du! Nichts? Und was staket ihr denn so beisammen? Er und du und Amalia? Und was flüstertet ihr immer zusammen? Heraus damit! Was für Geheimnisse, was für Geheimnisse hat er dir anvertraut?

DANIEL. Das weiß der allwissende Gott. Er hat mir keine Geheimnisse anvertraut.

FRANZ. Willst du es leugnen? Was für Kabalen habt ihr angezettelt, mich aus dem Weg zu räumen? Nicht wahr? Mich im Schlaf zu erdrosseln? Mir beim Bartscheren die Gurgel abzuschneiden? Mir im Wein oder im Schokolade zu vergeben? Heraus, heraus! – oder mir in der Suppe den ewigen Schlaf zu geben. Heraus damit, ich weiß alles.

Kabale *(hebr., frz.)* listige Veranstaltung, Intrige

←

vergeben *hier*: vergiften

DANIEL. So helfe mir Gott, wenn ich in Not bin, wie ich Euch itzt nichts anders sage, als die reine, lautere Wahrheit.

FRANZ. Diesmal will ich dir verzeihen. Aber gelt, er steckte dir gewiss Geld in deinen Beutel? Er drückte dir die Hand stärker, als der Brauch ist? so ungefähr, wie man sie seinen alten Bekannten zu drücken pflegt?

DANIEL. Niemals, mein Gebieter.

FRANZ. Er sagte dir, zum Exempel, dass er dich etwa schon kenne? – Dass du ihn fast kennen solltest? Dass dir einmal die Decke von den Augen fallen würde – dass – was? Davon sollt er dir niemals gesagt haben?

DANIEL. Nicht das Mindeste.

FRANZ. Dass gewisse Umstände ihn abhielten – dass man oft Masken nehmen müsse, um seinen Feinden zuzukönnen – dass er sich rächen wolle, aufs grimmigste rächen wolle.

zukönnen beikommen

DANIEL. Nicht einen Laut von diesem allem.

FRANZ. Was? Gar nichts? Besinne dich recht – dass er den alten Herrn sehr genau – besonders genau gekannt – dass er ihn liebe – ungemein liebe – wie ein Sohn liebe –

DANIEL. Etwas dergleichen erinnere ich mich von ihm gehört zu haben.

FRANZ *(blass)*. Hat er, hat er wirklich? Wie, so lass mich doch hören! Er sagte, er sei mein Bruder?

DANIEL *(betroffen)*. Was, mein Gebieter? – Nein, das sagte er nicht. Aber wie ihn das Fräulein in der Galerie herumführte, ich putzte eben den Staub von den Rahmen der Gemälde ab, stand er bei dem Porträt des seligen Herrn plötzlich still, wie vom Donner gerührt. Das gnädige Fräulein deutete drauf hin und sagte: Ein vortrefflicher Mann! Ja, ein vortrefflicher Mann, gab er zur Antwort, indem er sich die Augen wischte.

FRANZ. Höre, Daniel! Du weißt, ich bin immer ein gütiger Herr gegen dich gewesen, ich hab dir Nahrung und Kleider gegeben und dein schwaches Alter in allen Geschäften geschonet –

DANIEL. Dafür lohn Euch der liebe Herrgott! und ich hab Euch immer redlich gedienet.

FRANZ. Das wollt' ich eben sagen. Du hast mir in deinem Leben noch keine Widerrede gegeben, denn du weißt gar zu wohl, dass du mir Gehorsam schuldig bist in allem, was ich dich heiße.

DANIEL. In allem von ganzem Herzen, wenn es nicht wider Gott und mein Gewissen geht.

FRANZ. Possen, Possen! Schämst du dich nicht? Ein alter Mann, und an das Weihnachtmärchen zu glauben! Geh, Daniel! Das war ein dummer Gedanke. Ich bin ja Herr. Mich werden Gott und Gewissen strafen, wenn es ja einen Gott und ein Gewissen gibt.

DANIEL *(schlägt die Hände zusammen)*. Barmherziger Himmel!

FRANZ. Bei deinem Gehorsam! Verstehst du das Wort auch? Bei deinem Gehorsam befehl ich dir, morgen darf der Graf nimmer unter den Lebendigen wandeln.

DANIEL. Hilf, heiliger Gott! Weswegen?

FRANZ. Bei deinem blinden Gehorsam! Und an dich werd ich mich halten.

DANIEL. An mich? Hilf, selige Mutter Gottes! An mich? Was hab ich alter Mann denn Böses getan?

FRANZ. Hier ist nicht lang Besinnszeit, dein Schicksal steht in meiner Hand. Willst du dein Leben im Tiefsten meiner Türme vollends ausschmachten, wo der Hunger dich zwingen wird, deine eigene Knochen abzunagen, und der brennende Durst, dein eigenes Wasser wieder zu saufen? – Oder willst du lieber dein Brot essen in Frieden und Ruhe haben in deinem Alter?

DANIEL. Was, Herr? Fried und Ruhe im Alter, und ein Totschläger?

FRANZ. Antwort auf meine Frage!

DANIEL. Meine grauen Haare! meine grauen Haare!

FRANZ. Ja oder nein?

DANIEL. Nein! – Gott erbarme sich meiner!

FRANZ *(im Begriff zu gehen)*. Gut, du sollst's nötig haben. *(Daniel hält ihn auf und fällt vor ihm nieder.)*

4. Akt, 2. Szene

DANIEL. Erbarmen, Herr! Erbarmen!

FRANZ. Ja oder nein!

DANIEL. Gnädiger Herr, ich bin heute einundsiebenzig Jahr alt und hab Vater und Mutter geehret, und niemand meines Wissens um des Hellers Wert im Leben vervorteilt, und hab an meinem Glauben gehalten treu und redlich, und hab in Eurem Hause gedienet vierundvierzig Jahr, und erwarte itzt ein ruhig seliges Ende, ach, Herr, Herr! *(umfasst seine Knie heftig)* und Ihr wollt mir den letzten Trost rauben im Sterben, dass der Wurm des Gewissens mich um mein letztes Gebet bringe, dass ich ein Gräuel vor Gott und Menschen schlafen gehen soll? Nein, nein, mein liebster, bester, liebster gnädiger Herr! Das wollt Ihr nicht, das könnt Ihr nicht wollen von einem einundsiebenzigjährigen Manne.

FRANZ. Ja oder nein! was soll das Geplapper?

DANIEL. Ich will Euch von nun an noch eifriger dienen, will meine dürren Sehnen in Eurem Dienst wie ein Taglöhner abarbeiten, will früher aufstehen, will später mich niederlegen – ach, und will Euch einschließen in mein Abend- und Morgengebet, und Gott wird das Gebet eines alten Mannes nicht wegwerfen.

Gehorsam ist besser denn Opfer vgl. 1. Samuel, 15, 22

FRANZ. Gehorsam ist besser denn Opfer. Hast du je gehört, dass sich der Henker zierte, wenn er ein Urteil vollstrecken sollte?

DANIEL. Ach ja wohl! Aber eine Unschuld erwürgen – einen –

FRANZ. Bin ich dir etwa Rechenschaft schuldig? Darf das Beil den Henker fragen, warum dahin und nicht dorthin? – Aber sieh, wie langmütig ich bin – ich biete dir eine Belohnung für das, was du mir huldigtest.

DANIEL. Aber ich hoffte, ein Christ bleiben zu dörfen, da ich Euch huldigte.

FRANZ. Keine Widerrede! Siehe, ich gebe dir einen ganzen Tag noch Bedenkzeit! Überlege es nochmals. Glück und Unglück – hörst du, verstehst du? das höchste Glück und das äußerste Unglück! Ich will Wunder tun im Peinigen.

DANIEL *(nach einigem Nachdenken)*. Ich will's tun, morgen will ich's tun. *(Ab.)*

FRANZ. Die Versuchung ist stark, und der war wohl nicht zum Märtyrer seines Glaubens geboren. – Wohl bekomm's dann, Herr Graf! Allem Ansehen nach werden Sie morgen Abend Ihr Henkermahl halten! – Es kommt alles nur darauf an, wie man davon denkt, und der ist ein Narr, der wider seine Vorteile denkt! Den Vater, der vielleicht eine Bouteille Wein weiter getrunken hat, kommt der Kitzel an – und draus wird ein Mensch,

Bouteille *(frz.)* Flasche

und der Mensch war gewiss das Letzte, woran bei der ganzen Herkulesarbeit gedacht wird. Nun kommt mich eben auch der Kitzel an – und dran krepiert ein Mensch, und gewiss ist hier mehr Verstand und Absichten, als dort bei seinem Entstehen war – Hängt nicht das Dasein der meisten Menschen mehrenteils an der Hitze eines Juliusmittags, oder am anziehenden Anblick eines Betttuchs, oder an der waagrechten Lage einer schlafenden Küchengrazie, oder an einem ausgelöschten Licht? – Ist die Geburt des Menschen das Werk einer viehischen Anwandlung, eines Ungefährs, wer sollte wegen der Verneinung seiner Geburt sich einkommen lassen, an ein bedeutendes Etwas zu denken? Verflucht sei die Torheit unserer Ammen und Wärterinnen, die unsere Phantasie mit schröcklichen Märchen verderben und grässliche Bilder von Strafgerichten in unser weiches Gehirnmark drücken, dass unwillkürliche Schauder die Glieder des Mannes noch in frostige Angst rütteln, unsere kühnste Entschlossenheit sperren, unsere erwachende Vernunft an Ketten abergläubischer Finsternis legen – Mord! wie eine ganze Hölle von Furien um das Wort flattert – die Natur vergaß, einen Mann mehr zu machen – die Nabelschnur ist nicht unterbunden worden – der Vater hat in der Hochzeitnacht glatten Leib bekommen – und die ganze Schattenspielerei ist verschwunden. Es war etwas und wird nichts – heißt es nicht ebenso viel als: es war nichts und wird nichts und um nichts wird kein Wort mehr gewechselt – der Mensch entstehet aus Morast und watet eine Weile im Morast und macht Morast und gärt wieder zusammen in Morast, bis er zuletzt an den Schuhsohlen seines Urenkels unflätig anklebt. Das ist das Ende vom Lied – der morastige Zirkel der menschlichen Bestimmung, und somit – glückliche Reise, Herr Bruder! Der milzsüchtige, podagrische Moralist von einem Gewissen mag runzligte Weiber aus Bordellen jagen und alte Wucherer auf dem Todesbett foltern – bei mir wird er nimmermehr Audienz bekommen. *(Er geht ab.)*

→

Audienz *(lat.)* Gehör

4. Akt, 3. Szene

DRITTE SZENE

Andres Zimmer im Schloss.

Räuber Moor von der einen Seite, Daniel von der andern.

MOOR *(hastig)*. Wo ist das Fräulein?

DANIEL. Gnädiger Herr! Erlaubt einem armen Mann, Euch um etwas zu bitten.

MOOR. Es ist dir gewährt, was willst du?

DANIEL. Nicht viel und alles, so wenig und doch so viel – lasst mich Eure Hand küssen!

MOOR. Das sollst du nicht, guter Alter! *(umarmt ihn)* Den ich Vater nennen möchte.

DANIEL. Eure Hand, Eure Hand! ich bitt Euch.

MOOR. Du sollst nicht.

DANIEL. Ich muss! *(Er greift sie, betrachtet sie schnell und fällt vor ihm nieder.)* Lieber, bester Karl!

MOOR *(erschrickt, fasst sich, fremd)*. Freund, was sagst du? Ich verstehe dich nicht.

DANIEL. Ja, leugnet es nur, verstellt Euch! Schön, schön! Ihr seid immer mein bester köstlicher Junker! – Lieber Gott! dass ich alter Mann noch die Freude – dummer Tölpel ich, dass ich Euch nicht gleich – ei du himmlischer Vater! so seid Ihr ja wiedergekommen, und der alte Herr ist unterm Boden, und da seid Ihr ja wieder – was für ein blinder Esel ich doch war *(sich vor den Kopf schlagend)*, dass ich Euch nicht im ersten Hui – ei du mein! wer hätte sich das träumen lassen! – Um was ich mit Tränen betete – Jesus Christus! Da steht er ja leibhaftig wieder in der alten Stube!

MOOR. Was ist das für eine Sprache? Seid Ihr vom hitzigen Fieber aufgesprungen, oder wollt Ihr eine Komödienrolle an mir probieren?

DANIEL. Ei pfui doch, pfui doch! Das ist nicht fein, einen alten Knecht so zum Besten haben. – Diese Narbe! He, wisst Ihr noch? – Großer Gott! Was Ihr mir da für eine Angst einjagtet – ich hab Euch immer so lieb gehabt, und was Ihr mir da für Herzeleid hättet anrichten können – Ihr saßt mir im Schoß – wisst Ihr noch? – Dort in der runden Stube – gelt, Vogel! Das habt Ihr freilich vergessen – auch den Kuckuck, den Ihr so gern hörtet – denkt doch! der Kuckuck ist zerschlagen, in Grundsboden geschlagen – die alte Susel hat ihn verwettert, wie sie die Stube fegte – ja freilich, und da saßt Ihr mir im Schoß und rieft: Hotto! und ich lief fort, Euch den Hottogaul zu holen – Jesus Gott!

Kuckuck Kuckucksuhr

4. Akt, 3. Szene

Warum musst' ich alter Esel auch fortlaufen? – und wie mir's siedigheiß über den Buckel lief – wie ich das Zetergeschrei höre draußen im Öhrn, spring herein, und da lief das helle Blut, und laget am Boden und hattet – heilige Mutter Gottes! War mir's nicht, als wenn mir ein Kübel eiskalt Wasser übern Nacken spritzte – aber so geht's, wenn man nicht alle Augen auf die Kinder hat. Großer Gott, wenn's ins Aug gegangen wäre – war's darzu noch die rechte Hand. Mein Lebenstag, sagt' ich, soll mir kein Kind mehr ein Messer oder eine Schere oder so was Spitziges, sagt' ich, in die Hände kriegen, sagt' ich – war zum Glück noch Herr und Frau verreiset – ja, ja, das soll mir mein Tag des Lebens eine Warnung sein, sagt' ich – Jemini, Jemini! ich hätte vom Dienst kommen können, ich hätte – Gott der Herr verzeih's Euch, gottloses Kind – aber gottlob! es heilte glücklich bis auf die wüste Narbe. →

MOOR. Ich begreife kein Wort von allem, was du sagst.

DANIEL. Ja gelt, gelt? das war noch eine Zeit? Wie manches Zuckerbrot oder Biskuit oder Makrone ich Euch hab zugeschoben, hab Euch immer am gernsten gehabt, und wisst Ihr noch, was Ihr mir drunten sagtet im Stall, wie ich Euch auf des alten Herrn seinen Schweißfuchsen setzte und Euch auf der großen Wiese ließ herumjagen? Daniel, sagtet Ihr, lass mich nur einen großen Mann werden, Daniel, so sollst du mein Verwalter sein und mit mir in der Kutsche fahren. – Ja, sagt' ich und lachte, wenn Gott Leben und Gesundheit schenkt, und Ihr Euch eines alten Mannes nicht schämen werdet, sagt' ich, so will ich Euch bitten, mir das Häuschen drunten im Dorf zu räumen, das schon eine gute Weil leer steht, und da wollt ich mir ein Eimer zwanzig Wein einlegen und wirtschaften in meinen alten Tagen. – Ja, lacht nur, lacht nur! Gelt, junger Herr, das habt Ihr rein ausgeschwitzt? – Den alten Mann will man nicht kennen, da tut man so fremd, so fürnehm – o Ihr seid doch mein goldiger Junker – freilich halt ein bisschen lucker gewesen – nimmt mir's nicht übel! – Wie's eben das junge Fleisch meistens ist – am Ende kann noch alles gut werden. → →

MOOR *(fällt ihm um den Hals)*. Ja, Daniel, ich will's nicht mehr verhehlen! Ich bin dein Karl, dein verlorner Karl! Was macht meine Amalia?

DANIEL *(fängt an zu weinen)*. Dass ich alter Sünder noch die Freude haben soll, – und der Herr selig weinete umsonst! – Abe, abe, weißer Schädel! mürbe Knochen, fahret in die Grube mit Freuden! Mein Herr und Meister lebt, ihn haben meine Augen gesehen!

Öhrn schwäbisch: Hausflur

nimmt mundartlich für: nehmt

Abe ältere Form für: abwärts, hinab. Eigtl. ab – her!

4. Akt, 3. Szene

MOOR. Und will halten, was er versprochen hat, – nimm das, ehrlicher Graukopf, für den Schweißfuchsen im Stall *(dringt ihm einen schweren Beutel auf)*, nicht vergessen hab ich den alten Mann.

DANIEL. Wie? was treibt Ihr? Zu viel! Ihr habt Euch vergriffen.

MOOR. Nicht vergriffen, Daniel! *(Daniel will niederfallen.)* Steh auf, sage mir, was macht meine Amalia?

Jerem
Jeremias

DANIEL. Gottes Lohn! Gottes Lohn! Ei! Herr Jerem! – Eure Amalia, o die wird's nicht überleben, die wird sterben vor Freude!

MOOR *(heftig)*. Sie vergaß mich nicht?

DANIEL. Vergessen? Wie schwätzt Ihr wieder? Euch vergessen? – Da hättet Ihr sollen dabei sein, hättet's sollen mit ansehen, wie sie sich gebärdete, als die Zeitung kam, Ihr wärt gestorben, die der gnädige Herr ausstreuen ließ –

MOOR. Was sagst du? Mein Bruder –

abkappen
kurz abfertigen

DANIEL. Ja, Euer Bruder, der gnädige Herr, Euer Bruder – ich will Euch ein andermal mehr davon erzählen, wenn's Zeit dazu ist – und wie sauber sie ihm abkappte, wenn er ihr alle Tage, die Gott schickt, seinen Antrag machte und sie zur gnädigen Frau machen wollte. O ich muss hin, muss hin, ihr sagen, ihr die Botschaft bringen. *(Will fort.)*

MOOR. Halt, Halt! Sie darf's nicht wissen, darf's niemand wissen, auch mein Bruder nicht –

DANIEL. Euer Bruder? Nein, beileibe nicht, er darf's nicht wissen! Er gar nicht! – Wenn er nicht schon mehr weiß, als er wissen darf. – Oh ich sage Euch, es gibt garstige Menschen, garstige Brüder, garstige Herren – aber ich möcht um alles Gold meines Herrn willen kein garstiger Knecht sein – der gnädige Herr hielt Euch tot.

MOOR. Hum! Was brummst du da?

DANIEL *(leiser)*. Und wenn man freilich so ungebeten aufersteht – Euer Bruder war des Herrn selig einziger Erbe –

MOOR. Alter! – Was murmelst du da zwischen den Zähnen, als wenn irgendein Ungeheuer von Geheimnis auf deiner Zunge schwebte, das nicht heraus wollte und doch heraus sollte, rede deutlicher!

DANIEL. Aber ich will lieber meine alte Knochen abnagen vor Hunger, lieber vor Durst mein eigenes Wasser saufen, als Wohlleben die Fülle verdienen mit einem Totschlag. *(Schnell ab.)*

MOOR *(auffahrend aus schröcklichem Pausen)*. Betrogen, betrogen! da fährt es über meine Seele wie der Blitz! – Spitzbübische Künste! Himmel und Hölle! nicht du, Vater! Spitzbübische Künste! Mörder, Räuber durch spitzbübische Künste! Angeschwärzt von ihm! verfälscht, unterdrückt meine Briefe – voll Liebe sein Herz – oh ich Ungeheuer von einem Toren – voll Liebe sein Vaterherz – oh Schelmerei, Schelmerei! Es hätte mich einen Fußfall gekostet – es hätte mich eine Träne gekostet, oh ich blöder, blöder, blöder Tor! *(Wider die Wand rennend.)* Ich hätte glücklich sein können – oh Büberei, Büberei! das Glück meines Lebens bübisch, bübisch hinwegbetrogen. *(Er läuft wütend auf und nieder.)* Mörder, Räuber durch spitzbübische Künste! – Er grollte nicht einmal. Nicht ein Gedanke von Fluch in seinem Herzen – oh Bösewicht! unbegreiflicher, schleichender, abscheulicher Bösewicht.

Kosinsky kommt.

KOSINSKY. Nun, Hauptmann, wo steckst du? Was ist's? Du willst noch länger hier bleiben, merk ich.

MOOR. Auf! Sattle die Pferde! Wir müssen vor Sonnenuntergang noch über den Grenzen sein!

KOSINSKY. Du spaßest.

MOOR *(befehlend)*. Hurtig, hurtig! Zaudre nicht lang, lass alles da! und dass kein Aug dich gewahr wird. *(Kosinsky ab.)*

Moor.

Ich fliehe aus diesen Mauren. Der geringste Verzug könnte mich wütig machen, und er ist meines Vaters Sohn – Bruder, Bruder! Du hast mich zum Elendesten auf Erden gemacht, ich habe dich niemals beleidigt, es war nicht brüderlich gehandelt – Ernte die Früchte deiner Untat in Ruhe, meine Gegenwart soll dir den Genuss nicht länger vergällen – aber gewiss, es war nicht brüderlich gehandelt. Finsternis verlösche sie auf ewig, und der Tod rühre sie nicht auf!

Kosinsky.

KOSINSKY. Die Pferde stehn gesattelt, Ihr könnt aufsitzen, wenn Ihr wollt.

MOOR. Presser! Presser! Warum so eilig? Soll ich sie nicht mehr sehn? →

KOSINSKY. Ich zäume gleich wieder ab, wenn Ihr's haben wollt, Ihr hießt mich ja über Hals und Kopf eilen.

MOOR. Noch einmal! ein Lebewohl noch! ich muss den Gifttrank dieser Seligkeit vollends ausschlürfen, und dann – halt, Kosinsky! zehn Minuten noch – hinten am Schlosshof – und wir sprengen davon!

4. Akt, 4. Szene

VIERTE SZENE

Im Garten.

Amalia.

AMALIA. Du weinst, Amalia? – und das sprach er mit einer Stimme! mit einer Stimme – mir war's, als ob die Natur sich verjüngete – die genossenen Lenze der Liebe dämmerten auf mit der Stimme! Die Nachtigall schlug wie damals – die Blumen hauchten wie damals – und ich lag wonneberauscht an seinem Hals. – Ha, falsches, treuloses Herz! Wie du deinen Meineid beschönigen willst! Nein, nein, weg aus meiner Seele, du Frevelbild – ich hab meinen Eid nicht gebrochen, du Einziger! Weg aus meiner Seele, ihr verräterischen, gottlosen Wünsche! im Herzen, wo Karl herrscht, darf kein Erdensohn nisten. – Aber warum meine Seele, so immer, so wider Willen nach diesem Fremdling? Hängt er sich nicht so hart an das Bild meines Einzigen? Ist er nicht der ewige Begleiter meines Einzigen? Du weinst, Amalia? – Ha, ich will ihn fliehen! – fliehen! – Nimmer sehen soll mein Aug diesen Fremdling!

Räuber Moor öffnet die Gartentüre.

AMALIA *(fährt zusammen)*. Horch! horch! Rauschte die Türe nicht? *(Sie wird Karln gewahr und springt auf.)* Er? – wohin? – was? – da hat mich's angewurzelt, dass ich nicht fliehen kann – Verlass mich nicht, Gott im Himmel! – Nein, du sollst mir meinen Karl nicht entreißen! Meine Seele hat nicht Raum für zwei Gottheiten, und ich bin ein sterbliches Mädchen! *(Sie nimmt Karls Bild heraus.)* Du, mein Karl, sei mein Genius wider diesen Fremdling, den Liebestörer! dich, dich ansehen, unverwandt – und weg alle gottlosen Blicke nach diesem. *(Sie sitzt stumm – das Auge starr auf das Bild geheftet.)*

MOOR. Sie da, gnädiges Fräulein? – und traurig? – und eine Träne auf diesem Gemälde? *(Amalia gibt ihm keine Antwort.)* – Und wer ist der Glückliche, um den sich das Aug eines Engels versilbert? darf auch ich diesen Verherrlichten – *(Er will das Gemälde betrachten.)*

AMALIA. Nein, ja, nein!

MOOR *(zurückfahrend)*. Ha! – und verdient er diese Vergötterung? Verdient er? –

AMALIA. Wenn Sie ihn gekannt hätten!

MOOR. Ich würd ihn beneidet haben.

AMALIA. Angebetet, wollen Sie sagen.

MOOR. Ha!

AMALIA. Oh, Sie hätten ihn so lieb gehabt – es war so viel, so viel in seinem Angesicht – in seinen Augen – im Ton seiner Stimme, das Ihnen so gleich kommt – das ich so liebe –

MOOR *(sieht zur Erde).*

AMALIA. Hier, wo Sie stehen, stand er tausendmal – und neben ihm die, die neben ihm Himmel und Erde vergaß – hier durchirrte sein Aug die um ihn prangende Gegend – sie schien den großen belohnenden Blick zu empfinden und sich unter dem Wohlgefallen ihres Meisterbilds zu verschönern – hier hielt er mit himmlischer Musik die Hörer der Lüfte gefangen – hier an diesem Busch pflückte er Rosen, und pflückte die Rosen für mich – hier, hier lag er an meinem Halse, brannte sein Mund auf dem meinen, und die Blumen starben gern unter der Liebenden Fußtritt –

MOOR. Er ist nicht mehr?

AMALIA. Er segelt auf ungestümen Meeren – Amalias Liebe segelt mit ihm – er wandelt durch ungebahnte, sandigte Wüsten – Amalias Liebe macht den brennenden Sand unter ihm grünen und die wilden Gesträuche blühen – der Mittag sengt sein entblößtes Haupt, nordischer Schnee schrumpft seine Sohlen zusammen, stürmischer Hagel regnet um seine Schläfe, und Amalias Liebe wiegt ihn in Stürmen ein. – Meere und Berge und Horizonte zwischen den Liebenden – aber die Seelen versetzen sich aus dem staubigten Kerker und treffen sich im Paradiese der Liebe. – Sie scheinen traurig, Herr Graf?

MOOR. Die Worte der Liebe machen auch meine Liebe lebendig.

AMALIA *(blass).* Was? Sie lieben eine andre? – Weh mir, was hab ich gesagt?

MOOR. Sie glaubte mich tot und blieb treu dem Totgeglaubten – sie hörte wieder, ich lebe, und opferte mir die Krone einer Heiligen auf. Sie weiß mich in Wüsten irren und im Elend herumschwärmen, und ihre Liebe fliegt durch Wüsten und Elend mir nach. Auch heißt sie Amalia wie Sie, gnädiges Fräulein.

AMALIA. Wie beneid ich Ihre Amalia.

MOOR. Oh sie ist ein unglückliches Mädchen! ihre Liebe ist für einen, der verloren ist, und wird – ewig niemals belohnt.

AMALIA. Nein, sie wird im Himmel belohnt. Sagt man nicht, es gebe eine bessere Welt, wo die Traurigen sich freuen, und die Liebenden sich wieder erkennen?

MOOR. Ja, eine Welt, wo die Schleier hinwegfallen und die Liebe sich schröcklich wieder findet – Ewigkeit heißt ihr Name – Meine Amalia ist ein unglückliches Mädchen.

AMALIA. Unglücklich, und Sie lieben?

MOOR. Unglücklich, weil sie mich liebt! Wie, wenn ich ein Totschläger wäre? Wie, mein Fräulein? wenn Ihr Geliebter Ihnen für jeden Kuss einen Mord aufzählen könnte? Wehe meiner Amalia! Sie ist ein unglückliches Mädchen.

AMALIA *(froh aufhüpfend)*. Ha, wie bin ich ein glückliches Mädchen! Mein Einziger ist Nachstrahl der Gottheit, und die Gottheit ist Huld und Erbarmen! Nicht eine Fliege konnt' er leiden sehen – Seine Seele ist so fern von einem blutigen Gedanken, als fern der Mittag von der Mitternacht ist.

MOOR *(kehrt sich schnell ab in ein Gebüsch, blickt starr in die Gegend)*.

AMALIA *(singt und spielt auf der Laute)*.

Willst dich, Hektor, ewig mir entreißen,
Wo des Äaciden mordend Eisen
Dem Patroklus schröcklich Opfer bringt?
Wer wird künftig deinen Kleinen lehren
Speere werfen und die Götter ehren,
Wenn hinunter dich der Xanthus schlingt?

MOOR *(nimmt die Laute stillschweigend und spielt.)*

Teures Weib, geh, hol die Todeslanze! –
Lass – mich fort – zum wilden Kriegestanze –
(Er wirft die Laute weg und flieht davon.)

FÜNFTE SZENE

Nahe gelegener Wald. Nacht.
Ein altes verfallenes Schloss in der Mitte.

Die Räuberbande gelagert auf der Erde.

DIE RÄUBER *(singen)*.

Stehlen, morden, huren, balgen
Heißt bei uns nur die Zeit zerstreu'n.
Morgen hangen wir am Galgen,
Drum lasst uns heute lustig sein.

Ein freies Leben führen wir,
Ein Leben voller Wonne,
Der Wald ist unser Nachtquartier,
Bei Sturm und Wind hantieren wir,
Der Mond ist unsre Sonne,

4. Akt, 5. Szene

Mercurius ist unser Mann,
Der's Praktizieren trefflich kann.

Heut laden wir bei Pfaffen uns ein,
Bei masten Pächtern morgen,
Was drüber ist, da lassen wir fein
Den lieben Herrgott sorgen.

Und haben wir im Traubensaft
Die Gurgel ausgebadet,
So machen wir uns Mut und Kraft
Und mit dem Schwarzen Brüderschaft,
Der in der Hölle bratet.

Das Wehgeheul geschlag'ner Väter,
Der bangen Mütter Klag'gezeter,
Das Winseln der verlass'nen Braut
Ist Schmaus für unsre Trommelhaut!

Ha! wenn sie euch unter dem Beile so zucken,
Ausbrüllen wie Kälber, umfallen wie Mucken,
Das kitzelt unsern Augenstern,
Das schmeichelt unsern Ohren gern.

Und wenn mein Stündlein kommen nun,
Der Henker soll es holen,
So haben wir halt unsern Lohn,
Und schmieren unsre Sohlen.
Ein Schlückchen auf den Weg vom heißen Traubensohn,
Und hurra, rax dax! geht's, als flögen wir davon.

SCHWEIZER. Es wird Nacht, und der Hauptmann noch nicht da!

RAZMANN. Und versprach doch, Schlag acht Uhr wieder bei uns einzutreffen.

SCHWEIZER. Wenn ihm Leides geschehen wäre – Kameraden! wir zünden an und morden den Säugling.

SPIEGELBERG *(nimmt Razmann beiseite).* Auf ein Wort, Razmann.

SCHWARZ *(zu Grimm).* Wollen wir nicht Spionen ausstellen?

GRIMM. Lass du ihn! Er wird einen Fang tun, dass wir uns schämen müssen.

Mercurius *hier* als Gott der Diebe gemeint

Praktizieren *hier*: das Gaunergewerbe ausüben

mast gemästet, wohlbeleibt

Trommelhaut Trommelfell

heißer Traubensohn Branntwein

Spionen schwache Pluralform des 18. Jahrhunderts

4. Akt, 5. Szene

Da brennst du dich
Da irrst du dich

SCHWEIZER. Da brennst du dich, beim Henker! Er ging nicht von uns wie einer, der einen Schelmenstreich im Schild führt. Hast du vergessen, was er gesagt hat, als er uns über die Heide führte? – „Wer nur eine Rübe vom Acker stiehlt, dass ich's erfahre, lässt seinen Kopf hier, so wahr ich Moor heiße." – Wir dörfen nicht rauben.

RAZMANN *(leise zu Spiegelberg)*. Wo will das hinaus – rede deutscher!

SPIEGELBERG. Pst! Pst! – Ich weiß nicht, was du oder ich für Begriffe von Freiheit haben, dass wir an einem Karrn ziehen wie Stiere, und dabei wunderviel von Independenz deklamieren. – Es gefällt mir nicht.

Independenz *(lat., frz.)*
Unabhängigkeit

SCHWEIZER *(zu Grimm)*. Was wohl dieser Windkopf hier an der Kunkel hat?

←

RAZMANN *(leise zu Spiegelberg)*. Du sprichst vom Hauptmann? –

SPIEGELBERG. Pst doch! Pst! – Er hat so seine Ohren unter uns herumlaufen. – Hauptmann sagst du? Wer hat ihn zum Hauptmann über uns gesetzt, oder hat er nicht diesen Titel usurpiert, der von Rechts wegen mein ist? – Wie? Legen wir darum unser Leben auf Würfel – baden darum alle Milzsuchten des Schicksals aus, dass wir am End noch von Glück sagen, die Leibeigenen eines Sklaven zu sein? – Leibeigenen, da wir Fürsten sein könnten? – Bei Gott, Razmann – das hat mir niemals gefallen.

usurpieren *(lat.)*
sich unrechtmäßig aneignen

SCHWEIZER *(zu den andern)*. Ja – du bist mir der rechte Held, Frösche mit Steinen breit zu schmeißen! – Schon der Klang seiner Nase, wenn er sich schnäuzte, könnte dich durch ein Nadelöhr jagen –

SPIEGELBERG *(zu Razmann)*. Ja – und Jahre schon dicht ich darauf: Es soll anders werden. Razmann – wenn du bist, wofür ich dich immer hielt – Razmann! – Man vermisst ihn – gibt ihn halb verloren – Razmann – mich deucht, seine schwarze Stunde schlägt – wie? Nicht einmal röter wirst du, da dir die Glocke zur Freiheit läutet? Hast nicht einmal so viel Mut, einen kühnen Wink zu verstehen?

RAZMANN. Ha, Satan! worein verstrickst du meine Seele?

SPIEGELBERG. Hat's gefangen? – Gut! so folge! Ich hab mir's gemerkt, wo er hinschlich. – Komm! Zwei Pistolen fehlen selten, und dann – so sind wir die Erste, die den Säugling erdrosseln. *(Er will ihn fortreißen.)*

SCHWEIZER *(zieht wütend sein Messer)*. Ha, Bestie! Eben recht erinnerst du mich an die böhmischen Wälder! Warst du nicht die Memme, die anhub zu schnadern, als sie riefen: Der Feind kommt? Ich hab damals bei meiner Seel geflucht – fahr hin, Meuchelmörder! *(Er sticht ihn tot.)*

RÄUBER *(in Bewegung).* Mordjo! Mordjo! – Schweizer – Spiegelberg – Reißt sie auseinander! –

SCHWEIZER *(wirft das Messer über ihn).* Da! – und so krepier du. – Ruhig, Kameraden – lasst euch den Bettel nicht unterbrechen. – Die Bestie ist dem Hauptmann immer giftig gewesen und hat keine Narbe auf ihrer ganzen Haut. – Noch einmal, gebt euch zufrieden – ha! über den Racker von hinten her will er Männer zuschanden schmeißen? Männer von hinten her! – Ist uns darum der helle Schweiß über die Backen gelaufen, dass wir aus der Welt schleichen wie Hundsfötter? Bestie du! Haben wir uns darum unter Feuer und Rauch gebettet, dass wir zuletzt wie Ratten verrecken?

GRIMM. Aber zum Teufel – Kamerad – was hattet ihr miteinander? – Der Hauptmann wird rasend werden.

SCHWEIZER. Dafür lass mich sorgen. – Und du, Heilloser *(zu Razmann)*, du warst sein Helfershelfer, du! – Pack dich aus meinen Augen – der Schufterle hat's auch so gemacht, aber dafür hängt er itzt auch in der Schweiz, wie's ihm mein Hauptmann prophezeit hat – *(Man schießt.)*

SCHWARZ *(aufspringend).* Horch! ein Pistolschuss! *(Man schießt wieder.)* Noch einer! Holla! der Hauptmann!

GRIMM. Nur Geduld! Er muss zum dritten Mal schießen! *(Man hört noch einen Schuss.)*

SCHWARZ. Er ist's – ist's! – Salvier dich, Schweizer – lasst uns ihm antworten! *(Sie schießen.)*

Moor, Kosinsky treten auf.

SCHWEIZER *(ihnen entgegen).* Sei willkommen, mein Hauptmann. – Ich bin ein bisschen vorlaut gewesen, seit du weg bist. *(Er führt ihn an die Leiche.)* Sei du Richter zwischen mir und diesem – von hinten hat er dich ermorden wollen.

RÄUBER *(mit Bestürzung).* Was? den Hauptmann?

MOOR *(in den Anblick versunken, bricht heftig aus).* O unbegreiflicher Finger der rachekundigen Nemesis! – War's nicht dieser, der mir das Sirenenlied trillerte? – Weihe dies Messer der dunklen Vergelterin! – das hast du nicht getan, Schweizer.

SCHWEIZER. Bei Gott! ich hab's wahrlich getan, und es ist beim Teufel nicht das Schlechtste, was ich in meinem Leben getan habe. *(Geht unwillig ab.)*

MOOR *(nachdenkend).* Ich verstehe – Lenker im Himmel – ich verstehe – die Blätter fallen von den Bäumen – und mein Herbst

schnadern
vor Angst zittern

fluchen
hier: schwören

→

salvieren *(lat., frz.)*
sich in Sicherheit bringen

Nemesis griechische Rachegöttin
→

4. Akt, 5. Szene

ist kommen – Schafft mir diesen aus den Augen. *(Spiegelbergs Leiche wird hinweggetragen.)*

GRIMM. Gib uns Ordre, Hauptmann – was sollen wir weiter tun?

MOOR. Bald – bald ist alles erfüllet. – Gebt mir meine Laute. – Ich habe mich selbst verloren, seit ich dort war – meine Laute, sag ich – ich muss mich zurücklullen in meine Kraft – verlasst mich.

RÄUBER. Es ist Mitternacht, Hauptmann.

MOOR. Doch waren's nur die Tränen im Schauspielhaus – den ← Römergesang muss ich hören, dass mein schlafender Genius wieder aufwacht. – Meine Laute her – Mitternacht sagt ihr?

SCHWARZ. Wohl bald vorüber. Wie Blei liegt der Schlaf in uns. Seit drei Tagen kein Auge zu.

MOOR. Sinkt denn der balsamische Schlaf auch auf die Augen der Schelmen? Warum fliehet er mich? Ich bin nie ein Feiger gewesen oder ein schlechter Kerl. – Legt euch schlafen – morgen am Tag gehen wir weiter.

RÄUBER. Gute Nacht, Hauptmann. *(Sie lagern sich auf die Erde und schlafen ein.)*

Tiefe Stille.

← MOOR *nimmt die Laute und spielt.*

Brutus.
Sei willkommen, friedliches Gefilde!
Nimm den letzten aller Römer auf!
← Von Philippi, wo die Mordschlacht brüllte,
Schleicht mein gramgebeugter Lauf.
Cassius, wo bist du? – Rom verloren!
Hingewürgt mein brüderliches Heer,
Meine Zuflucht zu des Todes Toren!
Keine Welt für Brutus mehr.

Cäsar.
Wer, mit Schritten eines Niebesiegten,
Wandert dort vom Felsenhang? –
Ha! wenn meine Augen mir nicht lügten?
Das ist eines Römers Gang. –
Tibersohn – von wannen deine Reise?
Dauert noch die Siebenhügelstadt?
Oft geweinet hab ich um die Waise,
Dass sie nimmer einen Cäsar hat.

Siebenhügelstadt Rom

4. Akt, 5. Szene

Brutus.
Ha, du mit der dreiundzwanzigfachen Wunde!
Wer rief, Toter, dich ans Licht?
Schaud're rückwärts, zu des Orkus Schlunde,
Stolzer Weiner! – Triumphiere nicht!
Auf Philippis eisernem Altare
Raucht der Freiheit letztes Opferblut;
Rom verröchelt über Brutus' Bahre,
Brutus geht zu Minos. – Kreuch in deine Flut!

Cäsar.
O ein Todesstoß von Brutus' Schwerte!
Auch du – Brutus – du?
Sohn – es war dein Vater – Sohn – die Erde
Wär gefallen dir als Erbe zu.
Geh – du bist der größte Römer worden,
Da in Vaters Brust dein Eisen drang;
Geh – und heul es bis zu jenen Pforten:
Brutus ist der größte Römer worden,
Da in Vaters Brust sein Eisen drang.
Geh – du weißt's nun, was an Lethes Strande
Mich noch bannte –
Schwarzer Schiffer, stoß vom Lande!

Brutus.
Vater, halt! – Im ganzen Sonnenreiche
Hab ich einen nur gekannt,
Der dem großen Cäsar gleiche;
Diesen einen hast du Sohn genannt.
Nur ein Cäsar mochte Rom verderben,
Nur nicht Brutus mochte Cäsar stehn.
Wo ein Brutus lebt, muss Cäsar sterben,
Geh du linkswärts, lass mich rechtswärts gehn.
(Er legt die Laute hin, geht tief denkend auf und nieder.)

Wer mir Bürge wäre? – – Es ist alles so finster – verworrene Labyrinthe – kein Ausgang – kein leitendes Gestirn. – Wenn's aus wäre mit diesem letzten Odemzug – aus wie ein schales Marionettenspiel. – Aber wofür der heiße Hunger nach Glückseligkeit? Wofür das Ideal einer unerreichten Vollkommenheit? Das Hinausschieben unvollendeter Plane? – wenn der armselige Druck dieses armseligen Dings *(die Pistole vors Gesicht haltend)* den Weisen dem Toren – den Feigen dem

Orkus griechisch-römischer Unterweltsgott

eiserner Altar Schlachtfeld

Minos Totenrichter in der Unterwelt

Schwarzer Schiffer der Fährmann Charon

Tapfern – den Edlen dem Schelmen gleich macht? – Es ist doch eine so göttliche Harmonie in der seelenlosen Natur, warum sollte dieser Missklang in der vernünftigen sein? – Nein! Nein! es ist etwas mehr, denn ich bin noch nicht glücklich gewesen. Glaubt ihr, ich werde zittern? Geister meiner Erwürgten! ich werde nicht zittern! *(Heftig zitternd.)* – Euer banges Sterbegewinsel – euer schwarz gewürgtes Gesicht – eure fürchterlich klaffenden Wunden sind ja nur Glieder einer unzerbrechlichen Kette des Schicksals und hängen zuletzt an meinen Feierabenden, an den Launen meiner Ammen und Hofmeister, am Temperament meines Vaters, am Blut meiner Mutter – *(Von Schauer geschüttelt.)* Warum hat mein Perillus einen Ochsen aus mir gemacht, dass die Menschheit in meinem glühenden Bauche bratet? *(Er setzt die Pistole an.)* Zeit und Ewigkeit – gekettet aneinander durch ein einzig Moment! – Grauser Schlüssel, der das Gefängnis des Lebens hinter mir schließt und vor mir aufriegelt die Behausung der ewigen Nacht – sage mir – o sage mir – wohin – wohin wirst du mich führen? – Fremdes, nie umsegeltes Land! – Siehe, die Menschheit erschlappt unter diesem Bilde, die Spannkraft des Endlichen lässt nach, und die Phantasei, der mutwillige Affe der Sinne, gaukelt unserer Leichtgläubigkeit seltsame Schatten vor. – Nein! Nein! Ein Mann muss nicht straucheln. – Sei, wie du willt, namenloses Jenseits – bleibt mir nur dieses mein Selbst getreu – sei wie du willt, wenn ich nur mich selbst mit hinübernehme. – Außendinge sind nur der Anstrich des Manns – ich bin mein Himmel und meine Hölle.

←

erschlappen schlapp werden, erschlaffen

Wenn du mir irgendeinen eingeäscherten Weltkreis allein ließest, den du aus deinen Augen verbannt hast, wo die einsame Nacht und die ewige Wüste meine Aussichten sind? – Ich würde dann die schweigende Öde mit meinen Phantasien bevölkern und hätte die Ewigkeit zur Muße, das verworrene Bild des allgemeinen Elends zu zergliedern. – Oder willst du mich durch immer neue Geburten und immer neue Schauplätze des Elends von Stufe zu Stufe – zur Vernichtung – führen? Kann ich nicht die Lebensfäden, die mir jenseits gewoben sind, so leicht zerreißen wie diesen? – Du kannst mich zu nichts machen – diese Freiheit kannst du mir nicht nehmen. *(Er lädt die Pistole. Plötzlich hält er inn.)* Und soll ich für Furcht eines qualvollen Lebens sterben? – Soll ich dem Elend den Sieg über mich einräumen? – Nein! ich will's dulden! *(Er wirft die Pistole weg.)* Die Qual erlahme an meinem Stolz! Ich will's vollenden.

(Es wird immer finstrer.)

4. Akt, 5. Szene

Hermann, der durch den Wald kommt.

HERMANN. Horch! horch! grausig heulet der Kauz – zwölf schlägt's drüben im Dorf – wohl, wohl – das Bubenstück schläft – in dieser Wilde kein Lauscher. *(Tritt an das Schloss und pocht.)* Komm herauf, Jammermann, Turmbewohner! – Deine Mahlzeit ist bereitet.

die Wilde die Wildnis

MOOR *(sachte zurücktretend)*. Was soll das bedeuten?

EINE STIMME *(aus dem Schloss)*. Wer pocht da? He? Bist du's, Hermann, mein Rabe?

→

HERMANN. Bin's, Hermann, dein Rabe. Steig herauf ans Gitter und iss. *(Eulen schreien.)* Fürchterlich trillern deine Schlafkameraden, Alter – dir schmeckt?

DIE STIMME. Hungerte mich sehr. Habe Dank, Rabensender, fürs Brot in der Wüste! – Und wie geht's meinem lieben Kind, Hermann?

HERMANN. Stille – Horch – Geräusch wie von Schnarchenden! Hörst du nicht was?

STIMME. Wie? Hörst du etwas?

HERMANN. Den seufzenden Windlaut durch die Ritzen des Turms – eine Nachtmusik, davon einem die Zähn klappern und die Nägel blau werden. – Horch, noch einmal. – Immer ist mir, als hört ich ein Schnarchen. – Du hast Gesellschaft, Alter – Hu hu hu!

STIMME. Siehst du etwas?

HERMANN. Leb wohl – leb wohl – Grausig ist diese Stätte. – Steig ab ins Loch – droben dein Helfer, dein Rächer. – Verfluchter Sohn! – *(Will fliehen.)*

MOOR *(mit Entsetzen hervortretend)*. Steh!

HERMANN *(schreiend)*. Oh mir!

MOOR. Steh, sag ich!

HERMANN. Weh! weh! weh! Nun ist alles verraten!

MOOR. Steh! Rede! Wer bist du? Was hast du hier zu tun? Rede!

HERMANN. Erbarmen, o Erbarmen, gestrenger Herr! – Nur ein Wort höret an, eh Ihr mich umbringt.

MOOR *(indem er den Degen zieht)*. Was werd ich hören?

HERMANN. Wohl habt Ihr mir's beim Leben verboten – ich konnt' nicht anders – durft' nicht anders – im Himmel ein Gott – Euer leiblicher Vater dort – mich jammerte sein – stecht mich nieder!

MOOR. Hier steckt ein Geheimnis – heraus! Sprich! Ich will alles wissen.

DIE STIMME *(aus dem Schloss)*. Weh! Weh! Bist du's, Hermann, der da redet? Mit wem redst du, Hermann?

MOOR. Drunten noch jemand? – Was geht hier vor? *(Läuft dem Turme zu.)* Ist's ein Gefangener, den die Menschen abschüttelten? – Ich will seine Ketten lösen. – Stimme! noch einmal! Wo ist die Türe?

HERMANN. O habt Barmherzigkeit, Herr – dringt nicht weiter, Herr – geht aus Erbarmen vorüber! *(Verrennt ihm den Weg.)*

MOOR. Vierfach geschlossen! – Weg da – es muss heraus – Itzt zum ersten Mal komm mir zu Hülfe, Dieberei. *(Er nimmt Brechinstrumente und öffnet das Gittertor. Aus dem Grunde steigt ein Alter, ausgemergelt wie ein Gerippe.)*

DER ALTE. Erbarmen einem Elenden! Erbarmen!

MOOR *(springt erschrocken zurück)*. Das ist meines Vaters Stimme!

DER ALTE MOOR. Habe Dank, o Gott! Erschienen ist die Stunde der Erlösung.

MOOR. Geist des alten Moors! Was hat dich beunruhigt in deinem Grab? Hast du eine Sünde in jene Welt geschleppt, die dir den Eingang in die Pforten des Paradieses verrammelt? Ich will Messen lesen lassen, den irrenden Geist in seine Heimat zu senden. Hast du das Gold der Witwen und Waisen unter die Erde vergraben, das dich zu dieser mitternächtlichen Stunde heulend herumtreibt, ich will den unterirdischen Schatz aus den Klauen des Zauberdrachen reißen, und wenn er tausend rote Flammen auf mich speit und seine spitzen Zähne gegen meinen Degen bleckt, oder kommst du, auf meine Fragen die Rätsel der Ewigkeit zu entfalten? Rede, rede! ich bin der Mann der bleichen Furcht nicht.

DER ALTE MOOR. Ich bin kein Geist. Taste mich an, ich lebe, oh ein elendes, erbärmliches Leben!

MOOR. Was? Du bist nicht begraben worden?

DER ALTE MOOR. Ich bin begraben worden – das heißt: ein toter Hund liegt in meiner Väter Gruft; und ich – drei volle Monde schmacht ich schon in diesem finstern unterirdischen Gewölbe, von keinem Strahle beschienen, von keinem warmen Lüftchen angeweht, von keinem Freunde besucht, wo wilde Raben krächzen und mitternächtliche Uhus heulen –

MOOR. Himmel und Erde! Wer hat das getan?

DER ALTE MOOR. Verfluch ihn nicht! – Das hat mein Sohn Franz getan.

MOOR. Franz? Franz? Oh ewiges Chaos!

DER ALTE MOOR. Wenn du ein Mensch bist und ein menschliches Herz hast, Erlöser, den ich nicht kenne, o so höre den Jammer eines Vaters, den ihm seine Söhne bereitet haben – drei

Monden schon hab ich's tauben Felsenwänden zugewinselt, aber ein hohler Widerhall äffte meine Klagen nur nach. Darum, wenn du ein Mensch bist und ein menschliches Herz hast –

MOOR. Diese Aufforderung könnte die wilden Bestien aus ihren Löchern hervorrufen!

DER ALTE MOOR. Ich lag eben auf dem Siechbett, hatte kaum angefangen, aus einer schweren Krankheit etwas Kräfte zu sammeln, so führte man einen Mann zu mir, der vorgab, mein Erstgeborner sei gestorben in der Schlacht, und mit sich brachte ein Schwert, gefärbt mit seinem Blut, und sein letztes Lebewohl, und dass ihn mein Fluch gejagt hätte in Kampf und Tod und Verzweiflung.

MOOR *(heftig von ihm abgewandt)*. Es ist offenbar!

DER ALTE MOOR. Höre weiter! Ich ward unmächtig bei der Botschaft. Man muss mich für tot gehalten haben, denn als ich wieder zu mir selber kam, lag ich schon in der Bahre, und ins Leichentuch gewickelt wie ein Toter. Ich kratzte an dem Deckel der Bahre. Er ward aufgetan. Es war finstere Nacht, mein Sohn Franz stand vor mir. – Was? rief er mit entsetzlicher Stimme, willst du dann ewig leben? – und gleich flog der Sargdeckel wieder zu. Der Donner dieser Worte hatte mich meiner Sinne beraubt, als ich wieder erwachte, fühlt' ich den Sarg erhoben und fortgeführt in einem Wagen eine halbe Stunde lang. Endlich ward er geöffnet – ich stand am Eingang dieses Gewölbes, mein Sohn vor mir, und der Mann, der mir das blutige Schwert von Karln gebracht hatte – zehnmal umfasst' ich seine Knie und bat und flehte und umfasste sie und beschwur – das Flehen seines Vaters reichte nicht an sein Herz. – Hinab mit dem Balg! donnerte es von seinem Munde, er hat genug gelebt! und hinab ward ich gestoßen ohn Erbarmen, und mein Sohn Franz schloss hinter mir zu.

MOOR. Es ist nicht möglich, nicht möglich! Ihr müsst Euch geirrt haben.

DER ALTE MOOR. Ich kann mich geirrt haben. Höre weiter, aber zürne doch nicht! So lag ich zwanzig Stunden, und kein Mensch gedachte meiner Not. Auch hat keines Menschen Fußtritt je diese Einöde betreten, denn die allgemeine Sage geht, dass die Gespenster meiner Väter in diesen Ruinen rasselnde Ketten schleifen und in mitternächtlicher Stunde ihr Totenlied raunen. Endlich hört' ich die Tür wieder aufgehen, dieser Mann brachte mir Brot und Wasser und entdeckte mir, wie ich zum Tod des Hungers verurteilt gewesen, und wie er sein Leben in Gefahr setze, wenn es herauskäm, dass er mich speise. So ward ich kümmerlich erhalten diese lange Zeit, aber der unaufhörliche Frost – die faule Luft meines Unrats – der grenzenlose Kummer – meine Kräfte wichen, mein Leib schwand, tausendmal bat ich Gott mit Tränen um den Tod, aber das Maß meiner Strafe muss noch nicht gefüllet sein oder muss noch irgendeine Freude meiner warten, dass ich so wunderbarlich erhalten bin. Aber ich leide gerecht. – Mein Karl! Mein Karl! – und er hatte noch keine graue Haare.

MOOR. Es ist genug! Auf! ihr Klötze, ihr Eisklumpen! Ihr trägen, fühllosen Schläfer! Auf! will keiner erwachen? *(Er tut einen Pistolschuss über die schlafenden Räuber.)*

DIE RÄUBER *(aufgejagt)*. He, holla! holla! was gibt's da?

MOOR. Hat euch die Geschichte nicht aus dem Schlummer gerüttelt? Der ewige Schlaf würde wach worden sein! Schaut her! schaut her! Die Gesetze der Welt sind Würfelspiel worden, das Band der Natur ist entzwei, die alte Zwietracht ist los, der Sohn hat seinen Vater erschlagen.

DIE RÄUBER. Was sagt der Hauptmann?

MOOR. Nein, nicht erschlagen! das Wort ist Beschönigung! – Der Sohn hat den Vater tausendmal gerädert, gespießt, gefoltert, geschunden! die Worte sind mir zu menschlich – worüber die Sünde rot wird, worüber der Kannibale schaudert, worauf seit Äonen kein Teufel gekommen ist. – Der Sohn hat seinen eigenen Vater – oh seht her, seht her! er ist in Unmacht gesunken – in dieses Gewölbe hat der Sohn seinen Vater – Frost – Blöße – Hunger – Durst – oh seht doch, seht doch! – es ist mein eigner Vater, ich will's nur gestehn.

Äon *(griech.: Aion)* Alter, Lebensalter, Ewigkeit

DIE RÄUBER *(springen herbei und umringen den Alten)*. Dein Vater? dein Vater?

SCHWEIZER *(tritt ehrerbietig näher, fällt vor ihm nieder)*. Vater meines Hauptmanns! Ich küsse dir die Füße! du hast über meinen Dolch zu befehlen.

MOOR. Rache, Rache, Rache dir! grimmig beleidigter, entheiligter Greis! So zerreiß ich von nun an auf ewig das brüderliche Band! *(Er zerreißt sein Kleid von oben an bis unten.)* So verfluch ich jeden Tropfen brüderlichen Bluts im Antlitz des offenen Himmels! Höre mich, Mond und Gestirne! Höre mich, mitternächtlicher Himmel! der du auf die Schandtat herunterblicktest! Höre mich, dreimal schröcklicher Gott, der da oben über dem Monde waltet und rächt und verdammt über den Sternen und feuerflammt über der Nacht! Hier knie ich – hier streck ich empor die drei Finger in die Schauer der Nacht – hier schwör ich, und so speie die Natur mich aus ihren Grenzen wie eine bösartige Bestie aus, wenn ich diesen Schwur verletze, schwör ich, das Licht des Tages nicht mehr zu grüßen, bis des Vatermörders Blut, vor diesem Steine verschüttet, gegen die Sonne dampft. *(Er steht auf.)*

DIE RÄUBER. Es ist ein Belialsstreich! Sag einer, wir seien Schelmen! Nein, bei allen Drachen! So bunt haben wir's nie gemacht! →

MOOR. Ja! und bei allen schröcklichen Seufzern derer, die jemals durch eure Dolche sturben, derer, die meine Flamme fraß und mein fallender Turm zermalmte, – eh soll kein Gedanke von Mord oder Raub Platz finden in eurer Brust, bis euer aller Kleider von des Verruchten Blute scharlachrot gezeichnet sind – das hat euch wohl niemals geträumet, dass ihr der Arm höherer Majestäten seid? Der verworrene Knäul unsers Schicksals ist aufgelöst! Heute, heute hat eine unsichtbare Macht unser Handwerk geadelt! Betet an vor dem, der euch dies erhabene Los gesprochen, der euch hieher geführt, der euch gewürdiget hat, die schröckliche Engel seines finstern Gerichts zu sein! Entblößet eure Häupter! Kniet hin in den Staub und stehet geheiliget auf! *(Sie knien.)*

SCHWEIZER. Gebeut, Hauptmann! was sollen wir tun?

MOOR. Steh auf, Schweizer! und rühre diese heilige Locken an! *(Er führt ihn zu seinem Vater und gibt ihm eine Locke in die Hand.)* Du weißt noch, wie du einsmals jenem böhmischen Reuter den Kopf spaltetest, da er eben den Säbel über mich zuckte und ich atemlos und erschöpft von der Arbeit in die Knie gesunken war? Dazumal verhieß ich dir eine Belohnung, die königlich wäre, ich konnte diese Schuld bisher niemals bezahlen –

SCHWEIZER. Das schwurst du mir, es ist wahr, aber lass mich dich ewig meinen Schuldner nennen!

MOOR. Nein, itzt will ich bezahlen. Schweizer, so ist noch kein Sterblicher geehrt worden wie du! – Räche meinen Vater! *(Schweizer steht auf.)*

SCHWEIZER. Großer Hauptmann! Heut hast du mich zum ersten Mal stolz gemacht! – Gebeut, wo, wie, wann soll ich ihn schlagen?

MOOR. Die Minuten sind geweiht, du musst eilends gehn – lies dir die Würdigsten aus der Bande und führe sie gerade nach des Edelmanns Schloss! zerr ihn aus dem Bette, wenn er schläft oder in den Armen der Wollust liegt, schlepp ihn vom Mahle weg, wenn er besoffen ist, reiß ihn vom Kruzifix, wenn er betend vor ihm auf den Knien liegt! Aber ich sage dir, ich schärf es dir hart ein, liefr ihn mir nicht tot! Dessen Fleisch will ich in

Stücken reißen und hungrigen Geiern zur Speise geben, der ihm nur die Haut ritzt oder ein Haar kränkt! Ganz muss ich ihn haben, und wenn du ihn ganz und lebendig bringst, so sollst du eine Million zur Belohnung haben, ich will sie einem Könige mit Gefahr meines Lebens stehlen, und du sollst frei ausgehn wie die weite Luft. – Hast du mich verstanden, so eile davon!

SCHWEIZER. Genug, Hauptmann – hier hast du meine Hand darauf: Entweder du siehst zwei zurückkommen oder gar keinen. Schweizers Würgengel, kommt! *(Ab mit einem Geschwader.)*

MOOR. Ihr Übrigen zerstreut euch im Wald. – Ich bleibe.

FÜNFTER AKT

ERSTE SZENE

Aussicht von vielen Zimmern. Finstre Nacht.

Daniel kommt mit einer Laterne und einem Reisebündel.

DANIEL. Lebe wohl, teures Mutterhaus – hab so manch Gut's und Lieb's in dir genossen, da der Herr seliger noch lebete. – Tränen auf deine Gebeine, du lange Verfaulter! Das verlangt er von einem alten Knecht – es war das Obdach der Waisen und der Port der Verlassenen, und dieser Sohn hat's gemacht zur Mördergrube. – Lebe wohl, du guter Boden! wie oft hat der alte Daniel dich abgefegt – lebe wohl, du lieber Ofen, der alte Daniel nimmt schweren Abschied von dir – es war dir alles so vertraut worden – wird dir wehtun, alter Elieser. – Aber Gott bewahre mich in Gnaden vor dem Trug und List des Argen. – Leer kam ich hieher – leer zieh ich wieder hin – aber meine Seele ist gerettet. *(Wie er gehen will, kömmt Franz im Schlafrock hereingestürzt.)*

Port *(frz.)* Hafen

Elieser alter Diener Abrahams. Vgl. 1. Mose 15, 2

DANIEL. Gott steh mir bei! Mein Herr! *(Löscht die Laterne aus.)*

FRANZ. Verraten! Verraten! Geister ausgespien aus Gräbern – losgerüttelt das Totenreich aus dem ewigen Schlaf brüllt wider mich Mörder! Mörder! – Wer regt sich da?

DANIEL *(ängstlich)*. Hilf, heilige Mutter Gottes! Seid Ihr's, gestrenger Herre, der so grässlich durch die Gewölbe schreit, dass alle Schläfer auffahren?

FRANZ. Schläfer? Wer heißt euch schlafen? – Fort, zünde Licht an! *(Daniel ab, es kommt ein andrer Bedienter.)* Es soll niemand schlafen in dieser Stunde. Hörst du? Alles soll auf sein – in Waffen – alle Gewehre geladen. – Sahst du sie dort den Bogengang hinschweben?

BEDIENTER. Wen, gnädiger Herr?

FRANZ. Wen, Dummkopf, wen? So kalt, so leer fragst du, wen? Hat mich's doch angepackt wie der Schwindel! Wen, Eselskopf! wen? Geister und Teufel! Wie weit ist's in der Nacht?

BEDIENTER. Eben itzt ruft der Nachtwächter Zwei an.

FRANZ. Was? will diese Nacht währen bis an den Jüngsten Tag? Hörtest du keinen Tumult in der Nähe? Kein Siegsgeschrei? Kein Geräusch galoppierender Pferde? – wo ist Kar – der Graf, will ich sagen?

BEDIENTER. Ich weiß nicht, mein Gebieter.

5. Akt, 1. Szene

FRANZ. Du weißt's nicht? Du bist auch unter der Rotte? Ich will dir das Herz aus den Rippen stampfen! Mit deinem verfluchten: Ich weiß nicht! Fort, hole den Pastor!

BEDIENTER. Gnädiger Herr!

FRANZ. Murrst du? zögerst du? *(Erster Bedienter eilend ab.)* Was? auch Bettler wider mich verschworen? Himmel, Hölle! alles wider mich verschworen?

DANIEL *(kommt mit dem Licht)*. Mein Gebieter –

FRANZ. Nein! ich zittere nicht! Es war ledig ein Traum. Die Toten stehen noch nicht auf – wer sagt, dass ich zittere und bleich bin? Es ist mir ja so leicht, so wohl.

DANIEL. Ihr seid totenbleich, Eure Stimme ist bang und lallet.

FRANZ. Ich habe das Fieber. Sage du nur, wenn der Pastor kommt, ich habe das Fieber. Ich will morgen zur Ader lassen, sage dem Pastor.

DANIEL. Befehlt Ihr, dass ich Euch Lebensbalsam auf Zucker tröpfle?

FRANZ. Tröpfle mir auf Zucker! der Pastor wird nicht sogleich da sein. Meine Stimme ist bang und lallet, gib Lebensbalsam auf Zucker!

DANIEL. Gebt mir erst die Schlüssel, ich will drunten holen im Schrank –

FRANZ. Nein, nein, nein! Bleib! oder ich will mit dir gehn. Du siehst, ich kann nicht allein sein! Wie leicht könnt ich, du siehst ja – unmächtig – wenn ich allein bin. Lass nur, lass nur! Es wird vorübergehen, du bleibst.

DANIEL. Oh Ihr seid ernstlich krank.

FRANZ. Ja freilich! freilich! das ist's alles. – Und Krankheit verstöret das Gehirn und brütet tolle und wunderliche Träume aus – Träume bedeuten nichts – nicht wahr, Daniel? Träume kommen ja aus dem Bauch, und Träume bedeuten nichts – ich hatte soeben einen lustigen Traum. *(Er sinkt unmächtig nieder.)*

DANIEL. Jesus Christus! was ist das? Georg! Konrad! Bastian! Martin! so gebt doch nur eine Urkund von Euch! *(Rüttelt ihn.)* Maria, Magdalena und Joseph! so nimmt doch nur Vernunft an! So wird's heißen, ich hab ihn tot gemacht! Gott erbarme sich meiner!

Urkund *hier*: Lebenszeichen

FRANZ *(verwirrt)*. Weg – weg! was rüttelst du mich so, scheußliches Totengeripp? – Die Toten stehen noch nicht auf –

DANIEL. O du ewige Güte! Er hat den Verstand verloren.

FRANZ *(richtet sich matt auf)*. Wo bin ich? – du, Daniel? was hab ich gesagt? merke nicht drauf! ich hab eine Lüge gesagt, es sei, was es wolle – komm! hilf mir auf! – Es ist nur ein Anstoß von Schwindel – weil ich – weil ich – nicht ausgeschlafen habe.

Anstoß Anfall

DANIEL. Wär nur der Johann da! Ich will Hülfe rufen, ich will nach Ärzten rufen.

FRANZ. Bleib! setz dich neben mich auf diesen Sofa – so – du bist ein gescheuter Mann, ein guter Mann. Lass dir erzählen!

DANIEL. Itzt nicht, ein andermal! Ich will Euch zu Bette bringen, Ruhe ist Euch besser.

FRANZ. Nein, ich bitte dich, lass dir erzählen, und lache mich derb aus! – Siehe, mir dauchte, ich hätte ein königlich Mahl gehalten und mein Herz wär guter Dinge und ich läge berauscht im Rasen des Schlossgartens, und plötzlich – es war zur Stunde des Mittags – plötzlich, aber ich sage dir, lache mich derb aus! –

DANIEL. Plötzlich?

FRANZ. Plötzlich traf ein ungeheurer Donner mein schlummerndes Ohr, ich taumelte bebend auf, und siehe, da war mir's, als säh ich aufflammen den ganzen Horizont in feuriger Lohe, und Berge und Städte und Wälder wie Wachs im Ofen zerschmolzen, und eine heulende Windsbraut fegte von hinnen Meer, Himmel und Erde – da erscholl's wie aus ehernen Posaunen: Erde, gib deine Toten, gib deine Toten, Meer! und das nackte Gefild begann zu kreißen und aufzuwerfen Schädel und Rippen und Kinnbacken und Beine, die sich zusammenzogen in menschliche Leiber und daherströmten unübersehlich, ein lebendiger Sturm. Damals sah ich aufwärts, und siehe, ich stand am Fuß des donnernden Sina, und über mir Gewimmel und unter mir, und oben auf der Höhe des Bergs auf drei rauchenden Stühlen drei Männer, vor deren Blick flohe die Kreatur – →

DANIEL. Das ist ja das leibhaft Konterfei vom Jüngsten Tage.

FRANZ. Nicht wahr? das ist tolles Gezeuge? – Da trat hervor Einer, anzusehen wie die Sternennacht, der hatte in seiner Hand einen eisernen Siegelring, den hielt er zwischen Aufgang und Niedergang und sprach: Ewig, heilig, gerecht, unverfälschbar! Es ist nur e i n e Wahrheit, es ist nur e i n e Tugend! Wehe, wehe, wehe dem zweifelnden Wurme! – Da trat hervor ein Zweiter, der hatte in seiner Hand einen blitzenden Spiegel, den hielt er zwischen Aufgang und Niedergang und sprach: Dieser Spiegel ist Wahrheit; Heuchelei und Larven bestehen nicht. – Da erschrak ich und alles Volk, denn wir sahen Schlangen- und Tiger- und Leopardengesichter zurückgeworfen aus dem entsetzlichen Spiegel. – Da trat hervor ein Dritter, der hatte in seiner Hand eine eherne Waage, die hielt er zwischen Aufgang und Niedergang und sprach: Tretet herzu, ihr Kinder von Adam –

ich wäge die Gedanken in der Schale meines Zornes! und die Werke mit dem Gewicht meines Grimms! –

DANIEL. Gott erbarme sich meiner!

FRANZ. Schneebleich stunden alle, ängstlich klopfte die Erwartung in jeglicher Brust. Da war mir's, als hört ich meinen Namen zuerst genannt aus den Wettern des Berges, und mein innerstes Mark gefror in mir, und meine Zähne klapperten laut. Schnell begonn die Waage zu klingen, zu donnern der Fels, und die Stunden zogen vorüber, eine nach der andern an der links hangenden Schale, und eine nach der andern warf eine Todsünde hinein –

DANIEL. O, Gott vergeb Euch!

FRANZ. Das tat er nicht! – Die Schale wuchs zu einem Gebirge, aber die andere, voll vom Blut der Versöhnung, hielt sie noch immer hoch in den Lüften – zuletzt kam ein alter Mann, schwer gebeuget von Gram, angebissen den Arm von wütendem Hunger, aller Augen wandten sich scheu vor dem Mann, ich kannte den Mann, er schnitt eine Locke von seinem silbernen Haupthaar, warf sie hinein in die Schale der Sünden, und siehe, sie sank, sank plötzlich zum Abgrund, und die Schale der Versöhnung flatterte hoch auf! – Da hört' ich eine Stimme schallen aus dem Rauche des Felsen: Gnade, Gnade jedem Sünder der Erde und des Abgrunds! du allein bist verworfen! – *(Tiefe Pause.)* Nun, warum lachst du nicht?

DANIEL. Kann ich lachen, wenn mir die Haut schaudert? Träume kommen von Gott.

FRANZ. Pfui doch, pfui doch! sage das nicht! Heiß mich einen Narren, einen aberwitzigen, abgeschmackten Narren! Tu das, lieber Daniel, ich bitte dich drum, spotte mich tüchtig aus!

DANIEL. Träume kommen von Gott. Ich will für Euch beten.

FRANZ. Du lügst, sag ich – geh den Augenblick, lauf, spring, sieh, wo der Pastor bleibt, heiß ihn eilen, eilen! Aber ich sage dir, du lügst.

DANIEL *(im Abgehn)*. Gott sei Euch gnädig!

FRANZ. Pöbelweisheit, Pöbelfurcht! – Es ist ja noch nicht ausgemacht, ob das Vergangene nicht vergangen ist oder ein Auge findet über den Sternen – hum, hum! wer raunte mir das ein? Rächet denn droben über den Sternen einer? – Nein, nein! Ja, ja! Fürchterlich zischelt's um mich: Richtet droben einer über den Sternen! Entgegengehen dem Rächer über den Sternen diese Nacht noch! Nein! sag ich – Elender Schlupfwinkel, hinter den sich deine Feigheit verstecken will – öd, einsam, taub ist's droben über den Sternen – wenn's aber doch etwas mehr wäre?

taub leer

Nein, nein, es ist nicht! Ich befehle, es ist nicht! Wenn's aber doch wäre? Weh dir, wenn's nachgezählt worden wäre! wenn's dir vorgezählt würde diese Nacht noch! – Warum schaudert mir's so durch die Knochen? Sterben! warum packt mich das Wort so? Rechenschaft geben dem Rächer droben über den Sternen – und wenn er gerecht ist, Waisen und Witwen, Unterdrückte, Geplagte heulen zu ihm auf, und wenn er gerecht ist? – Warum haben sie gelitten, warum hast du über sie triumphieret?

Pastor Moser tritt auf. →

MOSER. Ihr ließt mich holen, gnädiger Herr. Ich erstaune. Das erste Mal in meinem Leben! Habt Ihr im Sinn, über die Religion zu spotten, oder fangt Ihr an, vor ihr zu zittern?

FRANZ. Spotten oder zittern, je nachdem du mir antwortest. – Höre, Moser, ich will dir zeigen, dass du ein Narr bist oder die Welt für'n Narren halten willst, und du sollst mir antworten. Hörst du? Auf dein Leben sollst du mir antworten.

MOSER. Ihr fordert einen Höheren vor Euren Richterstuhl. Der Höhere wird Euch dermaleins antworten.

FRANZ. Itzt will ich's wissen, itzt diesen Augenblick, damit ich nicht die schändliche Torheit begehe und im Drange der Not den Götzen des Pöbels anrufe, ich hab's dir oft mit Hohnlachen beim Burgunder zugesoffen: Es ist kein Gott! – Itzt red ich im Ernste mit dir, ich sage dir: Es ist keiner! Du sollst mich mit allen Waffen widerlegen, die du in deiner Gewalt hast, aber ich blase sie weg mit dem Hauch meines Mundes.

MOSER. Wenn du auch ebenso leicht den Donner wegblasen könntest, der mit zehntausendfachem Zentnergewicht auf deine stolze Seele fallen wird! dieser allwissende Gott, den du Tor und Bösewicht mitten aus seiner Schöpfung zernichtest, braucht sich nicht durch den Mund des Staubes zu rechtfertigen. Er ist ebenso groß in deinen Tyranneien als irgend in einem Lächeln der siegenden Tugend.

FRANZ. Ungemein gut, Pfaffe! So gefällst du mir.

MOSER. Ich stehe hier in den Angelegenheiten eines größeren Herrn und rede mit einem, der Wurm ist wie ich, dem ich nicht gefallen will. Freilich müsst ich Wunder tun können, wenn ich deiner halsstarrigen Bosheit das Geständnis abzwingen könnte – aber wenn deine Überzeugung so fest ist? warum ließest du mich rufen, sage mir doch, warum ließest du mich in der Mitternacht rufen?

FRANZ. Weil ich Langeweile hab und eben am Schachbrett keinen Geschmack finde. Ich will mir einen Spaß machen, mich mit Pfaffen herumzubeißen. Mit dem leeren Schrecken wirst du meinen Mut nicht entmannen. Ich weiß wohl, dass derjenige auf Ewigkeit hofft, der hier zu kurz gekommen ist: Aber er wird garstig betrogen. Ich hab's immer gelesen, dass unser Wesen nichts ist als Sprung des Geblüts, und mit dem letzten Blutstropfen zerrinnt auch Geist und Gedanke. Er macht alle Schwachheiten des Körpers mit, wird er nicht auch aufhören bei seiner Zerstörung? nicht bei seiner Fäulung verdampfen? Lass einen Wassertropfen in deinem Gehirne verirren, und dein Leben macht eine plötzliche Pause, die zunächst an das Nichtsein grenzt, und ihre Fortdauer ist der Tod. Empfindung ist Schwingung einiger Saiten, und das zerschlagene Klavier tönet nicht mehr. Wenn ich meine sieben Schlösser schleifen lasse, wenn ich diese Venus zerschlage, so ist's Symmetrie und Schönheit gewesen. Siehe da! das ist eure unsterbliche Seele!

Sprung des Geblüts Blutkreislauf

MOSER. Das ist die Philosophie Eurer Verzweiflung. Aber Euer eigenes Herz, das bei diesen Beweisen ängstlich bebend wider Eure Rippen schlägt, straft Euch Lügen. Diese Spinnweben von Systemen zerreißt das einzige Wort: Du musst sterben! – ich fordere Euch auf, das soll die Probe sein, wenn Ihr im Tode annoch feste steht, wenn Euch Eure Grundsätze auch da nicht im Stiche lassen, so sollt Ihr gewonnen haben; wenn Euch im Tode nur der mindeste Schauer anwandelt, weh Euch dann! Ihr habt Euch betrogen.

annoch immer noch

FRANZ *(verwirrt)*. Wenn mich im Tode ein Schauer anwandelt?

MOSER. Ich habe wohl mehr solche Elende gesehn, die bis hieher der Wahrheit Riesentrotz boten, aber im Tode selbst flattert die Täuschung dahin. Ich will an Eurem Bette stehn, wenn Ihr sterbet – ich möchte so gar gern einen Tyrannen sehen dahinfahren – ich will dabeistehn und Euch starr ins Auge fassen, wenn der Arzt Eure kalte nasse Hand ergreift und den verloren schleichenden Puls kaum mehr finden kann und aufschaut und mit jenem schröcklichen Achselzucken zu Euch spricht: Menschliche Hülfe ist umsonst! Hütet Euch dann, o hütet Euch ja, dass Ihr da nicht ausseht wie Richard und Nero!

Richard Shakespeares *Richard III.*

FRANZ. Nein, nein!

MOSER. Auch dieses Nein wird dann zu einem heulenden Ja – ein innerer Tribunal, den Ihr nimmermehr durch skeptische Grübeleien bestechen könnt, wird itzo erwachen und Gericht über Euch halten. Aber es wird ein Erwachen sein, wie des lebendig Begrabenen im Bauche des Kirchhofs, es wird ein Unwille sein wie des Selbstmörders, wenn er den tödlichen Streich schon getan hat und bereut, es wird ein Blitz sein, der die Mitternacht

Eures Lebens zumal überflammt, es wird ein Blick sein, und wenn Ihr da noch feste steht, so sollt Ihr gewonnen haben!

FRANZ *(unruhig im Zimmer auf und ab gehend)*. Pfaffengewäsche, Pfaffengewäsche!

MOSER. Itzt zum ersten Mal werden die Schwerter einer Ewigkeit durch Eure Seele schneiden, und itzt zum ersten Mal zu spät. – Der Gedanke Gott weckt einen fürchterlichen Nachbar auf, sein Name heißt Richter. Sehet, Moor, Ihr habt das Leben von Tausenden an der Spitze Eures Fingers, und von diesen Tausenden habt Ihr neunhundertneunundneunzig elend gemacht. Euch fehlt zu einem Nero nur das Römische Reich und nur Peru zu einem Pizarro. Nun, glaubt Ihr wohl, Gott werde es zugeben, dass ein einziger Mensch in seiner Welt wie ein Wütrich hause und das Oberste zu unterst kehre? Glaubt Ihr wohl, diese neunhundertneunundneunzig seien nur zum Verderben, nur zu Puppen Eures satanischen Spieles da? Oh glaubt das nicht! Er wird jede Minute, die Ihr ihnen getötet, jede Freude, die Ihr ihnen vergiftet, jede Vollkommenheit, die Ihr ihnen versperret habt, von Euch fodern dereinst, und wenn Ihr darauf antwortet, Moor, so sollt Ihr gewonnen haben.

FRANZ. Nichts mehr, kein Wort mehr! Willst du, dass ich deinen schwarzlebrigen Grillen zu Gebot steh?

schwarzlebrig schwarzgallig (melancholisch)

MOSER. Sehet zu, das Schicksal der Menschen stehet unter sich in fürchterlich schönem Gleichgewicht. Die Waagschale dieses Lebens sinkend wird hoch steigen in jenem, steigend in diesem wird in jenem zu Boden fallen. Aber was hier zeitliches Leiden war, wird dort ewiger Triumph, was hier endlicher Triumph war, wird dort ewige, unendliche Verzweiflung.

FRANZ *(wild auf ihn losgehend)*. Dass dich der Donner stumm mache, Lügengeist du! Ich will dir die verfluchte Zunge aus dem Munde reißen!

MOSER. Fühlt Ihr die Last der Wahrheit so früh? Ich habe ja noch nichts von Beweisen gesagt. Lasst mich nur erst zu den Beweisen –

FRANZ. Schweig, geh in die Hölle mit deinen Beweisen! Zernichtet wird die Seele, sag ich dir, und sollst mir nicht darauf anworten!

MOSER. Darum winseln auch die Geister des Abgrunds, aber der im Himmel schüttelt das Haupt. Meint Ihr, dem Arm des Vergelters im öden Reich des Nichts zu entlaufen? und führet Ihr gen Himmel, so ist er da! und bettetet Ihr Euch in der Hölle, so ist er wieder da! und sprächet Ihr zu der Nacht: verhülle mich! und zu der Finsternis: birg mich!, so muss die Finsternis leuch-

und führet Ihr gen Himmel ... vgl. Psalm 139, 8–12

ten um Euch, und um den Verdammten die Mitternacht tagen – aber Euer unsterblicher Geist sträubt sich unter dem Wort und siegt über den blinden Gedanken.

blind verblendet

FRANZ. Ich will aber nicht unsterblich sein – sei es, wer da will, ich will's nicht hindern. Ich will ihn zwingen, dass er mich zernichte, ich will ihn zur Wut reizen, dass er mich in der Wut zernichte. Sag mir, was ist die größte Sünde, und die ihn am grimmigsten aufbringt?

MOSER. Ich kenne nur zwo. Aber sie werden nicht von Menschen begangen, auch ahnden sie Menschen nicht.

FRANZ. Diese zwo? –

MOSER *(sehr bedeutend)*. Vatermord heißt die eine, Brudermord die andere – Was macht Euch auf einmal so bleich?

FRANZ. Was, Alter? Stehst du mit dem Himmel oder mit der Hölle im Bündnis? Wer hat dir das gesagt?

MOSER. Wehe dem, der sie beide auf dem Herzen hat! Ihm wäre besser, dass er nie geboren wäre! Aber seid ruhig, Ihr habt weder Vater noch Bruder mehr!

FRANZ. Ha! – was, du kennst keine drüber? Besinne dich nochmals – Tod, Himmel, Ewigkeit, Verdammnis schwebt auf dem Laut deines Mundes – keine einzige drüber?

MOSER. Keine einzige drüber.

FRANZ *(fällt in einen Stuhl)*. Zernichtung! Zernichtung!

MOSER. Freut Euch, freut Euch doch! preist Euch doch glücklich! – Bei allen Euren Gräueln seid Ihr noch ein Heiliger gegen den Vatermörder. Der Fluch, der Euch trifft, ist gegen den, der auf diesen lauert, ein Gesang der Liebe – die Vergeltung –

FRANZ *(aufgesprungen)*. Geh in tausend Grüfte, du Eule! wer hieß dich hieher kommen? Geh, sag ich, oder ich stoß dich durch und durch!

MOSER. Kann das Pfaffengewäsche so einen Philosophen in Harnisch jagen? Blast es doch weg mit dem Hauch Eures Mundes! *(Geht ab.)*

FRANZ *(wirft sich in seinem Sessel herum in schröcklichen Bewegungen. Tiefe Pause)*.

Ein Bedienter eilig.

BEDIENTER. Amalia ist entsprungen, der Graf ist plötzlich verschwunden.

Daniel kommt ängstlich.

DANIEL. Gnädiger Herr, jagt ein Trupp feuriger Reuter die Steig herab, schreien Mordjo, Mordjo! – das ganze Dorf in Alarm.

Steig schwäbisch: die Steig = abschüssiger Weg

FRANZ. Geh, lass alle Glocken zusammen läuten, alles soll in die

Kirche – auf die Knie fallen alles – beten für mich – alle Gefangne sollen los sein und ledig, ich will den Armen alles doppelt und dreifach wiedergeben, ich will – so gehe doch – so ruf doch den Beichtvater, dass er mir meine Sünden hinwegsegne – bist du noch nicht fort? *(Das Getümmel wird hörbarer.)*

DANIEL. Gott verzeih mir meine schwere Sünde! Wie soll ich das wieder reimen? Ihr habt ja immer das liebe Gebet über alle → Häuser hinausgeworfen, habt mir so manche Postill und Bibel- → buch an den Kopf gejagt, wenn Ihr mich ob dem Beten ertapptet –

FRANZ. Nichts mehr davon. – S t e r b e n! siehst du? S t e r b e n? – Es wird zu spät. *(Man hört Schweizern toben.)* Bete doch! bete!

DANIEL. Ich sagt's Euch immer – Ihr verachtet das liebe Gebet so – aber gebt Acht, gebt Acht! wenn die Not an Mann geht, wenn Euch das Wasser an die Seele geht, Ihr werdet alle Schätze der Welt um ein christliches Seufzerlein geben. – Seht Ihr's? Ihr verschimpftet mich! Da habt Ihr's nun! Seht Ihr's?

verschimpfen
ausschelten

FRANZ *(umarmt ihn ungestüm)*. Verzeih, lieber, goldner Perlendaniel, verzeih – ich will dich kleiden von Fuß auf – so bet doch – ich will dich zum Hochzeiter machen – ich will – so bet doch – ich beschwöre dich – auf den Knien beschwör ich dich – ins T-ls Namen! so bet doch! *(Tumult auf den Straßen. Geschrei, Gepolter.)*

SCHWEIZER *(auf der Gasse)*. Stürmt! Schlagt tot! Brecht ein! Ich sehe Licht! dort muss er sein.

FRANZ *(auf den Knien)*. Höre mich beten, Gott im Himmel! – Es ist das erste Mal – soll auch gewiss nimmer geschehen – erhöre mich, Gott im Himmel!

DANIEL. Mein doch! Was treibt Ihr? Das ist ja gottlos gebetet.

V o l k s a u f l a u f.

VOLK. Diebe! Mörder! Wer lärmt so grässlich in dieser Mitternachtsstunde?

SCHWEIZER *(immer auf der Gasse)*. Schlag sie zurück, Kamerad – der Teufel ist's und will euren Herrn holen – wo ist der Schwarz mit seinen Haufen? – Postier dich ums Schloss, Grimm – lauf Sturm wider die Ringmauer!

GRIMM. Holt ihr Feuerbrände – wir hinauf oder er herunter! – Ich will Feuer in seine Säle schmeißen.

FRANZ *(betet)*. Ich bin kein gemeiner Mörder gewesen, mein Herrgott – hab mich nie mit Kleinigkeiten abgegeben, mein Herrgott –

DANIEL. Gott sei uns gnädig! Auch seine Gebete werden zu

Sünden. *(Es fliegen Steine und Feuerbrände. Die Scheiben fallen. Das Schloss brennt.)*

FRANZ. Ich kann nicht beten – hier, hier! *(Auf Brust und Stirn schlagend.)* alles so öd – so verdorret! *(Steht auf.)* Nein, ich will auch nicht beten – diesen Sieg soll der Himmel nicht haben, diesen Spott mir nicht antun die Hölle –

DANIEL. Jesus Maria! Helft – rettet – das ganze Schloss steht in Flammen!

FRANZ. Hier nimm diesen Degen. Hurtig! Jag mir ihn hinterrücks in den Bauch, dass nicht diese Buben kommen und treiben ihren Spott aus mir. *(Das Feuer nimmt überhand.)*

DANIEL. Bewahre! Bewahre! Ich mag niemand zu früh in den Himmel fördern, viel weniger zu früh – *(Er entrinnt.)*

← FRANZ *(ihm grass nachstierend, nach einer Pause)*. In die Hölle, wolltest du sagen? – Wirklich! ich wittere so etwas – *(wahnsinnig.)* Sind das ihre hellen Triller? Hör ich euch zischen, ihr Nattern des Abgrunds? – Sie dringen herauf – belagern die Türe – warum zag ich so vor dieser bohrenden Spitze? – Die Türe kracht – stürzt – unentrinnbar! – Ha! so erbarm du dich meiner! *(Er reißt seine goldene Hutschnur ab und erdrosselt sich.)*

Schweizer mit seinen Leuten.

SCHWEIZER. Mordkanaille, wo bist du? – Saht ihr, wie sie flohen? – Hat er so wenig Freunde? – Wohin hat sich die Bestie verkrochen?

GRIMM *(stößt an die Leiche)*. Halt, was liegt hier im Weg? Zündet hieher –

prävenire *(lat.)* zuvorkommen

SCHWARZ. Er hat das Prävenire gespielt. Steckt eure Schwerter ein, hier liegt er wie eine Katze verreckt.

SCHWEIZER. Tot! was? tot? ohne mich tot – Erlogen, sag ich. – Gebt Acht, wie hurtig er auf die Beine springt! – *(Rüttelt ihn.)* He du! Es gibt einen Vater zu ermorden.

GRIMM. Gib dir keine Müh. Er ist maustot.

SCHWEIZER *(tritt von ihm weg)*. Ja, er freut sich nicht – er ist maustot. – Gehet zurück und saget meinem Hauptmann: Er ist maustot – mich sieht er nicht wieder. *(Schießt sich vor die Stirn.)*

ZWEITE SZENE

Der Schauplatz wie in der letzten Szene des vorigen Akts.

Der alte Moor auf einem Stein sitzend. Räuber Moor gegenüber. Räuber hin und her im Wald.

RÄUBER MOOR. Er kommt noch nicht? *(Schlägt mit dem Dolch auf einen Stein, dass es Funken gibt.)*

DER ALTE MOOR. Verzeihung sei seine Strafe – meine Rache verdoppelte Liebe.

RÄUBER MOOR. Nein, bei meiner grimmigen Seele. Das soll nicht sein. Ich will's nicht haben. Die große Schandtat soll er mit sich in die Ewigkeit hinüberschleppen! – Wofür hab ich ihn dann umgebracht?

DER ALTE MOOR *(in Tränen ausbrechend)*. O mein Kind!

RÄUBER MOOR. Was? – Du weinst um ihn – an diesem Turme?

DER ALTE MOOR. Erbarmung! o Erbarmung! *(Heftig die Hände ringend.)* Itzt – itzt wird mein Kind gerichtet!

RÄUBER MOOR *(erschrocken)*. Welches?

DER ALTE MOOR. Ha! was ist das für eine Frage?

RÄUBER MOOR. Nichts! Nichts!

DER ALTE MOOR. Bist du kommen, Hohngelächter anzustimmen über meinem Jammer?

RÄUBER MOOR. Verrät'risches Gewissen! – Merket nicht auf meine Rede.

DER ALTE MOOR. Ja, ich hab einen Sohn gequält, und ein Sohn musste mich wieder quälen; das ist Gottes Finger – o mein Karl! mein Karl! wenn du um mich schwebst im Gewand des Friedens. Vergib mir! Oh vergib mir!

RÄUBER MOOR *(schnell)*. Er vergibt Euch. *(Betroffen.)* Wenn er's wert ist, Euer Sohn zu heißen – er muss Euch vergeben.

DER ALTE MOOR. Ha! Er war zu herrlich für mich – aber ich will ihm entgegen mit meinen Tränen, meinen schlaflosen Nächten, meinen quälenden Träumen, seine Knie will ich umfassen – rufen – laut rufen: Ich hab gesündigt im Himmel und vor dir. Ich bin nicht wert, dass du mich Vater nennst.

RÄUBER MOOR *(sehr gerührt)*. Er war Euch lieb, Euer andrer Sohn?

DER ALTE MOOR. Du weißt es, o Himmel. Warum ließ ich mich doch durch die Ränke eines bösen Sohnes betören? Ein gepriesener Vater ging ich einher unter den Vätern der Menschen. Schön um mich blühten meine Kinder voll Hoffnung.

5. Akt, 2. Szene

Aber – o der unglückseligen Stunde! – der böse Geist fuhr in das Herz meines zweiten, ich traute der Schlange – verloren meine Kinder beide. *(Verhüllt sich das Gesicht.)*

RÄUBER MOOR *(geht weit von ihm weg)*. Ewig verloren!

DER ALTE MOOR. Oh ich fühl es tief, was mir Amalia sagte, der Geist der Rache sprach aus ihrem Munde: Vergebens ausstrecken deine sterbenden Hände wirst du nach einem Sohn, vergebens wähnen zu umfassen die warme Hand deines Karls, der nimmermehr an deinem Bette steht –

RÄUBER MOOR *(reicht ihm die Hand mit abgewandtem Gesicht)*.

DER ALTE MOOR. Wärst du meines Karls Hand! – Aber er liegt fern im engen Hause, schläft schon den eisernen Schlaf, höret nimmer die Stimme meines Jammers – weh mir! Sterben in den Armen eines Fremdlings – kein Sohn mehr – kein Sohn mehr, der mir die Augen zudrücken könnte –

RÄUBER MOOR *(in der heftigsten Bewegung)*. Itzt muss es sein – itzt – verlasst mich *(zu den Räubern)*! Und doch – kann ich ihm denn seinen Sohn wieder schenken? – Ich kann ihm seinen Sohn doch nicht mehr schenken. – Nein! Ich will's nicht tun.

DER ALTE MOOR. Wie, Freund? Was hast du da gemurmelt?

RÄUBER MOOR. Dein Sohn – ja, alter Mann – *(stammelnd)* dein Sohn – ist – ewig verloren.

DER ALTE MOOR. Ewig?

RÄUBER MOOR *(in der fürchterlichsten Beklemmung gen Himmel sehend)*. O nur diesmal – lass meine Seele nicht matt werden – nur diesmal halte mich aufrecht!

DER ALTE MOOR. Ewig, sagst du?

RÄUBER MOOR. Frage nichts weiter! Ewig, sagt' ich.

DER ALTE MOOR. Fremdling! Fremdling! Warum zogst du mich aus dem Turme?

RÄUBER MOOR. Und wie? – Wenn ich jetzt seinen Segen weghaschte – haschte wie ein Dieb, und mich davonschlich mit der göttlichen Beute – Vatersegen, sagt man, geht niemals verloren.

DER ALTE MOOR. Auch mein Franz verloren? –

RÄUBER MOOR *(stürzt vor ihm nieder)*. Ich zerbrach die Riegel deines Turms – gib mir deinen Segen!

DER ALTE MOOR *(mit Schmerz)*. Dass du den Sohn vertilgen musstest, Retter des Vaters! – Siehe, die Gottheit ermüdet nicht im Erbarmen, und wir armseligen Würmer gehen schlafen mit unserm Groll. *(Legt seine Hand auf des Räubers Haupt.)* Sei so glücklich, als du dich erbarmest!

5. Akt, 2. Szene

RÄUBER MOOR *(weichmütig, aufstehend).* O – wo ist meine Mannheit? Meine Sehnen werden schlapp, der Dolch sinkt aus meinen Händen.

DER ALTE MOOR. Wie köstlich ist's, wenn Brüder einträchtig beisammen wohnen, wie der Tau, der vom Hermon fällt auf die Berge Zion. – Lern diese Wollust verdienen, junger Mann, und die Engel des Himmels werden sich sonnen in deiner Glorie. Deine Weisheit sei die Weisheit der grauen Haare, aber dein Herz – dein Herz sei das Herz der unschuldigen Kindheit. →

RÄUBER MOOR. O einen Vorschmack dieser Wollust. Küsse mich, göttlicher Greis!

DER ALTE MOOR *(küsst ihn).* Denk, es sei Vaterskuss, so will ich denken, ich küsse meinen Sohn. – Du kannst auch weinen?

RÄUBER MOOR. Ich dacht', es sei Vaterskuss! – Weh mir, wenn sie ihn jetzt brächten!

Schweizers Gefährten treten auf im stummen Trauerzug mit gesenkten Häuptern und verhüllten Gesichtern.

RÄUBER MOOR. Himmel! *(Tritt scheu zurück und sucht sich zu verbergen. Sie ziehen an ihm vorüber. Er sieht weg von ihnen. Tiefe Pause. Sie halten.)*

GRIMM *(mit gesenktem Ton).* Mein Hauptmann. *(Räuber Moor antwortet nicht und tritt weiter zurück.)*

SCHWARZ. Teurer Hauptmann. *(Räuber Moor weicht weiter zurück.)*

GRIMM. Wir sind unschuldig, mein Hauptmann.

RÄUBER MOOR *(ohne nach ihnen hinzuschaun).* Wer seid ihr?

GRIMM. Du blickst uns nicht an. Deine Getreuen.

RÄUBER MOOR. Weh euch, wenn ihr mir getreu war't!

GRIMM. Das letzte Lebewohl von deinem Knecht Schweizer – er kehrt nie wieder, dein Knecht Schweizer.

RÄUBER MOOR *(aufspringend).* So habt ihr ihn nicht gefunden?

SCHWARZ. Tot gefunden.

RÄUBER MOOR *(froh emporhüpfend).* Habe Dank, Lenker der Dinge! – Umarmet mich, meine Kinder! – Erbarmung sei von nun an die Losung. – Nun wär auch das überstanden – alles überstanden.

Neue Räuber. Amalia.

RÄUBER. Heisa, heisa! Ein Fang, ein superber Fang!

superb *(frz.)* köstlich

AMALIA *(mit fliegenden Haaren).* Die Toten, schreien sie, seien erstanden auf seine Stimme – mein Oheim lebendig in diesem Wald – wo ist er? Karl! Oheim! – Ha! *(Stürzt auf den Alten zu.)*

DER ALTE MOOR. Amalia! Meine Tochter! Amalia! *(Hält sie in seinen Armen gepresst.)*

5. Akt, 2. Szene

RÄUBER MOOR *(zurückspringend)*. Wer bringt dies Bild vor meine Augen?

AMALIA *(entspringt dem Alten und springt auf den Räuber zu und umschlingt ihn entzückt)*. Ich hab ihn, o ihr Sterne! Ich hab ihn! –

RÄUBER MOOR *(sich losreißend, zu den Räubern)*. Brecht auf, ihr! Der Erzfeind hat mich verraten!

Erzfeind der Teufel

AMALIA. Bräutigam, Bräutigam, du rasest! Ha! Vor Entzückung! Warum bin ich auch so fühllos, mitten im Wonnewirbel so kalt?

DER ALTE MOOR *(sich aufraffend)*. Bräutigam? Tochter! Tochter! Ein Bräutigam?

AMALIA. Ewig sein! Ewig, ewig, ewig mein! – Oh ihr Mächte des Himmels! Entlastet mich dieser tödlichen Wollust, dass ich nicht unter der Bürde vergehe!

RÄUBER MOOR. Reißt sie von meinem Halse! Tötet sie! Tötet ihn! mich! euch! alles! Die ganze Welt geh zugrunde! *(Er will davon.)*

AMALIA. Wohin? Was? Liebe Ewigkeit! Wonn Unendlichkeit, und du fliehst?

RÄUBER MOOR. Weg, weg! – Unglückseligste der Bräute! – Schau selbst, frage selbst, höre! – Unglückseligster der Väter! Lass mich immer ewig davonrennen!

AMALIA. Haltet mich! Um Gottes willen, haltet mich! – Es wird mir so Nacht vor den Augen – er flieht!

RÄUBER MOOR. Zu spät! Vergebens! Dein Fluch, Vater, – frage mich nichts mehr! – Ich bin, ich habe – dein Fluch – dein vermeinter Fluch! – Wer hat mich hergelockt? *(Mit gezogenem Degen auf die Räuber losgehend.)* Wer von euch hat mich hiehergelockt, ihr Kreaturen des Abgrunds? – So vergeh dann, Amalia! – Stirb, Vater! Stirb durch mich zum dritten Mal! – Diese deine Retter sind Räuber und Mörder! Dein Karl ist ihr Hauptmann!

(Der alte Moor gibt seinen Geist auf. Amalia steht stumm und starr wie eine Bildsäule. Die ganze Bande in fürchterlicher Pause.)

RÄUBER MOOR *(wider eine Eiche rennend)*. Die Seelen derer, die ich erdrosselte im Taumel der Liebe – derer, die ich zerschmetterte im heiligen Schlaf, derer, – hahaha! hört ihr den Pulverturm knallen über der Kreißenden Stühlen? Seht ihr die Flammen schlagen an den Wiegen der Säuglinge? das ist Brautfackel, das ist Hochzeitmusik – Oh, er vergisst nicht, er weiß zu knüpfen – darum von mir die Wonne der Liebe! darum mir zur Folter die Liebe! Das ist Vergeltung!

der Kreißenden Stühle Gebärstühle

5. Akt, 2. Szene

AMALIA. Es ist wahr! Herrscher im Himmel! Es ist wahr. – Was hab ich getan, ich unschuldiges Lamm? Ich hab diesen geliebt!

RÄUBER MOOR. Das ist mehr, als ein Mann erduldet. Hab ich doch den Tod aus mehr denn tausend Röhren auf mich zupfeifen gehört und bin ihm keinen Fußbreit gewichen, soll ich itzt erst lernen beben wie ein Weib? beben vor einem Weib? – Nein, ein Weib erschüttert meine Mannheit nicht – Blut, Blut! Es ist nur ein Anstoß vom Weibe – Blut muss ich saufen, es wird vorübergehen. *(Er will davonfliehn.)*

AMALIA *(fällt ihm in die Arme)*. Mörder! Teufel! Ich kann dich Engel nicht lassen.

RÄUBER MOOR *(schleudert sie von sich)*. Fort, falsche Schlange, du willst einen Rasenden höhnen, aber ich poche dem Tyrannen Verhängnis – was, du weinest? Oh ihr losen boshaften Gestirne! Sie tut, als ob sie weine, als ob um mich eine Seele weine! *(Amalia fällt ihm um den Hals.)* Ha, was ist das? Sie speit mich nicht an, stößt mich nicht von sich – Amalia! Hast du vergessen? weißt du auch, wen du umarmest, Amalia?

pochen trotzen

AMALIA. Einziger, Unzertrennlicher!

RÄUBER MOOR *(aufblühend, in ekstatischer Wonne)*. Sie vergibt mir, sie liebt mich! Rein bin ich wie der Äther des Himmels, sie liebt mich. – Weinenden Dank dir, Erbarmer im Himmel! *(Er fällt auf die Knie und weinet heftig.)* Der Friede meiner Seele ist wiedergekommen, die Qual hat ausgetobt, die Hölle ist nicht mehr. – Sieh, o sieh, die Kinder des Lichts weinen am Hals der weinenden Teufel! – *(Aufstehend zu den Räubern.)* So weinet doch auch! weinet, weinet, ihr seid ja so glücklich. – O Amalia! Amalia! Amalia! *(Er hängt an ihrem Mund, sie bleiben in stummer Umarmung.)*

ekstatisch *(griech.)* entrückt

EIN RÄUBER *(grimmig hervortretend)*. Halt ein, Verräter! – Gleich lass diesen Arm fahren – oder ich will dir ein Wort sagen, dass dir die Ohren gellen und deine Zähne vor Entsetzen klappern! *(Streckt das Schwert zwischen beide.)*

EIN ALTER RÄUBER. Denk an die böhmischen Wälder! Hörst du? zagst du? – An die böhmischen Wälder sollst du denken! Treuloser, wo sind deine Schwüre? Vergisst man Wunden so bald? da wir Glück, Ehre und Leben in die Schanze schlugen für dich? Da wir dir standen wie Mauren, auffingen wie Schilder die Hiebe, die deinem Leben galten – hubst du da nicht deine Hand zum eisernen Eid auf, schwurest, uns nie zu verlassen, wie wir dich nicht verlassen haben? – Ehrloser! Treuvergessener! Und du willst abfallen, wenn eine Metze greint?

5. Akt, 2. Szene

EIN DRITTER RÄUBER. Pfui über den Meineid! Der Geist des geopferten Rollers, den du zum Zeugen aus dem Totenreich zwangest, wird erröten über deine Feigheit und gewaffnet aus seinem Grabe steigen, dich zu züchtigen.

DIE RÄUBER *(durcheinander, reißen ihre Kleider auf.)* Schau her, schau! Kennst du diese Narben? Du bist unser! Mit unserem Herzblut haben wir dich zum Leibeigenen angekauft, unser bist du, und wenn der Erzengel Michael mit dem Moloch ins Handgemeng kommen sollte! – Marsch mit uns, Opfer um Opfer! Amalia für die Bande!

RÄUBER MOOR *(lässt ihre Hand fahren)*. Es ist aus! – Ich wollte umkehren und zu meinem Vater gehn, aber der im Himmel sprach, es soll nicht sein. *(Kalt.)* Blöder Tor ich, warum wollt' ich es auch? Kann denn ein großer Sünder noch umkehren? Ein großer Sünder kann nimmermehr umkehren, das hätt ich längst wissen können. – Sei ruhig, ich bitte dich, sei ruhig! So ist's ja auch recht. – Ich habe nicht gewollt, da er mich suchte; itzt, da ich ihn suche, will er nicht; was ist billiger? – Rolle doch deine Augen nicht so – er bedarf ja meiner nicht. Hat er nicht Geschöpfe die Fülle? Einen kann er so leicht missen, und dieser eine bin nun ich. – Kommt, Kameraden!

AMALIA *(reißt ihn zurück)*. Halt, halt! Einen Stoß! Einen Todesstoß! Neu verlassen! Zeuch dein Schwert und erbarme dich!

RÄUBER MOOR. Das Erbarmen ist zu den Bären geflohen – ich töte dich nicht!

AMALIA *(seine Knie umfassend)*. Oh um Gottes willen, um aller Erbarmungen willen! Ich will ja nicht Liebe mehr, weiß ja wohl, dass droben unsere Sterne feindlich voneinander fliehen – Tod ist meine Bitte nur. – Verlassen, verlassen! Nimm es ganz in seiner entsetzlichen Fülle, verlassen! Ich kann's nicht überdulden. Du siehst ja, das kann kein Weib überdulden. Tod ist meine Bitte nur! Sieh, meine Hand zittert! Ich habe das Herz nicht zu stoßen. Mir bangt vor der blitzenden Schneide – dir ist's ja so leicht, so leicht, bist ja Meister im Morden, zeuch dein Schwert, und ich bin glücklich!

RÄUBER MOOR. Willst du allein glücklich sein? Fort, ich töte kein Weib!

AMALIA. Ha, Würger! du kannst nur die Glücklichen töten, die Lebenssatten gehst du vorüber. *(Kriecht zu den Räubern.)* So erbarmet euch meiner, ihr Schüler des Henkers! Es ist ein so blutdürstiges Mitleid in euren Blicken, das dem Elenden Trost ist – euer Meister ist ein eitler, feigherziger Prahler!

5. Akt, 2. Szene

RÄUBER MOOR. Weib, was sagst du? *(Die Räuber wenden sich ab.)*

AMALIA. Kein Freund? auch unter diesen nicht ein Freund? *(Sie steht auf.)* Nun denn, so lehre mich Dido sterben! *(Sie will gehen, ein Räuber zielt.)*

→

RÄUBER MOOR. Halt! Wag es – Moors Geliebte soll nur durch Moor sterben! *(Er ermordet sie.)*

DIE RÄUBER. Hauptmann! Hauptmann! Was machst du? bist du wahnsinnig worden?

RÄUBER MOOR *(auf den Leichnam mit starrem Blick)*. Sie ist getroffen! Dies Zucken noch, und dann wird's vorbei sein – Nun, seht doch! Habt ihr noch etwas zu fordern? Ihr opfertet mir ein Leben auf, ein Leben, das schon nicht mehr euer war, ein Leben voll Abscheulichkeit und Schande – ich hab euch einen Engel geschlachtet. Wie, seht doch recht her! Seid ihr nunmehr zufrieden?

GRIMM. Du hast deine Schuld mit Wucher bezahlt. Du hast getan, was kein Mann würde für seine Ehre tun. Komm itzt weiter!

RÄUBER MOOR. Sagst du das? Nicht wahr, das Leben einer Heiligen um das Leben der Schelmen, es ist ungleicher Tausch? – O ich sage euch, wenn jeder unter euch aufs Blutgerüste ging und sich ein Stück Fleisch nach dem andern mit glühender Zange abzwicken ließ, dass die Marter eilf Sommertäge dauerte, es wöge diese Tränen nicht auf. *(Mit bitterem Gelächter.)* Die Narben, die böhmischen Wälder! Ja, ja! dies musste freilich bezahlt werden.

SCHWARZ. Sei ruhig, Hauptmann! Komm mit uns, der Anblick ist nicht für dich. Führe uns weiter!

RÄUBER MOOR. Halt – noch ein Wort, eh wir weitergehn. – Merket auf, ihr schadenfrohe Schergen meines barbarischen Winks. – Ich höre von diesem N u n an auf, euer Hauptmann zu sein. Mit Scham und Grauen leg ich hier diesen blutigen Stab nieder, worunter zu freveln ihr euch berechtiget wähntet und mit Werken der Finsternis dies himmlische Licht zu besudeln. – Gehet hin zur Rechten und Linken – wir wollen ewig niemals gemeine Sache machen.

gemeine Sache gemeinsame Sache

RÄUBER. Ha, Mutloser! Wo sind deine hochfliegenden Plane? Sind's Seifenblasen gewesen, die beim Hauch eines Weibes zerplatzen?

RÄUBER MOOR. O über mich Narren, der ich wähnete die Welt durch Gräuel zu verschönern und die Gesetze durch Gesetzlosigkeit aufrecht zu halten! Ich nannte es Rache und Recht –

Vorsicht Vorsehung

ich maßte mich an, o Vorsicht, die Scharten deines Schwerts auszuwetzen und deine Parteilichkeiten gutzumachen – aber – o eitle Kinderei – da steh ich am Rand eines entsetzlichen Lebens und erfahre nun mit Zähnklappern und Heulen, dass zwei Menschen wie ich den ganzen Bau der sittlichen Welt zugrund richten würden. Gnade – Gnade dem Knaben, der dir vorgreifen wollte – dein Eigen allein ist die Rache. Du bedarfst nicht des Menschen Hand. Freilich steht's nun in meiner Macht nicht mehr, die Vergangenheit einzuholen – schon bleibt verdorben, was verdorben ist – was ich gestürzt habe, steht ewig niemals mehr auf. – Aber noch blieb mir etwas übrig, womit ich die beleidigte Gesetze versöhnen und die misshandelte Ordnung wiederum heilen kann. Sie bedarf eines Opfers – eines Opfers, das ihre unverletzbare Majestät vor der ganzen Menschheit entfaltet – dieses Opfer bin ich selbst. Ich selbst muss für sie des Todes sterben.

RÄUBER. Nehmt ihm den Degen weg – er will sich umbringen.

das Äquivalent *(lat.)* der Gegenwert

RÄUBER MOOR. Toren ihr! Zu ewiger Blindheit verdammt! Meinet ihr wohl gar, eine Todsünde werde das Äquivalent gegen Todsünden sein, meinet ihr, die Harmonie der Welt werde durch diesen gottlosen Misslaut gewinnen? *(Wirft ihnen seine Waffen verächtlich vor die Füße.)* Er soll mich lebendig haben. Ich geh, mich selbst in die Hände der Justiz zu überliefern.

RÄUBER. Legt ihn an Ketten! Er ist rasend worden.

einig einzig

RÄUBER MOOR. Nicht, als ob ich zweifelte, sie werde mich zeitig genug finden, wenn die obere Mächte es so wollen. Aber sie möchte mich im Schlaf überrumpeln oder auf der Flucht ereilen oder mit Zwang und Schwert umarmen, und dann wäre mir auch das einige Verdienst entwischt, dass ich mit Willen für sie gestorben bin. Was soll ich gleich einem Diebe ein Leben länger verheimlichen, das mir schon lang im Rat der himmlischen Wächter genommen ist?

RÄUBER. Lasst ihn hinfahren! Es ist die Großmannsucht. Er will sein Leben an eitle Bewunderung setzen.

RÄUBER MOOR. Man könnte mich darum bewundern. *(Nach einigem Nachsinnen.)* Ich erinnere mich, einen armen Schelm gesprochen zu haben, als ich herüberkam, der im Taglohn arbeitet und eilf lebendige Kinder hat. – Man hat tausend Louisdore geboten, wer den großen Räuber lebendig liefert – dem Mann kann geholfen werden. *(Er geht ab.)*

BIOGRAFIE

Friedrich von Schiller
1759–1805
© picture alliance / dpa

Jahr	Ort	Ereignis	Alter
1759	Marbach am Neckar	Am 10. November wird Johann Christoph Friedrich Schiller geboren. Seine Eltern sind der Leutnant Caspar Schiller (1723–1796) und seine Frau Elisabeth Dorothea, geborene Kodweiß (1732–1802).	
1764	Lorch	Übersiedlung der Familie nach Lorch; Besuch der Lorcher Dorfschule; Lateinunterricht bei Pfarrer Moser.	5
1766	Ludwigsburg	Rückversetzung des Vaters in die Garnison nach Ludwigsburg.	7
1767	Ludwigsburg	Schiller besucht die dortige Lateinschule mit dem Ziel, Geistlicher zu werden.	8
1773	Solitude bei Stuttgart	Auf dreifache Aufforderung des Herzogs Karl Eugen von Württemberg tritt Schiller in die „Militärpflanzschule" auf der Solitude ein. Die Schule wird im gleichen Jahr zur Herzoglichen Militärakademie erhoben.	14
1774	Solitude	Beginn des Jurastudiums.	15
1775	Stuttgart	Verlegung der Militärakademie als „Hohe Karlsschule" nach Stuttgart; Wechsel vom ungeliebten Jurastudium zum Medizinstudium; Lektüre von Schubarts Erzählung *Zur Geschichte des menschlichen Herzens*, hierdurch möglicherweise erste Anregung zu den *Räubern*.	16

Jahr	Ort	Ereignis	Alter
1776	Stuttgart	Beginn des Philosophiestudiums bei Professor Abel; durch ihn erste Berührung mit dem Werk Shakespeares. Veröffentlichung des Gedichts *Der Abend* im *Schwäbischen Magazin*. Schiller vernichtet sein Drama *Cosmus von Medicis* nach dem Abschluss.	17
1779	Stuttgart	Ablehnung seiner medizinischen Dissertation *Philosophie der Physiologie*. Schiller muss noch ein weiteres Jahr auf der Militärakademie bleiben. Herzog Karl August von Sachsen-Weimar besucht in Begleitung Goethes die Militärakademie; Teilnahme an der Preisverleihung.	20
1780	Stuttgart	Schiller hält die Festrede anlässlich des Geburtstags der Mätresse des Herzogs Karl Eugen, Reichsgräfin Franziska von Hohenheim, mit dem Titel *Die Tugend in ihren Folgen betrachtet*. Franziska dient Schiller als Vorbild für die Figur der Lady Milford in *Kabale und Liebe*. Vorlegung seiner neuen Dissertation *Über den Zusammenhang der tierischen Natur des Menschen mit seiner geistigen*. Entlassung aus der Militärakademie als Militärarzt. Anstellung als Regimentsmedikus des Grenadierregiments Augé in Stuttgart.	21
1781		Das Stück *Die Räuber* erscheint anonym mit fingiertem Druckort.	22
1782	Flucht aus Württemberg 1. Lebensabschnitt	Erfolgreiche Uraufführung der *Räuber* am Nationaltheater in Mannheim. Schiller besucht die Aufführung ohne Urlaubsbewilligung. Als der Herzog davon erfährt, erhält Schiller 14 Tage Arrest und das Verbot der schriftstellerischen Tätigkeit. Beschäftigung mit dem Stoff zu *Luise Millerin*. Schiller nutzt das Fest, das für den russischen Zaren, Großfürst Paul von Russland, anlässlich von dessen Teilnahme an einer Jagd gegeben wird, um mithilfe seines Freundes, des Musikers Andreas Streicher, nach Mannheim zu fliehen. Fortsetzung der Flucht über Darmstadt, Frankfurt nach Oggersheim und schließlich nach Bauerbach in Thüringen. Schillers Stück *Die Verschwörung des Fiesco zu Genua* wird vom Mannheimer Nationaltheater abgelehnt. In Bauerbach lebt Schiller ein Jahr lang als Dr. Ritter auf dem Gut der Frau von Wolzogen.	23

Jahr	Ort	Ereignis	Alter
1783	Bonn, Mannheim	Uraufführung des *Fiesco* in Bonn; Anstellung als Theaterdichter beim Mannheimer Theater.	24
1784	Frankfurt a. M., Mannheim	Uraufführung von *Luise Millerin* unter dem von Iffland vorgeschlagenen Titel *Kabale und Liebe*; Beginn von Schillers gesundheitlichen Problemen. Er erkrankt schwer an Malaria. Antrittsrede in der „Deutschen Gesellschaft" unter dem Titel *Vom Wirken der Schaubühne auf das Volk*, später: *Die Schaubühne als eine moralische Anstalt betrachtet.*	25
1785	Gohlis, Loschwitz, Dresden	Übersiedlung nach Gohlis, zusammen mit dem neuen Leipziger Freundeskreis; erste Begegnung mit Körner. Arbeit an *Don Carlos;* gemeinsame Wohnung mit Körner in Loschwitz, Übersiedlung nach Dresden, Entstehung von *An die Freude* und der Erzählung *Der Verbrecher aus verlorener Ehre.*	26
1787	Hamburg, Dresden, Weimar, Rudolstadt	Uraufführung von *Don Karlos* in Hamburg; Beginn am Roman *Der Geisterseher;* Reise nach Weimar, dort u. a. Begegnung mit Wieland und Herder; Fertigstellung des *Abfalls der vereinigten Niederlande.* In Rudolstadt lernt Schiller die Familie von Lengefeld kennen; besonders die Tochter Charlotte hat es ihm angetan.	28
1788	Rudolstadt	Beginn des Briefwechsels mit Charlotte von Lengefeld; Besuch Goethes in Rudolstadt; distanzierte Haltung gegenüber Schiller: Er kann mit dem leidenschaftlichen und impulsiven Schiller wenig anfangen.	29
1789	Jena	Auf Vorschlag Goethes erhält Schiller eine Geschichtsprofessur in Jena; Übersiedlung nach Jena. Jetzt hat Schiller die finanziellen Möglichkeiten, eine Familie zu gründen. Er hält um die Hand Charlottes an. Beginn der Freundschaft mit Wilhelm von Humboldt.	30
1790	Jena	Herzog Karl August gewährt Schiller ein festes jährliches Gehalt. Der Meininger Hof verleiht Schiller den Titel eines Hofrats. Schiller heiratet Charlotte von Lengefeld. Die ersten beiden Bücher von Schillers *Geschichte des Dreißigjährigen Krieges* erscheinen. Bekanntschaft mit dem in Jena studierenden Novalis; Besuch Goethes in Jena.	31

Jahr	Ort	Ereignis	Alter
1791	Jena, Karlsbad	Ausbruch einer schweren Lungen- und Bauchfellerkrankung, an deren Folgen Schiller für den Rest seines Lebens leidet. Kuraufenthalt in Karlsbad; intensive Beschäftigung mit der Philosophie Kants. Schiller erhält vom dänischen Hof ein jährliches Geschenk von tausend Talern für drei Jahre zugesprochen.	32
1792		Schiller wird durch die französische Nationalversammlung das französische Bürgerrecht verliehen; Bekanntschaft mit Friedrich Schlegel.	33
1793	Ludwigsburg, Stuttgart	Übersiedlung nach Ludwigsburg; Arbeit an theoretischen Schriften. Tod des Herzogs Karl Eugen von Württemberg; Besuch in Stuttgart und begeisterter Empfang in der Karlsschule; Bekanntschaft mit Hölderlin; Geburt von Schillers erstem Sohn, Karl Friedrich Ludwig; Fortführung der philosophischen und ästhetischen Studien.	34
1794	Ludwigsburg, Jena	Bekanntschaft mit Fichte; auf der Tagung der „Naturforschenden Gesellschaft" in Jena Begegnung mit Goethe. Langes Gespräch mit Goethe über die Urpflanze, die Metamorphosenlehre und das Verhältnis von Idee und Erfahrung in den Naturwissenschaften. Beginn des persönlichen Briefwechsels zwischen Goethe und Schiller, aus dem sich eine enge Freundschaft entwickeln wird.	35
1795	Jena	Trotz schlechten Gesundheitszustandes entstehen zahlreiche Gedichte.	36
1796	Jena	In Zusammenarbeit mit Goethe entsteht der *Xenienalmanach* im *Musenalmanach für das Jahr 1797* und erregt ungeheures Aufsehen. Besuch von Schelling und Jean Paul bei Schiller; Tod der Schwester Nanette und des Vaters. Schillers zweiter Sohn, Ernst Friedrich Wilhelm, wird geboren. Schiller wird zum ordentlichen Honorarprofessor in Jena ernannt; Entstehung mehrerer Balladen; Arbeit am *Wallenstein*; wiederholte Treffen mit Goethe.	37
1799	Weimar	Die Trilogie *Wallensteins Lager, Piccolomini, Wallensteins Tod* wird in Weimar uraufgeführt; Besuch von Ludwig Tieck. *Das Lied von der Glocke* erscheint im *Musenalmanach für das Jahr 1800*; Geburt von Schillers Tochter, Caroline Henriette Luise; Umzug nach Weimar.	40

Jahr	Ort	Ereignis	Alter
1800	Weimar	Erkrankung Schillers an einem Nervenfieber; Uraufführung von *Maria Stuart* in Weimar; Ausgabe von Schillers *Kleinen prosaischen Schriften*.	41
1801	Leipzig	Uraufführung der *Jungfrau von Orleans* in Leipzig.	42
1802		Schiller erhält vom Wiener Hof den erblichen Adelstitel zugesprochen; Tod der Mutter.	43
1804	Weimar, Berlin	Uraufführung von *Wilhelm Tell* in Weimar; der Erfolg übertrifft den aller bisherigen Dramen Schillers. Reise mit der Familie nach Berlin; hier außerordentliche Ehrungen durch die Öffentlichkeit und das preußische Königshaus. Der Herzog verdoppelt Schillers Gehalt, um ihn in Weimar zu halten. Geburt der jüngsten Tochter, Emilie Friederike Henriette; Arbeit am *Demetrius;* Entstehung der *Huldigung der Künste* als Festspiel zur Ankunft der Großfürstin Maria Pawlowna, der Gattin des Erbprinzen Karl Friedrich.	45
1805	Weimar	Schiller arbeitet weiter am *Demetrius*; sein Gesundheitszustand verschlechtert sich. Schiller stirbt am 9. Mai und wird im „Landschaftskassengewölbe" auf dem Sankt-Jakobs-Friedhof in Weimar beigesetzt.	46
1827	Weimar	Überführung von Schillers Leichnam in die Fürstengruft zu Weimar.	

BIOGRAFIE

WORT- UND SACHERKLÄRUNGEN

MATERIALIEN

WORT- UND SACHERKLÄRUNGEN

1 Titel: **Quae medicamenta non sanant…** *(lat.)* Was Arzneien nicht heilen, heilt Eisen; was Eisen nicht heilt, heilt Feuer.

Titel: **Hippokrates** Geb. um 460 v. Chr. auf der Insel Kos. Berühmter Arzt des griechischen Altertums, dessen Schriften grundlegend wurden für die Entwicklung der abendländischen Medizin.

2 **Vorrede** Schiller schrieb diese Vorrede im Mai 1781 – etwa sechs Wochen nach dem Beginn der Auseinandersetzung über die Möglichkeit einer Aufführung mit dem Verleger und Hofkammerrat Schwan, dem geistigen Urheber des Mannheimer Nationaltheaters. In dieser Vorrede rechtfertigt Schiller den Stil seines „Schauspiels" als Lesedrama gegen die dramaturgischen Forderungen des Mannheimer Verlegers, die er dann in der Bühnenbearbeitung schließlich doch erfüllen muss. (Nach den Erläuterungen der Weimarer Ausgabe.)

Aristoteles In seiner berühmten Abhandlung *Über die Dichtkunst* (Ars poetica) hat der griechische Philosoph Aristoteles eine Reihe von Gesetzen für die Tragödie aufgestellt, die entscheidend wurden für den Aufbau des klassischen französischen Dramas im 17. Jahrhundert.

Charles Batteux (1713–1780) Begründer der französischen Kunsttheorie, in der er im Anschluss an Aristoteles für das Drama eine strenge Lehre von den drei Einheiten entwickelt. Eine vertiefte Deutung des Aristoteles unternimmt dann Lessing in seiner *Hamburgischen Dramaturgie*.

Ökonomie *(griech.)* Eigentlich: Hauswesen, Haushaltung. Hier: Anlage.

Kompendienmensch Kompendien: Mehrzahl von Kompendium *(lat.)* = Handbuch. Ein Kompendienmensch ist ein in Handbüchern beschriebener, unlebendiger Mensch.

Labyrinth *(griech.)* Name des Irrgartens, den der erfindungsreiche Grieche Dädalus auf Kreta für den König Minos erbaute.

Abstraktion *(lat., frz.)* Abstrahere *(lat.)* = fortreißen, abziehen. Abstraktion bezeichnet u. a. den Vorgang der Begriffsbildung und auch den von der Fülle der Wirklichkeit „abgezogenen" Begriff.

3 **Brutus** Einer der römischen Republikaner, der sich aus Überzeugung an der Verschwörung gegen Cäsar beteiligte.

Catilina Ein heruntergekommener, Unruhe stiftender römischer Politiker, den der Konsul Cicero in seinen Reden *In Catilinam* angreift.

Don Quixote Der Held in dem berühmten, 1605 erschienenen Roman des Spaniers Cervantes (1547–1616). Don Quixote kämpft gegen die Wirklichkeit für die Ideale seiner Traumwelt.

Satire *(lat.: satura)* Eine von den Römern besonders gepflegte Literaturgattung, in der (in Versen oder in Prosa) soziale Missstände und Torheiten ins Lächerliche gezogen werden.

Satyr *(griech.)* Triebhafte griechische Naturgottheit, Mischwesen aus Mensch und Tier. In dem Chor der griechischen Satyrspiele sind die Schauspieler als Satyrn kostümiert (mit Pferdeschwänzen und Pferdeohren).

4 **Klopstocks Adramelech** In Klopstocks *Messias* (1755) herrscht Adramelech als Seelenverderber neben Satan als einer der mächtigsten Teufel. – Klopstocks *Messias* hat neben der Bibel einen starken Einfluss auf Schillers *Räuber* gehabt.

Miltons Satan In *The Paradise Lost* von John Milton (1608–1674), dem Epos vom Sündenfall des ersten Menschenpaares, ist Satan eine der Hauptfiguren.

Medea Die unheilvollen Taten der zauberkundigen Tochter des Königs von Kolchis haben Euripides und Seneca dramatisch behandelt.

Shakespeares Richard Richard III. regierte als König von England von 1483–1485. In seiner gleichnamigen Tragödie aus der Frühzeit lässt Shakespeare den missgestalteten König als Verbrecher von dämonischer Größe auftreten.

ausreichen Das „für" lässt Schiller bei dem Wort „ausreichen" auch sonst fehlen.

Apologie *(griech.)* Verteidigungsrede, Verteidigungsschrift. Bekannt ist Platos Apologie des Sokrates.

das ewige Dacapo mit Abdera und Demokrit Eine Anspielung auf Wielands satirischen Roman *Die Abderiten* (1774–1780 in Fortsetzungen erschienen). Die Abderiten sind hier die Schildbürger Griechenlands. Ihre Einfalt findet ihr Gegenbild in der Klugheit ihres von ihnen verkannten Mitbürgers Demokrit. Als die Abderiten Hippokrates einladen, damit er Demokrits vermeintlichen Wahnwitz heile, erklärt Hippokrates die Abderiten für krank und verordnet ihnen als Medizin sechs Schiffsladungen Nieswurz. – Mit der unkritischen Theaterleidenschaft der Abderiten verspottet Wieland das Mannheimer Theater, für das Schiller eine Bühnenbearbeitung der *Räuber* herstellen soll. (Vgl. Anm. zu S. 2!).

5 **Himmel und Erde veralten wie ein Kleid** Frei nach Psalm 102, 27. Auch sonst verwendet Schiller in den *Räubern* häufig Ausdrücke und Zitate aus der Bibel (besonders aus dem AT), die wir in unseren Anmerkungen nicht überall erwähnen können.

6 **Libertiner** Das französische „libertin" bezeichnet einen Menschen von freier, zügelloser Lebensführung.

Zeit und Dauer der Handlung Die 2. Auflage des Schauspiels von 1782 trägt den zusätzlichen Vermerk: um die Mitte des achtzehnten Jahrhunderts. Die Bühnenfassung von 1782 verlegt die Handlung in die Zeit Maximilians, „als der ewige Landfriede in Deutschland errichtet ward." In der Schauspielausgabe gibt es folgende Anhaltspunkte für die Datierung und die Dauer der Vorgänge: den gefälschten Brief vom 1. Mai 1756, das Datum der Schlacht bei Prag (der 6. Mai 1757) und die Angabe über die Zeit der Befreiung des alten Moor drei Monate nach seinem Scheintod. Danach erweist sich eine Dauer von ungefähr zwei Jahren als zu lang. (Nach den Erläuterungen der Weimarer Ausgabe.)

8 **was er wirklich erreicht hat** „Wirklich" hat hier und an anderen Stellen des Schauspiels nach schwäbischem Sprachgebrauch die Bedeutung: gegenwärtig, jetzt.

9 **Tobias** Von dem bußfertigen Tobias berichtet im AT das apokryphe *Buch Tobias*.

Phryne Berühmte griechische Hetäre des 4. Jahrhunderts v. Chr.

10 **Cartouche und Howard** Louis Dominique Bourguignon, genannt Cartouche (1693–1721), war ein berüchtigter französischer Verbrecher, dessen „Laufbahn" in der Literatur häufig behandelt wurde. Der Engländer Zachary Howard ist die „Fantasiegestalt" eines Straßenräubers, der angeblich 1651 hingerichtet wurde.

Porträt auf dem Leipziger Marktplatz Verbrecher, die man nicht dingfest machen konnte, wurden nach älterem Rechtsbrauch bildlich angeprangert.

11 **Nicht Fleisch und Blut, das Herz macht uns zu Vätern ...** Die Weimarer Ausgabe verweist hier auf einen Vers in Lessings *Nathan* (V, 7): Das Blut, das Blut allein macht lange noch den Vater nicht!

13 **einen Rest setzen** Einen Fehlbetrag in der Kasse haben (schwäb. Redensart).

14 **der Bankerottierer** *(ital.)* Ein Geschäftsmann, der seinen Zahlungsverpflichtungen nicht mehr nachkommen kann. Vgl. Bankerott.

15 **Schoßsünde** Lieblingssünde. Das Wort ist seit dem Anfang des 18. Jahrhunderts nachweisbar.

sich kokettieren *(frz.)* Sich Komplimente machen, sich schmeicheln.

Plutarch (um 46–120 n. Chr.) Griechischer Schriftsteller, der in 46 vergleichenden Lebensbeschreibungen bedeutende Persönlichkeiten aus der griechischen und römischen Geschichte dargestellt hat. Schiller besaß den *Plutarch* in einer deutschen Übersetzung und hat ihn hoch geschätzt.

Josephus Flavius Josephus, geb. 37 n. Chr., gest. um das Jahr 100 in Rom als römischer Bürger. Jüdischer Geschichtsschreiber, der in griechischer Sprache eine *Geschichte des jüdischen Volkes* und eine *Geschichte der jüdischen Kriege* (in der Zeit von 170 v. Chr. bis 70 n. Chr.) geschrieben hat.

Prometheus Nach der griechischen Sage der Sohn eines Titanen. Er stahl für die Menschen das Feuer und unterwies sie in manchen Künsten. Zur Strafe ließ Zeus ihn auf dem Kaukasus an einen Felsen schmieden.

Bärlappenmehl Aus den Sporen von Bärlapp (Lycopodium) gewann man ein mit greller Flamme verbrennendes Pulver, mit dem man früher die Theaterblitze machte.

16 **Kollegium** *(lat.)* Urspr.: Amtsgenossenschaft, Verbindung. An den Universitäten ist das „Kolleg" die Vorlesung für Studenten.

Phrases *(lat.)* Der 4. Fall der Mehrzahl von „phrasis" = rednerische Ausdrucksweise, Redensart.

Schlacht bei Cannä In dieser Schlacht besiegte Hannibal während des 2. Punischen Krieges die Römer im Jahre 216 v. Chr. Beschrieben wird die Schlacht in dem großen Geschichtswerk des römischen Historikers Livius (59 v. Chr. bis 17 n. Chr.).

Scipio Publius Cornelius Scipio Africanus major. (236/35 bis etwa 183 v. Chr.). Der junge Scipio vertrieb die Karthager aus Spanien und beendete den 2. Punischen Krieg in Afrika mit dem römischen Sieg bei Zama (202 v. Chr.).

alexandrinisch flennen Das aus 12 oder 13 Silben bestehende Versmaß des *Alexandriners* verdankt seinen Namen den altfranzösischen Alexander-Epen. Der Alexandriner wurde das vorherrschende Versmaß der französischen Klassik. Im Deutschen fand schon Schillers Generation ihn langweilig. „Alexandrinisch flennen" daher: langweilig jammern.

Konvention *(frz.)* Übereinkunft, besonders die stillschweigende Übereinkunft über die Regeln des Schicklichen.

Sadduzäer Die jüdische Sekte der Sadduzäer ist im 3. Jahrhundert v. Chr. entstanden und hatte ihre Anhänger vor allem in der wohlhabenden Schicht. Sie vertrat den Pharisäern gegenüber eine freiere Auffassung des jüdischen Glaubens und sympathisierte mit dem Hellenismus.

---

17 **Extremitäten** Bezeichnet sonst im 18. Jahrhundert in der Regel nur die Gliedmaßen. Hier: „ungeheuerliche Ausgeburten".

der Geist Hermanns Der Cherusker „Hermann" – richtiger eigentlich Arminius – organisierte im Jahre 9 n. Chr. eine bewaffnete Erhebung germanischer Stämme gegen die Römer, die in der Schlacht im Teutoburger Wald vernichtend geschlagen wurden. Klopstock besang „Hermann" in seinen vaterländischen Oden als den deutschen Nationalhelden.

Bärenhäuter Altes Schimpfwort für Nichtstuer (die auf der Bärenhaut liegen).

Herodes, der Vierfürst Herodes der Große war seit 41 v. Chr. Tetrarch von Judäa, d. h. Herrscher über den vierten Teil des Landes. Tetrarch *(griech.)* = „Vierfürst".

Libanon Ein wegen seiner Zedernwälder berühmter Gebirgszug in Kleinasien.

Substitut Ein früher in Württemberg üblicher Titel für die Helfer des Stadtschreibers. Substitut *(lat.)* eigentlich: Stellvertreter.

---

18 **Das Schießen zu Hornberg** Hornberg: Stadt im Badischen. In den Kämpfen zwischen Herzog Ulrich von Württemberg und dem Schwäbischen Bund kam es 1519 zu einem Gefecht, in dem die Hornberger sich ergaben, nachdem sie über hundert Schuss ergebnislos verfeuert hatten.

---

20 **Kanaille** *(ital., frz.)* Schurke. Ital. canaglie = Hundevolk (lat. canis, der Hund).

bramarbasieren Prahlen. Nach Bramarbas, dem Namen eines Großsprechers spanischer Herkunft. In Deutschland zuerst 1710 nachweisbar.

das Kamerale Die Kameralwissenschaft handelt ursprünglich von der Verwaltung des landesherrlichen Besitzes und entwickelt sich später zur Staatswirtschaftslehre.

Sully Der Herzog Maximilian von Sully (1559–1641) war Ratgeber und Minister Heinrichs IV. von Frankreich.

Louisdore Französische Goldmünzen. Benannt nach Ludwig XIII., unter dem sie 1640 zuerst geprägt wurden. Louis d'or = Ludwig aus Gold.

innerhalb dieser Stadtmauren Diese Bemerkung steht in Widerspruch zu der Ortsangabe am Beginn dieser Szene „Schenke an den Grenzen von Sachsen" und erklärt sich aus einer älteren Fassung dieses Auftritts, nach der sein Schauplatz ein Leipziger Wirtshaus sein sollte (Näheres darüber in den Erläuterungen der Weimarer Ausgabe).

21 **Gestus wie beim Sankt-Veits-Tanz** Gestus *(lat.)* = Gebärde, Gebärden. Als Veitstanz bezeichnet man eine Erkrankung der Nerven, die sich in starken Zuckungen äußert. Sankt Veit (einer der vierzehn Nothelfer) gilt als Schutzheiliger dieser Krankheit.

traktieren *(lat., frz.)* Behandeln, meistens im Sinne von misshandeln.

23 **auf Borgs** Kommt auch bei Hebel vor. Entstanden durch Vermischung mit einem Umstandswort: borgs.

die böhmischen Wälder Sie galten schon im 16. Jahrhundert als Aufenthaltsort für Wegelagerer und Räuber.

Bänkelsängerlied Lied der Jahrmarktssänger, die von einer Bank herab ihre Lieder vortrugen.

zum Kalbsfell schwören Soldat werden. Das Kalbsfell ist das Fell der Trommel.

milzsüchtig Verbissen, missmutig wie die Milzkranken. Die Milzsucht (Hypochondrie) galt als Ursache für Gemütskrankheiten.

Galiotenparadies Galeotti ist die ital. Bezeichnung für die Ruderer auf einer Galeere. Man verwendete dafür häufig Verbrecher, die an die Ruderbank gekettet wurden. Diese Ketten sind gemeint mit der Bezeichnung: Eisenmagazin Vulkans.

Taschenbücher und Almanache Das 18. Jahrhundert ist die Zeit der Taschenbücher und Almanache, für die auch Schiller Beiträge lieferte.

wider die Franzosen Die „Franzosenkrankheit" (morbus gallicus) oder Syphilis, die damals nur durch die Behandlung mit Quecksilber heilbar war.

Epigramm *(griech., lat.)* Eigentlich: Aufschrift, Inschrift. Dann Sinngedicht, Lehrgedicht.

24 **Synedrium** *(griech.)* Eigentlich: Sitz. Bezeichnung für die oberste jüdische Behörde z. Zt. Jesu, den Großen oder Hohen Rat, unter dem Vorsitz eines Hohen Priesters.

Schindanger Der Anger, auf dem der Abdecker das tote Vieh schindet und verscharrt.

25 **Oktavseite** Als Oktav bezeichnet man ein Buchformat, bei dem auf den Bogen acht Blätter oder 16 Seiten kommen.

Prostitution *(frz.)* Erniedrigung, Verkommenheit. Modewort des 18. Jahrhunderts (vgl. Erl. der Weimarer Ausgabe).

Acheron *(griech.)* Nach der Vorstellung der alten Griechen der Fluss, den man auf dem Weg zur Unterwelt überqueren muss.

wie ein anderer Orpheus In Vergils Dichtung vom Landleben *Georgica* wird geschildert, wie der Sänger Orpheus mit seiner Harfe den Höllenhund (Cerberus) und die Rachegöttinnen (die Eumeniden) zum Schweigen bringt.

Si omnes consentiunt … *(lat.)* Wenn alle zustimmen, bin ich auch dabei (wörtlich: schließe ich mich nicht aus). Ein Komma nach „non" würde den Sinn umkehren. Das „non" (nicht) würde dann die Zustimmung verneinen.

Myriaden *(griech.)* Eigentlich: Zehntausende. Hier: unendlich viele.

---

26 **Megäre** *(griech.)* Eigentlich: Rachegöttin der Griechen. Rasendes Weib.

Pasquill Schmähschrift. Im päpstlichen Rom heftete man Schmähschriften an die Statue des witzigen Schuhmachers Pasquino.

---

28 **Jeden ereilet endlich sein Tag** Nach einem Vers Vergils aus der *Aeneis* (X, 467): Stat sua cuique dies.

Rad Schwerverbrecher wurden früher aufs Rad geflochten, nachdem man ihnen die Glieder zerbrochen hatte.

---

30 **das garstige Laster** Die Krankheit Syphilis, von der der Mediziner Schiller hier eine krasse Schilderung gibt.

Ambrosia Speise der griechischen Götter (Ambrosia eigentlich: Unsterblichkeit).

Äsop Ein buckliger, mit Mutterwitz und Güte begabter phrygischer Sklave, der im 6. Jahrhundert v. Chr. gelebt haben soll. Er gilt als der älteste griechische Fabeldichter.

---

31 **wobei … ich verlieren muss** In allen neueren Ausgaben, die hierin den älteren Druckausgaben folgen, lautet diese Stelle: „Wobei leider freilich Karl verlieren muss". Wir folgen der Weimarer Ausgabe, die diese Textstelle nach einer alten Bühnenhandschrift berichtigt, die noch vor der Bühnenausgabe entstanden ist.

---

33 **Gichtrische Empfindungen** Schiller meint damit Krämpfe (Erl. der Weimarer Ausgabe).

den Körper vom Geist aus verderben Den zerstörenden Einfluss seelischer Schmerzen auf den Zustand des Körpers behandelt der junge Schiller auch in seiner Prüfungsschrift *Über den Zusammenhang der tierischen Natur des Menschen mit seiner geistigen* von 1780.

---

34 **Eumenide** *(griech.)* Die Griechen scheuten sich, den wirklichen unheilbergenden Namen der Rachegöttinnen (Erinnyen) auszusprechen, und gaben ihnen daher den Schmeichelnamen „Eumeniden" (Die Wohlwollenden).

Grazien *(griech. Charites)* In der griechischen Sage Göttinnen der Anmut und des Liebreizes.

Deus ex machina *(lat.)* In der griechischen Tragödie ließ man den Gott, der die Konflikte löste, mittels einer Maschine auf die Bühne schweben. Unvermittelt auftretende Personen, die eine Schwierigkeit lösen, bezeichnet man daher als Deus ex machina.

37 **das Treffen bei Prag** Am 6. Mai 1757 besiegte Friedrich II. bei Prag die Österreicher. Sein Feldmarschall Graf Schwerin fiel in dieser Schlacht (über die Datierung der *Räuber* durch dieses Ereignis vgl. Anm. zu S. 6).

Katastrophe *(griech.)* Im Drama der Wendepunkt der Handlung.

Eh soll die Kugel in ihrem Lauf zurückkehren Auch hier verbessert die Weimarer Ausgabe die bisher in allen neueren Ausgaben beibehaltene fehlerhafte Textstelle: Eh soll die Kugel in ihren Lauf zurückkehren. Lauf hier: (Flug-)bahn.

39 **Äacide** Bezeichnung für Achill als Enkel des griechischen Heros Äakos.

Das Lied von Hektors Abschied Außer der *Ilias*-Stelle (VI, 390) hat man für dieses Lied Einflüsse von Ossian, Plutarch und Klopstock festgestellt. Hektor ist der Sohn des trojanischen Königs Priamus und Gatte der Andromache. Während der Belagerung von Troja tötet er Achills Freund Patroklus im Zweikampf und fällt dann selbst der Rache des Achill zum Opfer.

Ilium Anderer Name für Troja. Nach dem Begründer Ilos, einem Sohn des Tros.

42 **Panier** Aus einer romanischen Nebenform von: Banner = Heerfahne. Urspr. gotisch: bandwa, bandwo = Zeichen.

45 **ruf dem Pastor** Der Dativ bei „rufen" ist in oberdeutschen Mundarten die Regel. Die Bezeichnung Pastor für Pfarrer kommt auch in einigen katholischen Gegenden Deutschlands vor. Sie steht also nicht im Widerspruch mit der katholischen Konfession der Familie Moor, auf die andere Stellen schließen lassen: so die von Karl Moor erwähnten „Messen" (IV, 5.).

Liverei *(frz.)* Die im 18. Jahrhundert übliche Form für Livree (Dienerkleidung).

46 **Ich hatte nichts als diesen Stab, da ich über den Jordan ging** Vgl. AT, 1. Mose 31, 10.

Kerles Neben dieser Form verwendet Schiller für die Mehrzahl auch: Kerl, Kerls und Kerle.

und haben vollauf Pulver auf die Pfanne geschüttet (Erl. der Weimarer Ausgabe).

Skrizler Ital. scrittore. Urspr.: Berufsschreiber. Hier verächtlich gebraucht.

Eselsohren deuten Durch eine entsprechende Geste als Dummkopf verhöhnen.

47 **Diem perdidi. Amici diem perdidi** *(Freunde, ich habe einen Tag verloren)* Ein Ausspruch des römischen Kaisers Titus nach einem Tage, der ohne gute Tat vergangen war.

sollt's dem Teufel um ein Ohr gelten Sollte es den Teufel ein Ohr kosten. Hier hat man vermutet, die Stelle sollte lauten: Sollt ich's dem Teufel um ein Ohr gelten (Anm. der Cottaschen Ausgabe).

hasselieren Frz. harceler = beunruhigen, plänkeln (Ausdruck der Militärsprache).

Vettel *(lat., mittelhochd.)* Altes, verkommenes Weib. Vgl. Veteran.

die übrig gebliebenen wenigen Edlen Gemeint sind die Zähne. Schiller parodiert damit eine von Klopstock gern gebrauchte Wendung: „Von der Zahl der übrig gebliebenen wenigen Edeln." (Erl. der Weimarer Ausgabe.)

48 **in der Gerste fressen** Mit der täglichen Nahrung aufnehmen. Vgl.: Mit der Muttermilch einsaugen.

Graubünden Wegen dieser Anspielung auf Graubünden verbot der Herzog Schiller jede weitere literarische Betätigung. Schiller wollte damit einen in Chur geborenen Aufseher der Militärakademie treffen (Erl. der Weimarer Ausgabe).

Physiognomik Eine besonders von dem Schweizer Lavater entwickelte Wissenschaft, die versucht, aus den Gesichtszügen den Charakter zu deuten.

Pelikan Eine Zange zum Zahnziehen, die einem Pelikanschnabel ähnelt.

49 **Diogenes** Griechischer Philosoph des 4. Jahrhunderts v. Chr. Hauptvertreter der „kynischen" (hündischen) Philosophie in ihrer Spätzeit. Diogenes verachtete die bürgerliche Lebensführung. Er demonstrierte seine Lehren durch sein bedürfnisloses Dasein und wurde dadurch zum Gegenstand vieler Anekdoten. Danach soll er in einer großen Tonröhre gehaust und mit der Laterne auf dem Markt von Athen am hellen Tage unter seinen Mitbürgern den wahren Menschen gesucht haben.

incidenter *(lat.)* Beiläufig. (Ausdruck aus der Rechtspflege.) Da es hierher gehört, zwischenhinein.

50 **den Zopf hinaufschlagen** Beim Spießrutenlaufen mussten die Soldaten den Zopf „hinaufschlagen", d. h. auf die Brust legen (Erl. der Weimarer Ausgabe).

Regensburg Der Sitz des Reichsgerichts war Wetzlar, das hier mit Regensburg, dem Sitz des Reichstags, verwechselt wird.

52 **Kapuziner** Ein Mönchsorden, der seinen Namen von der zur Tracht gehörenden Kapuze hat. Er ist 1528 als Abzweigung des Franziskanerordens entstanden.

Die Nürnberger henken keinen ... Nach der Sage der Ausruf eines den Nürnbergern entkommenen Raubritters Eppelein von Gailingen (gest. 1381). Bei Grimmelshausen (*Simplicissimus*, Ausgabe von 1669, Buch 4, Kap. 15) der Trostspruch des Buschkleppers Oliver (Erl. der Weimarer Ausgabe).

Feueresse des Plutos Pluto: der sonst auch Hades genannte griechische Unterweltsgott.

53 **Mordbläu** Frz. morbleu. Eigtl.: mort de Dieu (beim Tode Gottes). Ein umschriebener Fluch. Das „d" entstanden durch Anklang an: Mord.

54 **Gomorrha und Sodom** Die wegen ihrer Gottlosigkeit durch einen Feuerregen zerstörten biblischen Städte. Vgl. 1. Mose 19, 24.

infernalisch *(lat.)* Höllisch. Das Infernum ist die Hölle.

Schwank Schwank oder Schwang ist hier gleichbedeutend mit Schlag (Erl. der Weimarer Ausgabe).

panischer Schrecken Nach der griechischen Naturgottheit Pan, der die Hirten schreckt.

Lots Weib Auf der Flucht aus Sodom und Gomorrha sieht sie sich um und erstarrt zur Salzsäule (Vgl. Anm. oben).

55 **Moloch** Moloch oder Melek (König) ist eine der Bezeichnungen für die kanaanäischen Stammesgötter, die Herren über Leben und Tod. Im AT eine Gottheit der Ammoniter. Hier wie bei Milton und Klopstock der Name eines Teufels.

über den alten Kaiser plündern Auf Kosten des alten Kaisers plündern. Urspr.: Auf den alten Kaiser leben, d. h. auf seine Rechnung (Erl. der Weimarer Ausgabe).

56 **sich an etwas versehen** Durch einen schrecklichen Anblick verstört werden.

Jupiters Keile Schiller schreibt hier Keule, meint aber natürlich Keile, d. h. die Donnerkeile des Jupiters. In Übereinstimmung mit der Weimarer Ausgabe haben wir in unserem Text die eindeutige Schreibweise „Keile“ vorgezogen.

Pygmäen *(griech.)* Mit dem griechischen Wort für sagenhafte Zwergenmenschen bezeichnet die Völkerkunde noch heute die Zwergvölker Afrikas.

57 **der höllische Blaustrumpf** Blaustrumpf ist wie Blaufuß ein schwäbischer Name für den Teufel, bezeichnet dann aber auch einen heimtückischen Menschen (Erl. der Weimarer Ausgabe).

Kommissbrotritter Soldat. Kommiss bezeichnet Lieferungen für Soldaten. „Kommissbrot“ gibt es schon im 16. Jahrhundert. Lat. committere = anvertrauen.

das Kloak Hat im 18. Jahrhundert noch die engere Bedeutung von Abtritt (Erl. der Weimarer Ausgabe).

59 **jener erste abscheuliche Rädelsführer** Nach der Lehre der Kirche war Lucifer ursprünglich der Oberste der Engel. Am Schöpfungsmorgen ist er von Gott abgefallen und hat auch andere Engel zum Abfall verführt.

Menschen wägen ... keine Luftblase auf Vgl. Klopstocks *Messias* (10, 906): „... welchem Tadel und Lob der Menschen wie Blasen der Luft wiegt.“

60 **diesen Rubin zog ich einem Minister vom Finger** Mit den hier geschilderten Missständen zielt Schiller auf zeitgenössische Vorkommnisse in Württemberg.

Inquisition *(lat.)* Ketzergericht. Seit der Reformation gab es in Deutschland keine Inquisition mehr.

61 **Pharao** Ein Pharao erließ den Befehl, alle jüdischen Knaben zu töten. Vgl. 2. Mose 1, 22.

Rotte Korah Korah war ein Levit, der andere Genossen zu einer Verschwörung gegen Moses und Aaron aufwiegelte. Vgl. 4. Mose 16, 1.

Argus Der von Hera bestellte Hüter der Io, der überall am Körper Augen besaß.

Peru Nach der Eroberung durch Pizarro (1531) raubte man den Eingeborenen die reichen Goldschätze.

Ischariot Beiname des Judas, der den Herrn um 30 Silberlinge verriet.

das Ungeheuer am Nilus Vgl. die Bezeichnung „heuchlerische Krokodilsbrut", mit der Schiller im zweiten Auftritt des ersten Aktes die Menschheit bezeichnet.

64 **Amalias Lied** Nach den Erl. der Weimarer Ausgabe gehört dieses Gedicht zu der Gruppe der „Laura-Lyrik" und damit zu den „nachweislich spätesten Texterweiterungen"der *Räuber*.

65 **Seladon** Der Name eines verliebten Helden aus dem 1690 erschienenen Roman *Astrée* von Honoré d'Urfé.

Arkadien Arkadien ist neben Sizilien der Schauplatz der griechischen Hirtendichtung, die in ihren Idyllen das Landleben schildert.

Basiliskenanblick Basilisk: fabelhaftes Schlangenwesen mit tödlichem Blick.

67 **Meine Zunge trocken wie eine Scherbe** Vgl. Psalm 22, 16 und Klopstocks *Messias* (10, 707).

68 **hofmeistern** Adelige Familien hielten sich als private Erzieher und Hauslehrer für ihre Knaben einen „Hofmeister".

69 **Abbadona** Name des gefallenen Engels in Klopstocks *Messias*.

Paroxysmus *(griech.)* Höchste Steigerung eines krankhaften Zustandes.

70 **die Revier** Der weibliche Artikel bei Revier im 18. Jahrhundert häufiger; nach dem französischen: la rivière.

71 **der Mann mit dem vernichtenden Blick auf den Ruinen von Karthago** Gemeint ist der Römer Marius (157–83 v. Chr.), dessen Leben Plutarch beschrieben hat. Marius war ein erfolgreicher römischer Feldherr, der dann siebenmal Konsul wurde. Vor Sulla floh er nach Afrika. Als man ihn von hier vertreiben wollte, soll er gesagt haben: „Sagt dem Prätor, dass Ihr Marius als Flüchtling auf den Ruinen von Karthago gesehen habt".

72 **der Marschall von Sachsen** (1696–1750) Moritz von Sachsen, der Sohn Augusts des Starken, der während des österreichischen Erbfolgekrieges als Marschall in französischen Diensten Kriegsruhm erwarb.

Robin Berüchtigter englischer Räuber und Held der englischen Volksballade.

Seneca (ca. 4 v. Chr. bis 65 n. Chr.) Römischer Philosoph und Dichter, der in seiner Philosophie die stoische Lehre vertritt. Senecas *Briefe über die Moral* (Epistolae morales) waren im 18. Jahrhundert eine beliebte Schullektüre.

76 **balsamisch** Balsam: Wohlgeruch, linderndes Heilmittel. Urspr. gewonnen aus dem arabischen Balsamstrauch.

Treffen bei Arbela Bei Arbela besiegte Alexander der Große 331 die Perser.

78 **der Sofa** Der männliche Artikel bei Sofa ist im 18. Jahrhundert ganz allgemein üblich.

80 **Schokolade** Schiller gebrauchte hier bei Schokolade noch den männlichen Artikel.

83 **podagrischer Moralist** Podagra (*griech.*, *lat.*) = Fußgicht. Podagrisch: Fußkrank.

85 **Jemini** Interjektion, meistens in der Form: Jemine. Entstanden aus: Jesu Domine (Herr Jesus).

Schweißfuchs Pferd von weißlich braunroter Farbe (in der Jägersprache: Schweiß = Blut).

ein Eimer zwanzig Mundartlich für: etwa 20 Eimer Wein (ein Eimer = 200 Liter).

87 **Presser** So heißt in Württemberg der Steuereintreiber. Vgl. in Schillers Gedicht *Die schlimmen Monarchen*: „... des Himmels fürchterliche Presser".

92 **Kunkel** Spinnrocken. An der Kunkel haben: Ausspinnen, anzetteln.

93 **Bettel** Eine besondere Runde in einem schwäbischen Kartenspiel.

Sirenen Verführerische Meerjungfrauen der griechischen Sage, die durch ihren Gesang die Schiffer betören.

94 **der Römergesang** Nach Motiven Shakespeares und nach Plutarch.

Karl Moors Monolog Vgl. dazu Hamlets Monolog über „Sein oder Nichtsein".

Philippi Bei Philippi besiegten die Triumvirn Oktavian und Antonius die Heere von Brutus und Cassius.

96 **Perillus** Ein Erzgießer, der für den Tyrannen Phalaris von Agrigent einen ehernen Stier anfertigte, in dessen Bauch Menschen verbrannt werden konnten.

97 **mein Rabe** In der biblischen Geschichte wird der Prophet Elia durch Raben mit Speisen versorgt (1. Könige 17, 6).

101 **Belial** *(hebr.: unnütz)* Heillosigkeit, Verderben. Auch personifiziert als: der Böse, der Verderber. Im NT auch Bezeichnung für den Satan. Vgl. 2. Kor. 6, 15. Im AT: Gott der Phönizier.

105 **Franz Moors Traum** Neben Beziehungen zu dem Höllentraum des Clarence in Shakespeares *Richard III.* und zu Klopstocks *Messias* (4, 64) lassen sich in diesem Traum viele Anklänge an Bibelstellen des AT nachweisen.

107 **Pastor Moser** In dieser Figur hat Schiller seinen Lorcher Lehrer, den Pfarrer Philipp Ulrich Moser, verewigt.

111 **über alle Häuser hinauswerfen** Ganz ableugnen, verwerfen. Schwäb. Redensart.

Postille Nach den Evangelistenstellen (post illa verba) wurden die Predigten der Kirchenväter verlesen. Postille: Predigtbuch.

112 **grass** Im 18. und frühen 19. Jahrhundert stand „gras" gleichberechtigt neben „grässlich", wobei nur ein volksetymologischer Zusammenhang vorliegt. Namentlich in Schillers Werk tritt „grass" häufig auf, meist zur Beschreibung von Gesichtsausdruck, Blick oder Stimme eines Lebewesens. Im vorliegenden Fall ist „grass" mit „wild, starr, stier, grell" zu übersetzen, womit die von Angst, Verzweiflung und Wahnsinn geprägte Verfassung des Franz zum Ausdruck gebracht wird.

115 **wie der Tau, der vom Hermon fällt** Vgl. Psalm 133, 1–3. Der Hermon ist die höchste Erhebung des Antilibanon.

119 **Dido** Königin von Karthago, die von Äneas verlassen wurde und sich darauf selbst tötete. Vgl. Schillers *Dido*, eine freie Übersetzung des 4. Buchs der *Äneide*.

MATERIALIEN

Sturm und Drang

Anders als im benachbarten Frankreich äußerte sich in Deutschland die Unzufriedenheit mit den politischen Verhältnissen primär ästhetisch: Anstelle einer gesellschaftlichen kam es einstweilen nur zu einer literarischen Revolution, einem dichterischen Protest der aufmüpfigen Jugend gegen die Fremdbestimmung in einer patriarchalen Gesellschaft. Gefordert wurde dabei nicht zuletzt eine andere Gefühlskultur; entsprechend suchte man nach normsprengenden Formen, neuen Sprachmöglichkeiten und provokanten Themen. Die durchschlagende Wirkung von Schillers Stück *Die Räuber* nach seiner Uraufführung in Mannheim 1782 belegt eindrucksvoll das aufgestaute Bedürfnis nach neuen Ausdrucksweisen.

Der junge Friedrich Schiller
© picture alliance / akg-images / Historisches Auge

Die literarische Revolution (Ernst und Erika von Borries, 1991)

(…) Reformen setzen die Einsicht in die Ursachen von Konflikten voraus, und Revolutionen bedürfen des Drucks der Straße, der Gewalt der Massen. Die territoriale Zersplitterung Deutschlands mit seinen so unterschiedlich regierten Einzelstaaten ließ zu keinem Zeitpunkt eine echte revolutionäre Situation entstehen. Jene Solidarität der Unterdrückten, wie sie im zentralistisch regierten Frankreich rasch mit den Pariser Aufständischen entstand, konnte es in diesem Sammelsurium politischer Realitäten, die von relativer Liberalität bis zu schlimmem Despotismus reichten, nicht geben. So bildete sich in den siebziger Jahren eine im Protest geeinte kleine Gruppe Intellektueller, die sich als „Stürmer und Dränger" wider die politische, moralische und poetische Determiniertheit fühlten, dann aber, unfähig zu politischer Handlung, ihre revolutionäre Kraft fast ausschließlich literarisch ausagieren. (Ursprünglich Titel eines 1776 von Friedrich Maximilian Klinger verfassten Dramas, übernahmen

Die Räuber. Ein Schauspiel von fünf Akten, herausgegeben von Friderich Schiller.
Zwote verbesserte Auflage.
Frankfurt und Leipzig. bei Tobias Löffler. 1782.

Titelseite der 2. Ausgabe von 1782

© picture alliance / akg-images

die Jungdichter selbst die Bezeichnung „Sturm und Drang" für ihre Bewegung.) Auch ließ ihre verstreute geistige Anhängerschaft keine politische Front entstehen. (…) Ihre angestauten Energien setzten die jungen Rebellierenden im Kampf um privat-ideelle Freiheiten ein. Radikal lehnten sie (immer noch utopisch genug) alle Fremdbestimmung durch Moral, Konvention, elterliche Willkür der gesellschaftlichen Hierarchie ab und forderten die absolut freie Entfaltung all ihrer seelischen und körperlichen Kräfte. Nicht Gegenbewegung zur Aufklärung und Empfindsamkeit ist der Sturm und Drang, sondern die radikale Konsequenz der Erkenntnis und Erfahrungen jener Strömungen. Das unvergleichliche Individuum, durch kritischen Verstand und durch empfindsame Gefühlsfähigkeit ausgezeichnet, forderte nun in einem letzten Schritt Befreiung von jeglicher Fessel; Tugend und vernünftige Anpassung, Ruhe und Zufriedenheit empfanden die Stürmer und Dränger eher als Hindernis denn als Weg zur Glückseligkeit; ihr ganzes Ich, nur sich selbst gehorchend, wollten sie leben. (…) Besonders intensiv glaubten sich die Stürmer und Dränger in ihren Leidenschaften zu erfahren, die Rousseau als Natur verkündet hatte; die bis zum Rausch gesteigerte Gefühlsintensität – mochte sie auch zerstörerisch wirken – erhoben sie zur Kraft und Waffe gegen die Macht reglementierender Traditionen. Ihr normsprengendes Lebensgefühl äußerten sie in ihrer Dichtung; vor allem in Lyrik und Drama konnte es sich beweisen, indem es Form, Sprache und Thematik revolutionierte. Im realen Leben änderte sich nicht viel: ein rauher Umgangston, ein wenig Nacktbaden, offenes Haar statt Perücke, offener Schiller-Kragen statt Krawatte, mehr konnte man nicht wagen. Bis literarisch propagierte Freiheiten allgemeine Norm werden konnten, bedurfte es noch stürmischerer und längerer Prozesse.

Ernst und Erika von Borries: *Aufklärung und Empfindsamkeit, Sturm und Drang.* Deutsche Literaturgeschichte, Bd. 2. München: DTV, 1991, S. 191 f.

Die Räuber als Sturm und Drang-Drama? (Ernst und Erika von Borries, 1991)

Schillers Drama, zeitlich schon von den Hauptwerken des Sturm und Drang entfernt, ist nicht mehr eindeutig dieser Epoche zuzuschreiben. Wohl gibt es die oppositionelle Grundstimmung der intellektuellen Jugend Ende der siebziger Jahre wieder: ihre Wut über die Machtstrukturen des aufgeklärten Absolutismus, die dem Genie keine Möglichkeiten der Entfaltung ließen; ihr berauschendes Gefühl einer unbegrenzten Tatkraft, die nach Befreiung von den Fesseln religiöser und moralischer bürgerlicher Ordnungen drängte. Schiller konkretisiert in seinem Stück diese „enthusiastischen Träume von Größe und Wirksamkeit“ (Vorrede zur ersten Auflage, 1781), zeigte aber dabei vor allem die Gefahren solchen Freiheitstaumels, solcher durch keine Moral eingedämmten Kraft. Die Hybris, sich gottgleich, unabhängig vom Schicksal zu wähnen und seine Bestimmung allein in sich selbst zu suchen, entlarvte er als tödlichen Irrtum. Schiller, der von der Notwendigkeit einer vernünftigeren und besseren Welt überzeugt war, wollte – ganz aufklärerisch – die Menschen von der Bühne herab erziehen; bei allem Vernunftoptimismus aber stellte er dem weltfremden empfindsamen Tugendideal der Hochaufklärung, ihrer Utopie einer ständeübergreifenden Humanität die „Fratze“ der menschlichen und der gesellschaftlichen Realität entgegen. Die ganze Natur des Menschen, seine Extremmöglichkeiten zwischen Himmel und Hölle, wollte er dem Publikum vor Augen führen – darin nahm er, ganz Stürmer und Dränger, Shakespeare zum Vorbild.

Ernst und Erika von Borries: *Aufklärung und Empfindsamkeit, Sturm und Drang.* Deutsche Literaturgeschichte, Bd. 2. München: DTV, 1991, S. 267.

Voraussetzungen und Entstehung

Nach dem Zeugnis von Schillers Schwester Christophine (1757–1847) konnte der damalige Zögling an der Karlsschule an seinem Stück nur heimlich, vorwiegend nachts im Krankensaal, arbeiten. Zu seinen Quellen gehörten neben Christian Friedrich Daniel Schubarts Erzählung *Zur Geschichte des menschlichen Herzens* (1775) über den Konflikt zwischen zwei Brüdern und ihrem Vater und anderen literarischen Werken vor allem jene Erzählungen und Berichte über die diversen Räuberbanden, die seinerzeit in Deutschland ihr Unwesen trieben, aber auch Schillers medizinische Dissertation, in der er sich nicht zuletzt mit dem Gegensatz von Geist und Körper, Verstand und Trieb beschäftigte. Schillers Philosophielehrer Jacob Friedrich Abel (1751–1829) kam dabei eine wichtige Rolle als Vermittler zu. Der eindrucksvolle Bericht über Schillers erste Lesung aus dem Stück im Kreis seiner Kameraden stammt von Karl Heideloff (1789–1865), dem Sohn von Schillers damaligem Mitschüler Viktor Heideloff (1757–1817).

Die Räuber als Produkt heimlicher Nachtarbeit (Christophine Schiller, o. J.)

Die Zöglinge der Akademie durften abends nur bis zu einer bestimmten Stunde Licht brennen. Da gab sich Schiller, dessen Fantasie in der Stille der Nacht besonders lebhaft war und der in den Nächten sich gern selbst lebte, was der Tag nicht erlaubte, oft als krank an, um in dem Krankensaale der Vergünstigung einer Lampe zu genießen. In solcher Lage wurden die *Räuber* zum Teil geschrieben. Manchmal visitierte der Herzog den Saal; dann fuhren die *Räuber* unter den Tisch; ein unter ihnen liegendes medizinisches Buch erzeugte den Glauben, Schiller benutze die schlaflosen Nächte für seine Wissenschaft.

Schillers Leben dokumentarisch in Briefen, zeitgenössischen Berichten und Bildern. Zsgest. von Walter Hoyer. Köln: Kiepenheuer & Witsch, 1967, S. 38.

Schubart und andere Quellen des Stücks (Norbert Oellers, 2005)

Ob Schiller schon 1776 oder erst 1777 beschlossen hat, ein Bruderzwist- und Räuber-Drama zu schreiben, ist ebenso ungewiss wie belanglos. Gewiss ist, dass die Wurzeln des Stücks ins Jahr 1775 zurückreichen. In diesem Jahr hatte Christian Friedrich Daniel Schubart seine Erzählung *Zur Geschichte des menschlichen Herzens* veröffentlicht, in der es heißt:

„Ein B...... Edelmann (...) hatte zween Söhne von sehr ungleichem Charakter. / Wilhelm war fromm, wenigstens betete er, so oft man es haben wollte, war streng gegen sich selber und gegen andere, wann sie nicht gut handelten, war der gehorsamste Sohn seines Vaters, der emsigste Schüler seines Hofmeisters (...). / Carl hingegen war völlig das Gegenteil seines Bruders. Er war offen, ohne Verstellung, voll Feuer, luftig, zuweilen unfleißig, machte seine Eltern und seinem Lehrer durch manchen jugendlichen Streich Verdruss (...)."

Carl führt zunächst ein höchst lasterhaftes Leben, beschließt aber bald, auf den Pfad der Tugend zurückzukehren, und bittet in einem „zärtlichsten Brief" den Vater um Vergebung. Der Brief wird von Wilhelm abgefangen; dieser will, da er den Vater allein beerben will, die Aussöhnung verhindern; er schmiedet auch, um möglichst schnell in den Besitz des Erbes zu gelangen, ein Mordkomplott, dem der Vater nur dank dem beherzten Eingreifen Carls (der sich „anderthalb Stunden von dem Rittersitze seines Vaters" als Knecht verdungen hat) entgeht. Wilhelm muss dem Vater „aus den Augen", aber Carl „wohnet noch bei seinem Vater und ist die Freude seines Lebens und die Wollust seiner künftigen Untertanen."

Diese Geschichte, die den *Räuber*-Plan angeregt hat, war Schiller entschieden zu harmlos. Er sah sich in Kriminalakten um, stieß in Cervantes' *Don Quichotte* auf den edlen Räuber Roque Guinart, ließ sich von seinem Lehrer Abel berichten, was sich mit dem sogenannten Sonnenwirt Friedrich Schwan aus dem württembergischen Ebersbach zugetragen hatte (aus gekränkter Ehre hatte er ein Räuberleben geführt und war 1760 hingerichtet worden), und trug, als er sein Stück ausarbeitete, Einzelheiten aus der von ihm gelesenen Dramenliteratur zusammen (aus Gerstenbergs *Ugolino*, Goethes *Götz*, Klingers *Die Zwillinge* und *Otto*, Leisewitz' *Julius von Tarent*, Shakespeares *Richard III*. und *Othello* u. a.). Wie sehr er vertraut war mit der Bibel und den Werken Klopstocks, wird an verschiedenen Stellen der *Räuber* deutlich. Und weiter: In dem Drama weht erkennbar der Geist Jean-Jacques Rousseaus, dessen Gleichheits- und Freiheitsparolen, dessen leidenschaftliche Anklagen gegen Feudalismus und Sittenverfall der Herrschenden den Carlsschüler – vermutlich seit 1776 – ebenso begeisterten wie Plutarchs *Vitae parallelae*, die vergleichenden Lebensgeschichten berühmter Griechen und Römer, die dem jungen Dichter, der das Werk 1779 zum ersten Mal las, vor Augen führten, wie groß und erhaben Menschen einmal gewesen waren und vielleicht wieder werden könnten – wenigstens in der Dichtung. (…)

Norbert Oellers: *Schiller – Elend der Geschichte, Glanz der Kunst.* Stuttgart: Reclam, 2005, S. 110–113.

Die Räuberwelt zwischen Romantisierung und sozialer Wirklichkeit (Rüdiger Safranski, 2004)

(…) Sich in Räuber hineinzuträumen heißt: seinen Ort imaginativ am Rand der Gesellschaft oder in ihrem Untergrund suchen. / Zweifellos ist eine solche Räuberwelt eine romantisierte, eine andere also, als sie von der sozialen Wirklichkeit am Ende des 18. Jahrhunderts vorgebracht wurde. Räuberbanden waren damals, insbesondere in Süddeutschland und Schwaben, eine wahre Landplage. Die amtlichen Gauner- und Vagantenlisten wiesen in den achtziger Jahren allein für Süddeutschland eine Anzahl von etwa vierzigtausend solcher Individuen nach. Mehrere große, weitverzweigte und gefürchtete Banden trieben ihr Unwesen, wir nennen es heute: organisierte Kriminalität. Ganze Dörfer wurden in verwegenen Handstreichen überwältigt, Schutzgelderpressungen, Einbrüche, Überfälle, auch Auftragsmorde wurden begangen, Schmuggel im großen Stil betrieben. Zwischen den harten Kern der Räuber und der Welt der Normalität schob sich eine beträchtliche Zwischenwelt aus Mitwissern, sporadischen Komplizen, kleinen Gaunern, Landstreichern und anderen fahrenden Leuten, sogenannten „Jauner". Diese Räuber- und „Jauner"-Welt rekrutierte sich aus landlosen Bauern, arbeitslosen Knechten, stellungslosen Magistern, verwahrlosten Studenten, wandernden Handwerksgesellen und ehemaligen Soldaten. Es gab berühmte und berüchtigte Bandenführer, Hannikel im Schwarzwald, Stülpner im Erzgebirge, Schinderhannes in der Pfalz und den Sonnenwirt in Schwaben. Über den erfuhr Schiller genaue Einzelheiten von seinem Lehrer Abel, dessen Vater als Amtmann den Sonnenwirt verhaftet, verhört und die Akten geführt hatte bis zur Hinrichtung des Verbrechers. Über diesen berüchtigten Mann wird Schiller später die Erzählung *Der Verbrecher aus verlorener Ehre* schreiben (…). Schiller wusste zu unterscheiden zwischen dem romantisierten Bild der Räuber und ihrer sozialen Wirklichkeit. Karl Moor warnt Kosinsky, der in die Bande aufgenommen werden möchte: „Hat dir dein Hofmeister die Geschichte des Robins in die Hände gespielt …, die deine kindische Fan-

Hinrichtung des Räuberhauptmanns Schinderhannes 1803 in Mainz
© picture alliance / akg-images

tasie erhitzte und dich mit der tollen Sucht zum großen Mann ansteckte?" (...) Aber Schiller war doch auch fasziniert vom Phänomen des Räubertums. In der Selbstrezension des Stückes reflektiert er darüber: „Ich weiß nicht, wie ich es erklären soll, dass wir umso wärmer sympathisieren, je weniger wir Gehilfen darin haben; dass wir dem, den die Welt ausstößt, unsere Tränen in die Wüste nachtragen; dass wir lieber mit [Robinson] Crusoe auf der menschenverlassenen Insel uns einnisten, als im drängenden Gewühle der Welt mitschwimmen. Dies wenigstens ist es, was uns in vorliegendem Stück an diese äußerst unmoralische Jaunerhorde festbindet (...)". Schiller weiß also, dass er die *Räuber* gewählt hat auch aus einem Gefühl der Platzangst in der geschlossenen Gesellschaft der braven Leute.

Rüdiger Safranski: *Schiller oder Die Erfindung des Deutschen Idealismus*. München: Carl Hanser Verlag, 2004, S. 104–106.

Die Bedeutung von Schillers medizinischer Ausbildung für das Stück (Peter-André Alt, 2004)

In Schillers medizinische Qualifikationsschriften gehen die durch [Schillers Philosophielehrer Jacob Friedrich] Abel vermittelten Kenntnisse ebenso wie die sie stützenden erfahrungswissenschaftlichen Argumentationsformen sichtbar ein. (...) Die leiblich-seelische Grunddisposition des Menschen avancierte für den jungen Studenten zum Problemfall, an dem sich die Verheißungen und Grenzen der aufgeklärten Vernunft studieren lassen. Seine Leitfrage lautet, wie die geistige Freiheit des Individuums denkmöglich sein kann, wenn es doch zugleich durch die Welt seiner Triebe versklavt scheint. In grundsätzlicher Intention schließen die Dissertationen zwei Extrempositionen aus ihrem Wertkosmos aus, denen sie keine wissenschaftliche Lösungskompetenz bei der Auseinandersetzung mit dem psychophysischen Apparat des Menschen zutrauen: die rationalistische Metaphysik des Cartesianismus bzw. der Leibniz-Wolffschen Schulphilosophie, deren Vertrauen in eine okkasionell (von Fall zu Fall) herstellbare bzw. prästabilierte (vorausentworfene) Schöpfungsharmonie Schiller für eine Illusion hielt, und den (vor allem in Frankreich verbreiteten) Materialismus (Lamettrie, Helvétius, d'Holbach), in dem der Doktorand eine radikale Form der Beschränkung auf seine Triebe, damit eine Negation der im Einzelnen angelegten Selbstbestimmungspotenziale erblickte. (...) Die spekulativ anmutende Konstruktion einer ‚Mittelkraft' (...) soll in der *Philosophie der Physiologie* [Schillers 1779 abgeschlossene Dissertation] einen methodischen Kompromiss zwischen der Logik der materiellen Repräsentation und der abstrakten Geistmetaphysik wolffianischer Provenienz herstellen. Die funktionale Korrespondenz von Leib und Seele beschreibt der junge Schiller als Akt der Balance, der die stofflichen und intelligiblen Sphären harmonisiert. Die Mittelkraft leistet einen Beitrag zur Reduktion jener Komplexität, die der reine Körper oder das reine Denken bedeuten; sie schafft im gesunden Organismus ein ausgewogenes Verhältnis von Physis und Psyche – das ideale Stadium der austarierten Impulse, das Schillers klassische Schönheitslehre als maßgeblichen Effekt der ästhetischen Erfahrung beschreiben wird.

Das Schauspiel *Die Räuber*, an dem Schiller während seiner letzten Akademiejahre arbeitet, trägt die Spuren der theoretischen Studien, die der Eleve seit 1778 betrieb. In mancher Hinsicht lässt sich das Drama als szenischer Kommentar zu den anthropologischen Grundannahmen der medizinischen Dis-

Schillers *Räuber*-Lesung im Bopserwald vor Kameraden

© picture alliance / akg-images

BIOGRAFIE

WORT- UND SACHERKLÄRUNGEN

MATERIALIEN

sertationen lesen. Beispiele für diesen Befund liefern Franz Moors großer Monolog im zweiten Akt, in dem er über den Zusammenhang zwischen Geist und körperlicher „Maschine" (...) nachsinnt, sowie die erste Szene des fünften Akts, die den Einfluss der Gewissensangst auf den Leib demonstriert (die zweite Dissertation führt 1780 genau diesen Passus in spielerischem Selbstzitat unter dem falschen Hinweis *Life of Moor. Tragedy by Krake* als Beleg für psychosomatische Vorgänge an [...]). Wenn Franz am Ende von einem aus Schuldgefühl und Angst geborenen Traum heimgesucht wird, der als „leibhaftig Konterfei vom jüngsten Tage" (...) erscheint, so bekräftigt das die Macht jener ‚dunklen Vorstellungen' (‚perceptiones obscurae'), auf deren Wirksamkeit Abels psychologische Vorlesungen – angelehnt an die Studien Johann George Sulzers – hinzuweisen pflegten.

Peter-André Alt: *Friedrich Schiller.* München: C. H. Beck, 2004, S. 22 f.

Vortrag vor Kameraden der Karlsschule (Karl Heideloff, 1856)

Da (...) ästhetische Besprechungen im Krankenzimmer bei der ängstlich-strengen Aufsicht zu beschränkt und kärglich waren, so beschloss Schiller mit seinen Kameraden, die Gelegenheit des nächsten Spaziergangs zu benutzen, um an einem ruhigen und ungestörten Orte die *Räuber* zur Beurteilung und zum Genuss, wie Schiller es gerne tat, vorzutragen. Als (...) sie in Begleitung des Hauptmanns und der andern Zöglinge am frühen Morgen eines schönen Sonntags des Mai über die Weinsteige in das sogenannte Bopserwäldchen ein Spaziergang machten, sonderten sich die in den Plan Eingeweihten ihrer Verabredung gemäß von den andern ab, und durch die Nachsicht des Hauptmanns mit etwas Freiheit begünstigt, gingen sie tiefer in den Wald hinein. Hier lagerten sie sich, ihren Schiller umkreisend, der auf den hervorstehenden Wurzeln eines der stärksten Fichtenbäume Posto gefasst hatte. An demselben Baum lehnte sich Schlotterbeck als nächster Zuhörer, neben ihm auf dem Stamm eines gefällten Baumes saß von Hoven, rechts auf dem Rasen Kapf, etwas zurück stand Heideloff und entfernter neben Letzterem Dannecker. Nach Heideloffs, von Hovens und Schlotterbecks Angabe war Schillers Stimmung während seines Vortrags eine sehr heitere, mit sichtbarem Ausdruck seines behaglichen Gefühls der errungenen Freiheit und der Einsamkeit, in Umgebung des Waldes und der Freundschaft. Seine Deklamation war anfänglich eine ruhige. Als er aber zur Stelle der fünften Szene des vierten Akts gelangte, wo Räuber Moor mit Entsetzen seinen tot geglaubten Vater vor dem Turm anredet, steigerte sie sich in dem Grade, dass seine Freunde, mit gespannter Aufmerksamkeit, Aug' und Ohr ihm zugewandt, durch den Ausbruch seines Affekts in Bestürzung gerieten, durch die Großartigkeit seiner Arbeit aber in Erstaunen, Bewunderung und in fast endlose Beifallsbezeugungen übergingen.

Schillers Persönlichkeit. Urtheile der Zeitgenossen und Documente gesammelt von Max Hecker und Julius Petersen. 3 Bände in einem Band. Hildesheim, New York: Georg Olms Verlag, 1976, Bd. II, S. 9 f.

Form und Sprache

Schillers *Räuber* bezeugen ebenso wie Goethes Rede *Zum Shäkespears Tag* (1771) den gewaltigen Einfluss, den die Stücke William Shakespeares auf die damals junge deutsche Autorengeneration hatte und der zur Aufsprengung der tradierten Einheit von Ort, Zeit und Handlung führte. Der Schiller-Biograf Rüdiger Safranski zeigt, wie sich der Unterschied zwischen den Brüdern Karl und Franz Moor auch in ihrer Sprache manifestiert.

Gesprengte Einheit von Ort, Zeit und Handlung (Peter-André Alt, 2004)

Schillers Debütdrama folgt dem an Shakespeare geschulten Zeitgeschmack, indem es die klassizistische Einheit von Ort, Zeit und Handlung sprengt. In der Vorrede zur Erstausgabe erklärt Schiller, sein Werk lasse sich nicht in die „allzuenge(n) Palisaden des Aristoteles und Batteux einkeilen" (…). Die Technik des rasanten Schauplatzwechsels, wie sie Goethes *Götz von Berlichingen* und Lenz' *Hofmeister* bereits vorgeführt hatten, verschafft dem Text eine eigene Dynamik, zumal die wechselnden Szenen ihre eigene Zeichensprache als Chiffren für die innere Disposition der Figuren entfalten; während Karl (mit Ausnahme seines ersten Auftritts in der verkommenen Schenke an den Grenzen Sachsens) auf dem Schauplatz der offenen Natur agiert, bleibt dem Intriganten Franz das gräfliche Schloss mit seinen weiten Zimmerfluchten zugeordnet. Die „Zeit des Schauspiels" erstreckt sich, wie das Personenverzeichnis erläutert, über „zwei Jahre" (was die aristotelische Regel von der Beschränkung der Tragödienhandlung auf einen Sonnenumlauf klar verletzt) (…). Die

Architektur des Bühnengeschehens selbst gewinnt durch die Integration von Liedern (II,2, III,1, IV,5) und Erzählungen – Spielbergs Bericht vom Klosterabenteuer (II,1), die Geschichte Kosinskys (III,2), der Rapport des Vaters (IV,5) – einen offenen Charakter, der auch einen Einfluss Shakespeares erinnert.

Schiller hat sein Drama mit intertextuellen Referenzen verbunden, die ein dichtes Netz innerer Verweisungen entfalten. Dass Karl Moor dem Muster des edlen Räubers Roque Guinart aus Cervantes' *Don Quichotte* nachgestaltet sei, hat Schiller, wie sich sein Mitschüler Conz erinnert, selbst eingestanden; hinzu kommen Bezüge zum reumütigen Teufel Abbadona aus Klopstocks *Messias,* als dessen Nachfolger sich Karl sieht, und zur Figur des Robin Hood, die der Autor durch den ersten Band von Thomas Percys *Reliques of Ancient English Poetry* kennengelernt hatte (...). In der Vorrede nennt er wiederum Euripides' Medea, Miltons Satan und den eingefleischten Teufel Adramelech aus dem *Messias* als Vorbilder für die Gestalt des Franz Moor (...). Diese Bezüge deuten auf eine gemeinsame Triebfeder zurück, die das Handeln der Protagonisten in Gang hält: den Impuls der Normverletzung, der Karl und Franz gleichermaßen über die Grenzen der Konvention hinausführt.

Peter-André Alt: *Friedrich Schiller*. München: C. H. Beck, 2004, S. 24 f.

Die Sprache von Schillers Stück (Ernst und Erika von Borries, 1991)

(...) Das ist die schockierende Sprache der Stürmer und Dränger, ihr ins Kolossalische und Extreme gesteigertes Selbstgefühl. „Auf den Boden stampfend", „aus vollem Halse lachend", den Degen auf den Tisch werfend wird Karl laut Bühnenanweisung gezeigt. Sein wilder aufklärerischer Gestus, auch seine republikanische Begeisterung sind jedoch nicht so ernst zu nehmen, sie sollen vielmehr die revolutionäre Energie veranschaulichen, die in Karl steckt, seine übertriebene Empfindung, die er, wie die Stürmer und Dränger allgemein, mit Tatkraft gleichsetzt, und der er zum Opfer fallen wird. Der „lohe Lichtfunke Prometheus'" wird in den Händen des Menschen leicht zur vernichtenden Flamme, die auch das eigene Ich zerstört.

Ein gewisser Widerspruch liegt in Karls Person, der hier wilde Schimpfreden führt und sich rebellisch gebärdet, dabei aber bereits den Reuebrief an seinen Vater geschrieben hat. Sein Kamerad Spielberg, Karls *Alter Ego* und böser Geist in einem, der selbst von einer Verbrecherkarriere träumt, will Karl zur Fortsetzung des „freien" Lebens animieren, aber, in Erwartung der väterlichen Verzeihung, behauptet sich dessen andere, edlere Natur. (...)

Die Tugenden der Sanftmut und Gelassenheit über Bord werfend, steigert sich Karl zu wilder Aggression; Feuer, Tiger, wilde Bären werden Symbole seines Hasses, ozeanisch unbeschränkte Kraft begehrt er in seiner Rachelust. Rasch verkehrt sich für ihn die Welt der erinnerten und erträumten Harmonie in ihr extremes Gegenteil, in eine Welt, die von Schwertern und Feuer, von Verrat, Feindschaften und Verderben gezeichnet ist.

Dennoch spricht Karl selbst in diesem Augenblick stürmischster Rebellion eine auffallend nominale Sprache. Die kraftgenialische Emotionalität der Stürmer und Dränger machte sich Luft in einem dynamischen Verbalstil (in dem die sinntragenden Wörter ausdrucksstarke Verben waren), doch Schiller lässt Karl Moor noch im höchsten Affekt, den die Satzfetzen und Ausrufe signalisieren, Substantive auf Substantive häufen, d. h., er unterlegt dem Pathos der Verzweiflung einen statischen Nominalstil, der auf verstandesmäßige Reflexion verweist. Dass die Vernunft auch im Augenblick der Leidenschaft nicht ganz ausgeschaltet scheint, lässt Hoffnung auf vernünftige Einsicht und Umkehr zu. Abstrakta wie „Vatertreue, Liebe, Reue, Gnade, Vertrauen" usw. deuten auf die sittliche und religiöse Weltordnung hin, die für Karl zusammengestürzt ist und auf die er sich doch gerade erst besonnen hatte. Seine Ausdrucksweise verrät, dass er die Orientierung an dieser Weltordnung im Grunde nicht aufgegeben hat. (...)

Ernst und Erika von Borries: *Aufklärung und Empfindsamkeit, Sturm und Drang.* Deutsche Literaturgeschichte, Bd. 2. München: DTV, 1991, S. 271–273.

Ethik und Ästhetik in Schillers Stück

Über die Zusammenhänge zwischen Ethik und Ästhetik haben sich vermutlich nur wenige Schriftsteller so viele Gedanken gemacht wie Friedrich Schiller, für den gerade das Theater eine „moralische Anstalt" sein sollte (*Was kann eine gute stehende Schaubühne eigentlich wirken?*, 1784). Er war wohl auch der erste, der nach der Funktion und Attraktivität „böser" Themen oder Figuren in der Literatur fragte und danach, wie es möglich ist, dass der Rezipient gerade Bösewichte anziehend finden kann bzw. welche literarischen Kniffe nötig sind, damit der Leser bzw. Zuschauer den bösen Protagonisten sympathisch findet und mit seinem Schicksal mitleidet. Dabei verdeutlichen seine diversen poetologischen Reflexionen zu den *Räubern* (wie die *Unterdrückte Vorrede* von 1781 oder die *Selbstrezension* von 1782) ebenso wie etwa der Anfang seiner Erzählung *Der Verbrecher aus verlorener Ehre* von 1786, dass der Dichter nicht nur von einem ethischen, sondern auch von einem psychologischen Interesse motiviert war und auf die Komplexität menschlicher Antriebe und Motive aufmerksam machen wollte – jenseits einer simplifizierenden Gut/Böse-Unterscheidung.

War Schiller ein Kriminalschriftsteller? (Gero von Wilpert, 2009)

Leser von Kriminalromanen oder -erzählungen kommen bei Schiller nicht auf ihre Kosten, und die Feinschmecker von Detektivgeschichten erst recht nicht. Schließlich erzählen Krimis ja auch nicht von den edelmütigen Handlungen, die sonst Schillers Erzählungen und Balladen bestücken. Zwar galt sein Interesse den großen Menschen und durchaus auch den großen Verbrechern. Daher gibt es reichlich Morde in den Dramen (*Die Räuber, Fiesco, Die Braut von Messina*, evtl. auch *Wallenstein* und *Wilhelm Tell*) und in der Ballade (*Die Kraniche des Ibykus*), so dass im Gesamtwerk genug Blut fließt, das Publikum bei der Stange zu halten. Aber diese Morde geschehen mehr hinter der Bühne oder im Waldesdickicht und nicht in den wenigen Erzählungen Schillers, der die sozialpsychologischen Hintergründe des Verbrechens und die psychologische Plausibilität der Figuren testen möchte.

(...)

In seinem schmalen Erzählwerk, das ihm ja nur als Stiefbruder der Dichtung galt, stehen eigentlich nur zwei Titel annähernd unter Kriminalverdacht: Schillers einzige größere Erzählung, das Fragment *Der Geisterseher*, geschrieben, um der *Thalia* einen größeren Leserkreis zu gewinnen, benutzt Techniken und Elemente der Geister- und der Kriminalgeschichte mit detektivischen Einsprengseln zu einem Konglomerat beider, aus dem der Leser mangels Fortsetzung nicht herausfindet. Nur wenn man der Meinung ist, es sei ein Verbrechen, die Leichtgläubigkeit der Menschen auszunutzen, könnte es als Halbkrimi in Frage kommen, schlägt aber eigentlich eher ins Betrüger- und Hochstaplergenre, das heute den politischen Roman bestückt.

Bleibt nur die Erzählung *Der Verbrecher aus Infamie* (1786), die ab 1792 unter dem Titel *Der Verbrecher aus verlorener Ehre* läuft und (wie der Roman von H. Kurz) das Leben des historischen Sonnenwirts Friedrich Schwan zum Thema nimmt. Den Stoff verdankte Schiller seinem Lehrer Professor J. F. Abel, dessen Vater als Amtmann an Verhaftung, Verhör und Hinrichtung des Verbrechers beteiligt war.

Doch auch hier gerät der Begriff Kriminalgeschichte ins Zwielicht. Schiller beschreibt nicht die Untaten Schwans, der aus physiognomischer Benachteiligung und sozialem Geltungsdrang vom Wilddieb zum Zuchthäusler, Mörder und Führer einer Räuberbande avanciert und sich schließlich selbst der Gerechtigkeit stellt – was die Gattung Detektivgeschichte ausschließt. Ihm geht es vielmehr um die anthropologische Aufhellung seines verbrecherischen Verhaltens, d. h. der Vorgeschichte, der Triebfedern, der individuellen Motive und sozialen Hintergründe, die zu seiner Stigmatisierung als Straftäter und seiner sozialen Ausgrenzung führen: eine psychologische Fallstudie also, die jedoch über die Faktenvermittlung hinaus auf ein Plädoyer für eine höhere soziale Gerechtigkeit hindeutet, die nicht einfach bestrafen, sondern auch die psychologischen Beweggründe und die sozialpsychologische Situation des Straftäters bei der Strafzumessung berücksichtigen solle. Echte Kriminalgeschichten werden nicht zu dem Zweck geschrieben, das Aufkommen künftiger Kriminalgeschichten durch Präventivmittel zu verhindern.

Gero von Wilpert: *Die 101 wichtigsten Fragen: Schiller.* München: C. H. Beck Verlag, 2009, S. 145 f.

„Man wird meinen Mordbrenner bewundern" – aus der unterdrückten Vorrede (Friedrich Schiller, 1781)

(...) Wahr also ist es, dass der echte Genius des Dramas, (...) der wahre Geist des Schauspiels tiefer in die Seele gräbt, schärfer ins Herz schneidet und lebendiger belehrt als Roman und Epopöe, und dass es der sinnlichen Vorspiegelung gar nicht einmal bedarf, uns diese Gattung von Poesie vorzüglich zu empfehlen. Ich kann demnach eine Geschichte dramatisch abhandeln, ohne darum ein Drama schreiben zu wollen. Das heißt: Ich schreibe einen *dramatischen Roman*, und kein theatralisches Drama. Im ersten Fall darf ich mich nur den allgemeinen Gesetzen der Kunst, nicht aber den besondern des theatralischen Geschmacks unterwerfen.

Nun auf die Sache selbst zu kommen, so muss ich bekennen, dass nicht sowohl die körperliche Ausdehnung meines Schauspiels, als vielmehr sein Inhalt ihm Sitz und Stimme auf dem Schauplatze absprechen. Die Ökonomie desselben machte es notwendig, dass mancher Charakter auftreten musste, der das feinere Gefühl der Tugend beleidigt und die Zärtlichkeit unserer Sitten empört. (...). Noch mehr – Diese unmoralischen Charaktere mussten von gewissen Seiten glänzen, ja oft von Seiten des Geists gewinnen, was sie von Seiten des Herzens verlieren. Jeder dramatische Schriftsteller ist zu dieser Freiheit berechtigt, ja sogar genötigt, wenn er anders der getreue Kopist der wirklichen Welt sein soll. Auch ist (...) kein Mensch durchaus unvollkommen: Auch der Lasterhafteste hat noch viele Ideen, die richtig, viele Triebe, die gut, viele Tätigkeiten, die edel sind. Er ist nur minder vollkommen.

Man trifft hier Bösewichter an, die Erstaunen abzwingen, ehrwürdige Missetäter, Ungeheuer mit Majestät; Geister, die das abscheuliche Laster reizet, um der Größe willen, die ihm anhänget, um der Kraft willen, die es erfordert, um der Gefahren willen, die es begleiten. Man stößt auf Menschen, die den Teufel umarmen würden, weil er der Mann ohne seinesgleichen ist; die auf dem Weg zur höchsten Vollkommenheit die unvollkommensten werden, die unglückseligsten auf dem Wege zum höchsten Glück, wie sie es wähnen. Mit einem Wort, man wird sich auch für meine Jagos interessieren, man wird meinen Mordbrenner bewundern, ja fast sogar lieben. Niemand wird ihn verabscheuen, jeder darf ihn bedauern. Aber eben darum möchte ich selbst nicht geraten haben, dieses mein Trauerspiel auf der Bühne zu wagen. Die Kenner, die den Zusammenhang des Ganzen befassen und die Absicht des Dichters erraten, machen immer das dünnste Häuflein aus. Der Pöbel hingegen (...) würde sich durch eine schöne Seite bestechen lassen, auch den hässlichen Grund zu schätzen oder wohl gar eine Apologie des Lasters darin finden, und seine eigene Kurzsichtigkeit den armen Dichter entgelten lassen, dem man gemeiniglich alles nur nicht Gerechtigkeit widerfahren lässt. (...)

Zitiert nach: Christian Grawe: *Friedrich Schiller: Die Räuber.* Erläuterungen und Dokumente. Stuttgart: Reclam, 2009, S. 173 f. (RUB Nr. 16065).

Selbstrezension (Friedrich Schiller, 1782)

(...) *Räuber* aber sind die Helden des Stücks, Räuber, und einer, der auch Räuber niederwägt, ein *schleichender* Teufel. Ich weiß nicht, wie ich es erklären soll, dass wir um so wärmer sympathisieren, je weniger wir Gehilfen darin haben; dass wir dem, den die Welt ausstößt, unsere Tränen in die Wüste nachtragen; dass wir lieber mit Crusoe auf der menschenverlassenen Insel uns einnisten, als im drängenden Gewühle der Welt mitschwimmen. Dies wenigstens ist es, was uns in vorliegendem Stück an

Franz Moor manipuliert den Vater, Thalia Theater Hamburg 2008
© picture alliance

die so äußerst unmoralische Jaunerhorden festbindet. Eben dieses eigentümliche Korpus, das sie der bürgerlichen Gesellschaft gegenüber formieren, seine Beschränkungen, seine Gebrechen, seine Gefahren, alles lockt uns näher zu ihnen, aus einer unmerkbaren Grundneigung der Seele zum Gleichgewicht meinen wir durch unsern Beitritt, welches zugleich auch unserm Stolze schmeichelt, ihre leichte unmoralische Schale so lang beschweren zu müssen, bis sie waagrecht mit der Gerechtigkeit steht. Je entferntern Zusammenhang sie mit der Welt haben, desto nähern hat unser Herz mit ihnen. – Ein Mensch, an den sich die ganze Welt knüpft, der sich wiederum an die ganze Welt klammert, ist ein Fremdling für unser Herz. – Wir lieben das Ausschließende in der Liebe und überall.

Der Dichter führte uns also in eine Republik hinein, auf welcher, als auf etwas Außergewöhnlichem, unsere Aufmerksamkeit weilet. Wir haben eine so ziemlich vollständige Ökonomie der ungeheuersten Menschenverirrung, selbst ihre Quellen sind aufgedeckt, ihre Ressorts angegeben, ihre Katastrophe ist entfaltet. Allerdings würden wir vor dem kühnen Gemälde der sittlichen Hässlichkeit zurücktreten, wofern nicht der Dichter durch etliche Pinselstriche Menschlichkeit und Erhabenheit hineingebracht hätte. Wir sind geneigter, den Stempel der Gottheit aus den Grimassen des Lasters herauszulesen, als ebendenselben in einem regelmäßigen Gemälde zu bewundern; eine Rose in der sandigten Wüste entzückt uns mehr, als deren ein ganzer Hain in den hesperischen Gärten. Bei Verbrechern, denen das Gesetz als Idealen moralischer Hässlichkeit die Menschheit abgerissen hat, erheben wir auch schon einen geringern Grad von Bosheit zur Tugend, so wie wir im Gegenteil all unsern Witz aufbieten, im Glanz eines Heiligen Flecken zu entdecken. Kraft eines ewigen Hangs, alles in dem Kreis unserer Sympathie zu versammeln, ziehen wir Teufel zu uns empor und Engel herunter. Noch einen zweiten Kunstgriff benutzte der Dichter, indem er dem weltverworfenen Sünder einen schleichenden entgegengesetzte, der seine scheußlichern Verbrechen mit günstigerem Erfolge und weniger Schande und Verfolgung vollbringt. Auf diese Art legen wir nach unserer strengen Gerechtigkeitsliebe mehr Schuld in die Schale des Begünstigten, und vermindern sie in der Schale des Bestraften. Der erste ist um so viel schwärzer, als er glücklicher, der zweite um so viel besser, als er unglücklicher ist. Endlich hat der Verfasser vermittelst einer einzigen Erfindung den fürchterlichen Verbrecher mit tausend Fäden an unser Herz geknüpft. – Der Mordbrenner liebt und wird wieder geliebt.

Zitiert nach: Christian Grawe: *Friedrich Schiller: Die Räuber.* Erläuterungen und Dokumente. Stuttgart: Reclam, 2009, S. 185–189 (RUB Nr. 16065).

Was kann eine gute stehende Schaubühne eigentlich wirken? (Friedrich Schiller, 1784)

(...) Die Gerichtsbarkeit der Bühne fängt an, wo das Gebiet der weltlichen Gesetze sich endigt. Wenn die Gerechtigkeit für Gold verblindet und im Solde der Laster schwelgt, wenn die Frevel der Mächtigen ihrer Ohnmacht spotten und Menschenfurcht den Arm der Obrigkeit bindet, übernimmt die Schaubühne Schwert und Waage und reißt die Laster vor einen schrecklichen Richterstuhl. Das ganze Reich der Fantasie und Geschichte, Vergangenheit und Zukunft stehen ihrem Wink zu Gebot. Kühne Verbrecher, die längst schon im Staub vermodern, werden durch den allmächtigen Ruf der Dichtkunst jetzt vorgeladen und wiederholen zum schauervollen Unterricht der Nachwelt ein schändliches Leben. Ohnmächtig, gleich den Schatten in einem Hohlspiegel, wandeln die Schrecken ihres Jahrhunderts vor unsern Augen vorbei, und mit wollüstigem Entsetzen verfluchen wir ihr Gedächtnis. Wenn keine Moral mehr gelehrt wird, keine Religion mehr Glauben findet, wenn kein Gesetz mehr vorhanden ist, wird uns Medea noch anschauern, wenn sie die Treppen des Palastes herunterwankt und der Kindermord jetzt geschehen ist. Heilsame Schauer werden die Menschheit ergreifen, und in der Stille wird jeder sein gutes Gewissen preisen, wenn Lady Macbeth, eine schreckliche Nachtwandlerin, ihre

Hände wäscht und alle Wohlgerüche Arabiens herbeiruft, den hässlichen Mordgeruch zu vertilgen. Wer von uns sah ohne Beben zu, wen durchdrang nicht lebendige Glut zur Tugend, brennender Hass des Lasters, als, aufgeschreckt aus Träumen der Ewigkeit, von den Schrecknissen des *nahen* Gerichts umgeben, Franz von Moor aus dem Schlummer sprang, als er, die Donner des erwachten Gewissens zu übertäuben, Gott aus der Schöpfung leugnete und seine gepresste Brust, zum letzten Gebete vertrocknet, in frechen Flüchen sich Luft machte? – –

Es ist nicht Übertreibung, wenn man behauptet, dass diese auf der Schaubühne aufgestellten Gemälde mit der Moral des gemeinen Manns endlich in eins zusammenfließen und in einzelnen Fällen seine Empfindung bestimmen. Ich selbst bin mehr als einmal ein Zeuge gewesen, als man seinen ganzen Abscheu vor schlechten Taten in dem Scheltwort zusammenhäufte: Der Mensch ist ein Franz Moor. Diese Eindrücke sind unauslöschlich, und bei der leisesten Berührung steht das ganze abschreckende Kunstgemälde im Herzen des Menschen wie aus dem Grabe auf. So gewiss sichtbare Darstellung mächtiger wirkt, als toter Buchstabe und kalte Erzählung, so gewiss wirkt die Schaubühne tiefer und dauernder als Moral und Gesetze. (...)

Friedrich Schiller: *Werke in drei Bänden*, Bd. 1. Unter Mitwirkung von Gerhard Fricke herausgegeben von Herbert G. Göpfert. Frankfurt am Main, Wien: Büchergilde Gutenberg, 1992, S. 722 f.

Anfang von *Der Verbrecher aus verlorener Ehre* (Friedrich Schiller, 1786)

In der ganzen Geschichte des Menschen ist kein Kapitel unterrichtender für Herz und Geist als die Annalen seiner Verirrungen. Bei jedem großen Verbrechen war eine verhältnismäßig große Kraft in Bewegung. Wenn sich das geheime Spiel der Begehrungskraft bei dem matteren Licht gewöhnlicher Affekte versteckt, so wird es im Zustand gewaltsamer Leidenschaft desto hervorspringender, kolossalischer, lauter; der feinere Menschenforscher, welcher weiß, wie viel man auf die Mechanik der gewöhnlichen Willensfreiheit eigentlich rechnen darf und wie weit es erlaubt ist, analogisch zu schließen, wird manche Erfahrung aus diesem Gebiete in seine Seelenlehre herübertragen und für das sittliche Leben verarbeiten.

Es ist etwas so Einförmiges und doch wieder so Zusammengesetztes, das menschliche Herz. Eine und eben dieselbe Fertigkeit oder Begierde kann in tausenderlei Formen und Richtungen spielen, kann tausend widersprechende Phänomene bewirken, kann in tausend Charakteren anders gemischt erscheinen, und tausend ungleiche Charaktere und Handlungen können wieder aus einerlei Neigung gesponnen sein, wenn auch der Mensch, von welchem die Rede ist, nichts weniger denn eine solche Verwandtschaft ahndet. Stünde einmal, wie für die übrigen Reiche der Natur, auch für das Menschengeschlecht ein Linnäus[1] auf, welcher nach Trieben und Neigungen klassifizierte, wie sehr würde man erstaunen, wenn man so manchen, dessen Laster in einer engen bürgerlichen Sphäre und in der schmalen Umzäunung der Gesetze jetzt ersticken muß, mit dem Ungeheuer Borgia in *einer* Ordnung beisammen fände. (...)

Friedrich Schiller: *Der Verbrecher aus verlorener Ehre.* Studienausgabe. Hrsg. v. Alexander Košenina. Stuttgart: Reclam, 2014, S. 9.

Deutungen

Wilhelm Große liest Schillers Stück als Beleg dafür, dass die bürgerliche Subjektivität der Zeit in eine Krise geraten ist, die sich am Verhältnis zwischen Vätern und Söhnen ablesen lässt. Für Harald Steinhagen stellen *Die Räuber* eine kritische Auseinandersetzung mit der Aufklärung dar, und der Germanist betont, dass sich die beiden Moor-Brüder in moralischer Hinsicht nichts nehmen. Karl S. Guthke behauptet, dass gerade Karl Moor von einem problematischen egozentrischen Willen zum Glück angetrieben wird. Rüdiger Safranski dagegen sieht in der Figur des Franz Moor einen Beleg für Schillers medizinische Kenntnisse, an dessen Beispiel der Dramatiker die Philosophie der All-Liebe auf den Prüfstand stellen wollte. Wie sehr die Brüder Karl und Franz Moor letztlich Sprachrohre und Selbstprojektionen des jungen Schiller waren, führt Norbert Oellers aus.

1 Carl von Linné (1707–1778) war ein schwedischer Naturforscher, der die Grundlagen der modernen botanischen und zoologischen Taxonomie schuf.

Der gebrochene Vater – die gestörte Ordnung (Wilhelm Große, 1986)

(…) Die *Räuber* lassen sich als Darstellung der bürgerlichen Subjektivität lesen, die seit dem Aufkommen der Empfindsamkeit zunehmend in eine Krise gerät (…). Dieser krisenhafte Zustand ist vor allem an den Vaterfiguren und an dem Verhältnis der Söhne zu ihren Vätern im Drama der Zeit abschließbar. (…)

Sind die Väter im bürgerlichen Drama der Aufklärung zunächst die Garanten der Ordnung, so zeigt sich in den *Räubern* in der Schwäche des Vaters die Schwäche einer patriarchalischen Gesellschaft an, ja Schiller geht sogar so weit, in dem alten Moor den Stifter und damit auch den Verursacher des Elends der Kinder zu sehen.

Aus der Schwäche der Vaterfigur resultiert für Karl und Franz eine Orientierungslosigkeit, die selbst wieder zur Ursache ihres gefährlich subjektiven Extremismus wird. Vergegenwärtigt man sich, dass sich in dem missglückten Verhältnis des Vaters zu seinen Söhnen auch das Verhältnis des Schöpfers zu seinen Geschöpfen spiegelt – eine Gleichsetzung, die Karl selbst trifft (…) –, so weist die Grundkonstellation des Dramas (gestörtes Vater-Sohn-Verhältnis) auch auf den Verlust transzendentaler Geborgenheit hin. Eine gewisse Aufgipfelung erfährt diese Grundkonstellation noch dadurch, dass darüber hinaus auch das Verhältnis der Brüder untereinander zutiefst gestört ist. Wenn Karl in der Szene „Gegend an der Donau" (III,2) das Bild beschwört „die ganze Welt *eine* Familie" (…), so zeigt das Drama selbst durch die Figurenkonstellationen einen Zustand an, in dem eine Familie, das Grundmodell der bürgerlichen Gesellschaft im 18. Jahrhundert, sich gänzlich in ihre autonomen, sich atomisierenden Subjekte aufgelöst hat.

Die sittliche Weltordnung, die „Harmonie der Welt" (…), ist infrage gestellt und mit ihr der Glaube an eine Theodizee. Ob Franz oder Karl, Spiegelberg oder der alte Moor, sie alle nehmen nur die große Dissonanz war. Das Gefühl der Geborgenheit und des Vertrauens wie die Tugenden der Zufriedenheit und Gelassenheit, die einmal den bürgerlichen Tugendkanon anführten, sind der Verzweiflung, dem Zynismus oder der Melancholie gewichen. (…)

Wilhelm Große: *Friedrich Schiller. Die Räuber*. (Grundlagen und Gedanken) Frankfurt am Main: Diesterweg, 1986, 3. Aufl. der Neufassung 1999, S. 90 f.

Der junge Schiller zwischen Kant und de Sade (Harald Steinhagen, 1982)

Die *Räuber* sind das konsequenteste Dokument der deutschen Aufklärung, und Franz Moor ist ihr radikalster Vertreter.

Das mag im ersten Moment befremdlich klingen, da doch Menschenliebe, Sittlichkeit, Fortschritt zum Besseren zu den zentralen Ideen der Aufklärung zählen. Wenn die These zuträfe, wären jene Ideen nichts als Hirngespinste und Trugbilder: Verirrungen der Fantasie. Und genau so betrachtet sie Franz Moor. (...) Die Beispiele (...) zeigen, dass Franz Moor in der Radikalität und Konsequenz seines Denkens den Romanfiguren de Sades durchaus nicht nachsteht. Wie diese entlarvt er mit einer seltenen Skrupellosigkeit alle religiösen, moralischen und sozialen Begriffe als Fiktionen, leugnet die Idee eines natürlichen moral sense[2] im Menschen und verwirft die sogenannten ideae innatae [angeborenen Ideen] als bloße Erziehungsprodukte, die ihre Gültigkeit verlieren, sobald sie als solche durchschaut sind. (...)

Dass Karl Moor, der Idealist, auch nicht viel besser ist als sein Bruder, kann hier nur angemerkt werden. Auch er muss um seiner Größe willen Herr sein und träumt von der Gründung einer Republik, ‚gegen die Rom und Sparta Nonnenklöster sein sollen'. Die Brüder unterscheiden sich zwar in ihren Gesinnungen sowie in den Motiven und Zwecken ihres Handelns, aber in der Praxis verschwindet der Unterschied. Der Mord ist für Karl ebenso wenig ein Problem wie für Franz. Er opfert Amalia und betrachtet diese Tat als den ‚Triumph' seiner Größe, doch ist sie in Wahrheit lediglich ein Tauschobjekt, durch das er sich von der Bande freigekauft. Eine genauere Untersuchung seines Handelns würde zeigen, dass Karl faktisch ebenso egoistisch denkt wie sein Bruder; nur ist er weniger offen und ehrlich, verschleiert seinen egoistischen Willen zur Größe vor sich selbst und vor seiner Umwelt mit idealistischen Begriffen und Motiven. (...)

Schillers Versuch, die Gleichsetzung von Kausalität und Vorsehung, also die Einheit von Vernunft und Moral, dadurch als objektiv gegeben zu erweisen, dass er zeigt, wie sich Gerechtigkeit in der Welt durch Kausalität stets selbst prozesshaft wiederherstellt, bleibt unhaltbar. Es ist das geschichtsphilosophische Wunschdenken einer bereits unsicheren Aufklärung, die, um ihre Hoffnungen nicht preisgeben zu müssen, so tut, als

---

2 Der von schottischen Moralphilosophen wie Shaftesbury geprägte Begriff „moral sense" war ein Schlüsselbegriff der Ethik im 18. Jahrhundert. Dahinter steht die Theorie, dass moralische Wertungen einem Vermögen der Seele entspringen, die Harmonie oder Disharmonie ihres Zustandes zu empfinden und dabei in Form von sittlichen Entscheidungen Stellung zu nehmen.

sei Gerechtigkeit bereits, und diese gerade dadurch verrät; denn sie ist um der Idee der Gerechtigkeit und des Fortschritts willen gezwungen, den Menschen allein für die Folgen seines Handelns verantwortlich zu machen, ihm sein Scheitern als Schuld anzurechnen und unschuldiges Leiden zu ignorieren. Die providentielle [von der Vorsehung bestimmte] Interpretation des faktischen Weltlaufs, die der Widerlegung Franz Moors gilt, ist, gemessen an seinem aufgeklärten Denken, Mystifikation. Daraus folgt zugleich, dass die Theodizee, um die es Schiller in den Jugenddramen geht, als misslungen angesehen werden muss. (…)

Harald Steinhagen: *Der junge Schiller zwischen Marquis de Sade und Kant. Aufklärung und Idealismus*. In: Deutsche Vierteljahrsschrift für Literaturwissenschaft und Geistesgeschichte 56 (1982), S. 135–157, hier: 137–150.

Karl Moor oder der Wille zum Glück (Karl S. Guthke, 1994)

(…) Tatsächlich ist der Genuss der geachteten und bewunderten Mittelpunktstellung, der Genuss der mehr oder weniger theatralischen Führerrolle, eine wesentliche Komponente von Karl Moors Vorstellung von seinem *Glück*, auf das er geradezu Anspruch zu haben glaubt. (…) Der Wille zum Glück aber ist überhaupt (…) Räuber Moors Hauptimpuls, der bei ihm alles Tun bestimmt. Schon die grundlegende Handlungsvoraussetzung ist von daher zu verstehen. Denn erst als das Glück dem ‚unglücklichen Bruder' (…) versagt wird, wird aus Karl Moor der Räuber Moor, der in der Banditenexistenz ein Ersatz-Glück sucht. (…) Erst in der Rolle des von seinen Kumpanen bewundernd umringten Räuberhauptmanns, nicht schon in der des Räubers, hofft er sein neues Glück zu finden. (…) der Genuss der Mittelpunktstellung ist eine wesentliche Facette des Glücks für Karl Moor, eine wenig schmeichelhafte Facette gewiss, noch weniger schmeichelhaft dadurch, dass sie auch noch in Räuber Moors Ende, in seiner Rückkehr zum ‚Leben in der Idee', prominent zur Geltung kommt. (…)

Das Glück beschäftigt Karl Moor in ungewöhnlichem Maße. Ein starker Wille zum Glück ist in ihm lebendig, zur Wahrnehmung seiner Glückseligkeit, auf die ihm die ganze Weltordnung angelegt zu sein scheint. Kaum je verlässt ihn der Gedanke des Glücks. Er glaubt Anspruch darauf zu haben. (…) Das Bestehen auf dem Recht auf Glück (…) ist auch zu sehen als eine Komponente der Haltung des Egozentrikers, dem die bewunderte Mittelpunktstellung lebenswichtig ist. In dieser Egozentrik unterscheidet sich Karl Moors Glücksverlangen, das zugleich ein Streben nach Selbstvergötterung ist, fundamental von der ‚Bestimmung' des Menschen zum Glück, wie die Popularphilosophie der Aufklärung sie verstand: als eine altruistische Philosophie, derzufolge persönliches Glück definitionsgemäß nur in Harmonie mit dem Glück anderer, wenn nicht gar aller, denkbar ist. Dass der junge Schiller mit *dieser* Glücksvorstellung („seid umschlungen, Millionen") vertraut war, und zwar durchaus zustimmend, ist seiner medizinisch inspirierten Schriftstellerei der *Räuber*-Zeit zweifelsfrei zu entnehmen. (…)

Karl S. Guthke: *Schillers Dramen. Idealismus und Skepsis.* Tübingen/Basel: Francke, 1994, S. 40–43.

Medizinische, philosophische, literarische und wirkungsästhetische Aspekte (Rüdiger Safranski, 2004)

(…) Unter vier Aspekten (…), dem medizinischen, philosophischen, literarischen und wirkungsästhetischen, lässt sich das dramatische Debüt Schillers erläutern.

Den Mediziner merkt man an der körpernahen, oft drastischen Metaphorik und an einem Naturalismus, der sich am Seziertisch der Anatomie gebildet hat. In der dritten Szene des ersten Aktes versucht Franz seinen Bruder Karl bei Amalia in Misskredit zu bringen. Er deutet an, Karl könne bei seinem Lotterleben sich gewiss auch eine Geschlechtskrankheit zugezogen haben und dann malt er ihr das Schreckbild eines zerfallenden Körpers aus (…)

Diese Zynismen verraten den Mediziner ebenso wie die psychosomatischen Kenntnisse, mit denen Schiller Franz Moor ausstattet, die dieser böse Mensch selbstverständlich nicht zu Heilzwecken, sondern als Folterinstrument nutzt. Franz will den Vater töten, ohne selbst Hand anzulegen. (…)

Zunächst überlebt der Vater den Mordanschlag auf psychosomatischen Schleichwegen. Aber am Ende wird er dann doch am seelischen Schmerz sterben. Auch sonst konspiriert Franz, dieser *umgekehrte* Arzt, mit den Körpern gegen die Seelen seiner Gegner, und erweist sich dabei als gelehriger Schüler jener Einsichten, die sich Schiller während seines Medizinstudiums angeeignet hatte. Er benützt die Medizin für die Literatur, wie er umgekehrt auch die Literatur benützt für die Medizin. (…)

Was die philosophischen Ideen betrifft, die Schiller in die Experimentalanordnung seines Stückes einführt, so ist es die Philosophie der All-Liebe, die Vision von der *großen Kette der Wesen* also, die auf den Prüfstand kommt.

Franz, den Schiller in einem Brief an den Mannheimer Theater-Intendanten Heribert von Dalberg ausdrücklich einen „räsonierenden" Bösewicht (6. Oktober 1781) nennt, der für die Bühne zu viel denkt, dieser Mensch kennt offenbar das Betriebsgeheimnis seiner Existenz und plauderte es in einem langen Monolog in der ersten Szene des Stückes aus. Die Zufälle der Natur haben ihn benachteiligt: er ist als Zweiter aus dem „Mutterleib gekrochen", ein Schicksal, das ihn vom Erbe ausgeschlossen hat. Die Natur hat ihm die „Bürde der Hässlichkeit" aufgeladen (…). Es kann diese Natur, die ihn so benachteiligt hat, keine gerechte sein. Hier spielt eine „Lotterie des Lebens", wenn die Natur nicht geradezu bösartig ist, so ist sie doch auf skandalöse Weise gleichgültig gegenüber den Wesen, die sie ins Leben zieht und wieder in den „Morast" zurückwirft, aus dem sie stammen. Eine solche Natur kann einem nicht am Herzen liegen, die große Kette der Wesen in Liebe verbunden – welch eine Lüge und Zumutung! (…) Man ist das Opfer eines bösen Geschicks, warum sollte man davor zurückschrecken, den anderen zum bösen Schicksal zu werden. Das Leben ist eine schlechte Veranstaltung, warum sollte man darin eine gute Rolle spielen wollen?

Es mag sein, dass es Bösewichte von solcher Kälte und Berechnung im wirklichen Leben nicht gibt, aber es gibt sie in der Literatur, und dort hat sich Schiller auch gefunden, beispielsweise bei Shakespeare. (…) Die Literatur genießt das Privileg, den Extremismus des Menschenmöglichen vorführen zu dürfen, und Shakespeare wie auch Schiller machen reichlich Gebrauch davon. Wenige Jahre nach Schiller wird der Marquis de Sade für diese Logik der Rache an einer ungerechten Natur eine noch konstruiertere Darstellung finden. (…) Doch Schiller wagt es noch nicht, so wie de Sades, seinen Franz in die orgiastischen Rasereien von unaufhörlichen Kopulationen zu treiben. Bei de Sade ist die große Kette der Wesen zusammengeschmiedet durch Kopulation und Penetration. Franz indes hat es auf eine einzige Frau abgesehen, Amalia. Er unternimmt einen Vergewaltigungsversuch, er begehrt sie, ohne sie zu lieben, und was er an ihr begehrt, ist weniger ihr Körper selbst als die Vorstellung, dass er einen Körper, den sein Bruder begehrt, diesem entziehen und für sich selbst in Besitz nehmen könnte. (…)

Und nun Karl, der entfesselte Idealist. Zum Idealisten wird er, weil er eine geistige Ordnung hinter oder über der Wirklichkeit sucht, das geistige Band der Liebe, die alles verbindet. (…) Der Unterschied zwischen Karl und Franz ist nur, dass jener in die Desillusionierung stürzt und dieser bei der Desillusionierung beginnt; der eine erleidet den Nihilismus, der andere macht ein moralisches Prinzip daraus. Am Ende erkennt und anerkennt Karl die fatale Nähe zum Bruder (…).

Was die literarische Qualität betrifft, so merkt man dem Stück an, dass es nicht aus einem Guss ist, dass ihm kein ausgefeilter Plan zugrunde lag. Den Autor interessierten offenbar mehr die philosophisch profilierten Charaktere als das Handlungsgeflecht. Über weite Strecken laufen die Handlungsstränge parallel, ohne miteinander verknüpft zu werden. Obwohl das Motiv der feindlichen Brüder nach dem Muster von Kain und Abel eigentlich eine direkte Konfrontation zwischen Franz und Karl verlangt, kommt es nicht dazu (von einer kurzen Begegnung der beiden in der Bühnenfassung abgesehen). Amalia, die Geliebte, spielt für Karl zunächst keine Rolle, er gedenkt ihrer nur einmal, in einem kurzen Nebensatz. Um bei Karl wieder die Erinnerung an Amalia wachzurufen, musste Schiller die Figur des Räubers Kosinsky einführen, der davon erzählt, wie ein übler Fürst ihm die Braut geraubt hat. (...)

Was er nicht mehr verbessern konnte und auch als den Hauptmangel des Stückes ansah, war die ungenügende Motivierung im Verhalten des Bösewichtes Franz. Hier war für ihn zu viel Philosophie im Spiel. Es sei lebensfremd, schreibt er in der Selbstrezension, anzunehmen, dass jemand von einer Weltanschauung, in diesem Fall einer materialistischen, sich so stark bestimmen lässt. (...)

Schiller gehörte nicht zu denen, die ein Werk schaffen, es der Öffentlichkeit übergeben und dann gelassen abwarten, was daraus wird. Er operierte stets an der Front der möglichen Wirkungen. Von dorther, vom Effekt, war seine Arbeit am Werk bestimmt. Schiller war kein Autor, der von innen kommt, er bewegte sich in der Gegenrichtung, von außen nach innen. Wirkung war ihm alles, dem mussten sich Ausdrucksgehalt, Machart und Ideengehalt unterordnen. (...) Das Drama ist für Schiller eine Affekterregungskunst, es kommt alles auf das virtuose Arrangement der Effekte an, das Theater – eine Maschine zur Herstellung großer Gefühle.

(...)

Aber hat Schiller seine *Räuber* nicht auch, wie bereits angesprochen, als Experimentalanordnung für philosophische Ideen verstanden? Gewiss, aber wer experimentiert, beweist damit, dass er sich die Freiheit auch gegenüber den eigenen Ideen bewahrt, er probiert sie aus, spielt mit ihnen, testet ihre Wirkung. (...)

Rüdiger Safranski: *Schiller oder Die Erfindung des Deutschen Idealismus.*
München: Carl Hanser Verlag, 2004, S. 109–119.

Karl und Franz als Sprachrohre und Selbstprojektionen des jungen Schiller (Norbert Oellers, 2005)

(...) Das großartige Drama der vereitelten Herrschaftsanmaßung der zweigeteilten Nachkommenschaft des ungefährdeten Feudalsystems (das durch den Grafen von Moor allerdings nicht repräsentiert wird) lebt vor allem von rhetorischen Aufschwüngen, barock anmutendem theatralischen Pomp und Schauer-Effekten. Aber es gewinnt seine überdauernde Wirkung durch die ‚Wahrheit' des gesprochenen Worts, die unabhängig von den moralischen Qualitäten der Sprechenden besteht als die Philosophie des Autors. Karl und Franz, die beiden Hauptfiguren, sind Sprachrohre Schillers (nicht bloße Kreaturen wie alle anderen); sie sind dessen Selbstprojektionen. So dachte, sprach und fühlte der Karlsschüler wohl: wie Karl und dessen Alter Ego Franz. Außerdem, das belegt die Wirkung des Stücks auf der Bühne, denken, sprechen und handeln die beiden Brüder so, dass viele Zeitgenossen sie wiedererkannten – als Repräsentanten ihrer gärenden Epoche.

Das Stück ist ein Aufstand Schillers gegen seine drei Väter, denen er in seinen zwei ersten Lebensjahrzehnten ausgeliefert war: gegen den leiblichen Vater Johann Caspar, gegen den Landesvater Carl Eugen und gegen den himmlischen Vater. Das Ende mit Schrecken bedeutet nicht Schrecken ohne Ende, denn es bleibt ja die Dichtung, die keine Resignation und schon gar nicht Fatalismus verbreiten will. Sie vermag noch nach mehr als 200 Jahren zu faszinieren, und dass es in ihr von Obszönitäten und Gotteslästerungen wimmelt und dass es keine Begründungen für

Franz und Karl Moor als Sprachrohre und Selbstprojektionen Schillers, Maxim Gorki Theater Berlin 2012

© picture alliance / Eventpress Hoensch

das Böse gibt, sichert ihr einen Platz unter der ‚modernen' Literatur – ein Colloquium über die Zufälligkeit und Ungerechtigkeit der Natur, über die Willkür und Ungerechtigkeit gesellschaftlicher Herrschaft, über die Unterdrückung und Ausbeutung vieler durch wenige. (…)

Eckermann hat – durchaus glaubwürdig – von einem Gespräch mit Goethe berichtet, in dem dieser sich erinnerte, ein „Fürst ***" habe ihm einmal während eines Badeaufenthalts gesagt: „Wäre ich Gott gewesen (…), im Begriff die Welt zu erschaffen, und ich hätte in dem Augenblick vorausgesehen, dass Schillers *Räuber* darin würden geschrieben werden, ich hätte die Welt nicht erschaffen." Und Goethe habe, so erinnerte sich Eckermann, dem Gericht hinzugefügt: „Was sagen Sie *dazu* (…), das war doch eine Abneigung, die ein wenig weit ging, und die man sich kaum erklären konnte." (…)

Norbert Oellers: *Schiller – Elend der Geschichte, Glanz der Kunst*. Stuttgart: Reclam, 2005, S. 133–136.

Uraufführung und Wirkungsgeschichte

So sehr Schiller auch den Änderungswünschen des Intendanten für die Uraufführung am Mannheimer Nationaltheater (13. Januar 1782) zähneknirschend entgegenkam (vgl. sein Brief an Heribert von Dalberg vom 6. Oktober 1781), die Aufführung wurde dennoch ein epochaler Erfolg. So berichtet ein Augenzeuge von einem befreienden kollektiven Gefühlsausbruch des Premierenpublikums. Die Aufführungsgeschichte von Schillers Stück, zu deren Höhepunkten u. a. die aktualisierende Inszenierung durch Erwin Piscator 1926 am Preußischen Staatstheater Berlin (mit dem Bandengründer Spiegelberg in einer Trotzki-Maske) gehört, zeigt, wie sehr *Die Räuber* als „das große Unruhe- und Jugendstück des deutschen Theaters" (Klaus Jürgen Seidel) gelten können – bis heute.

„So weit geht meine Nachgiebigkeit gegen die Bühne nicht" (Schiller an Heribert von Dalberg[3], 6. Oktober 1781)

Hier erscheint endlich der *Verlorne Sohn*, oder die umgeschmolzenen Räuber. Freilich habe ich nicht auf den Termin, den ich selbst festsetzte, Wort gehalten, aber es bedarf nur eines flüchtigen Blicks über die Menge und Wichtigkeit der getroffenen Veränderungen, mich gänzlich zu entschuldigen. Dazu kommt noch, dass eine Ruhrepidemie in meinem Regimentslazarett mich von meinen otiis poëticis [poetischen Musestunden] sehr oft abrief.

Nach vollendeter Arbeit darf ich Sie versichern, dass ich mit weniger Anstrengung des Geistes und gewiss mit noch weit mehr Vergnügen ein neues Stück, ja selbst ein Meisterstück schaffen wollte, als mich der nun getanen Arbeit nochmals unterziehen. – Hier musste ich Fehlern abhelfen, die in der Grundanlage des Stücks schon notwendig wurzeln, hier musste ich an sich gute Züge den Grenzen der Bühne, dem Eigensinn des *Parterre*, dem Unverstand der Galerie oder sonst leidigen Konventionen aufopfern, und einem so durchdringenden Kenner, wie ich in Ihnen zu verehren weiß, wird es nicht unbekannt sein können, dass es wie in der Natur, so auf der Bühne, für Eine Idee, Eine Empfindung, auch nur Einen Ausdruck, Ein Kolorit gibt. Eine Veränderung, die ich in *einem* Charakterzug vornehme, gibt oft dem ganzen Charakter, und folglich auch seinen Handlungen und der auf diesen Handlungen ruhenden Mechanik des Stücks eine andere Wendung. Also Herrmann.

Wiederum stehen die Räuber im Original unter sich in lebhaftem Kontrast, und gewiss wird ein jeder Mühe haben, vier oder fünf Räuber kontrastieren zu lassen, ohne in einem von ihnen gegen die Delikatesse des Schauplatzes anzurennen. Als ich es anfangs dachte, und den Plan davon bei mir entwarf, dacht ich mir die theatralische Darstellung hinweg – Daher kam's, dass Franz als ein *räsonierender* Bösewicht angelegt worden, eine Anlage, die, so gewiss sie den denkenden Leser befriedigen wird, so gewiss den Zuschauer, der vor sich nicht philosophiert, sondern gehandelt haben will, ermüden und verdrießen muss. In der veränderten Auflage konnte ich diesen Grundriss nicht übern Haufen werfen, ohne dadurch der ganzen Ökonomie des Stücks einen Stoß zu geben; ich sehe also mit ziemlicher Wahrscheinlichkeit voraus, dass Franz, wenn er nun auf der *Bühne* erscheinen wird, die Rolle nicht spielen werde, die er beim Lesen gespielt hat. Dazu kommt noch, dass der hinreißende Strom der

---

3 Wolfgang Heribert von Dalberg (1750–1806), Intendant des Mannheimer Hof- und Nationaltheaters.

Handlung den Zuschauer an den feinen Nuancen vorüberreißt und ihn also um wenigstens den dritten Teil des ganzen Charakters bringt. Der Räuber Moor, wenn er, wie ich zum Voraus versichert bin, seinen Mann unter den H. H. [Herren] Schauspielern findet, dürfte auf dem Schauplatz Epoche machen, einige wenige Spekulationen, die aber auch als unentbehrlich Farben in dies ganze Gemälde spielen, weggerechnet, ist er ganz Handlung, ganz anschauliches Leben. Spiegelberg, Schweizer, Herrmann u. s. w. sind im eigentlichen Verstande Menschen für den Schauplatz, weniger *Amalia* und der Vater.

Ich habe schriftliche, mündliche und gedruckte Rezensionen zu benutzen gesucht. Man hat mehr von mir gefordert, als ich leisten konnte, denn nur dem Verfasser eines Stücks, zumal wenn er selbst noch Verbesserer wird, zeigt sich das non plus ultra vollkommen. Die Verbesserungen sind wichtig, zerschiedene Scenen ganz neu, und, meiner Meinung nach, das ganze Stück wert. (…) Wenn das Stück zu groß sein sollte, so steht es in der Willkür des Theaters, Räsonnements abzukürzen oder hie und da etwas unbeschadet des ganzen Eindrucks hinwegzutun. Aber dawider protestiere ich höchlich, dass beim Drucken etwas hinweggelassen wird; denn ich hatte meine guten Gründe zu allem, was ich stehen ließ, und so weit geht meine Nachgiebigkeit gegen die Bühne nicht, dass ich Lücken lasse und Charaktere der Menschheit für die Bequemlichkeit der Spieler verstümmele.

(…)

Zitiert nach: Christian Grawe: *Friedrich Schiller: Die Räuber*. Erläuterungen und Dokumente. Stuttgart: Reclam, 2009, S. 157–160. (RUB Nr. 16065).

„Das Theater glich einem Irrenhause": die Mannheimer Uraufführung (Friedrich Burschell, 1958)

(…) Schiller glaubte, ganze Arbeit geleistet zu haben. Er hatte manche Szenen straffer und wirksamer behandelt und den Schluss ganz umgestaltet. Dalberg genügte das keineswegs. Er verlangte immer neue Änderungen und kam schließlich mit der Forderung heraus, das Stück in das ausgehende 15. Jahrhundert zu verlegen und aus einem Drama, dessen stärkste Wirkung gerade in seiner Aktualität liegen sollte, eines der damals beim Publikum beliebten Ritter- und Spektakelstücke zu machen. Der unglückliche Dichter versuchte dem Intendanten diese Gedanken auszureden. Aber der Hofmann Dalberg, der keine Lust verspürte, aus seinem Theater ein zeitgenössisches Tribunal zu machen, beharrte auf seiner Forderung. Schiller fügte sich wohl oder übel. „So entstand", beklagte er sich spä-

Das Mannheimer Nationaltheater um 1780
© picture alliance / akg-images

ter in seiner Selbstanzeige des Stückes, „ein buntfärbiges Ding, wie die Hosen des Harlekins."

In dieser verballhornten Gestalt gingen die *Räuber* nach sorgfältigen Vorbereitungen und in einer neuen prächtigen Ausstattung über die Bretter der Mannheimer Bühne.

Schon ab ein Uhr begann sich das Theater zu füllen. Von nah und fern waren die Besucher gekommen, um „dies berüchtigte Stück, das eine außerordentliche Publizität erlangt hatte", zu sehen. Schiller war zusammen mit seinem Freund Petersen heimlich aus Stuttgart erschienen und hatte in einer für ihn reservierten Loge Platz genommen. Die ersten zwei Akte wurden schweigend aufgenommen. Erst in der zweiten Szene des dritten Aktes, wo der Räuberhauptmann Moor als Büßer und Rächer im Schloss seiner Väter erscheint, löste sich die Spannung des Publikums in einem Beifall, der von da bis zum Schluss immer frenetischere Formen annahm. Ein Augenzeuge hat berichtet: „Das Theater glich einem Irrenhause, rollende Augen, geballte Fäuste, heisere Aufschreie im Zuschauerraum. Fremde Menschen fielen einander schluchzend in die Arme, Frauen wankten, einer Ohnmacht nahe, zur Türe. Es war eine allgemeine Auflösung wie im Chaos, aus dessen Nebeln eine neue Schöpfung hervorbricht."

Niemals vorher und vermutlich auch niemals später hat eine Theateraufführung eine ähnliche Wirkung hervorgerufen. Trotz der lächerlichen Ritterkostüme, trotz aller Striche und Abschwächungen hatte das Stück mit seiner Leidenschaft der Rebellion gegen eine morsch gewordene Welt und die Heuchelei überalterter Konventionen sieben Jahre vor der französischen Revolution ein deutsches Publikum hingerissen.

Mit einem Schlag hatte sich der junge, bühnenunkundige Schwabe als der geborene Dramatiker erwiesen. Kurz nach seiner Heimkehr schrieb er an Dalberg: „Beobachtet habe ich sehr vieles, sehr vieles gelernt, und ich glaube, wenn Deutschland einst einen dramatischen Dichter in mir findet, so muss ich die Epoche von der vorigen Woche zählen." (...)

Friedrich Burschell: *Friedrich Schiller.* Hamburg: Rowohlt Taschenbuch Verlag, 1958 (Reihe rowohlts monographien), S. 30 f.

Stände- und generationenübergreifende Begeisterung (Claudia Pilling u. a., 2002)

(...) *Die Räuber* machten Schiller zur Zelebrität. Die Begeisterung war stände- und generationsübergreifend, Adlige und Bürger, Mütter wie Söhne liebten das Drama und seinen Autor. Protest lag in der Luft in dieser Zeit, die Vignette der zweiten Auflage mit dem Motto „in tirannos", die Schiller nicht autorisiert hat, scheint dies zu illustrieren. In Wirklichkeit aber sind *Die Räuber* vor allem ein antibürgerliches Stück. Neben dem rebellischen rhetorischen Gestus entwickelt sich die analytische Brillanz des Stücks fast unbemerkt. „Mir ekelt vor diesem tintenklecksenden Säkulum, wenn ich in meinem Plutarch lese von großen Menschen" (...), heißt der berühmte erste Satz Karl Moors. Wie in einer Miniatur eingefangen ist hier eine Signatur der Moderne, die mit der Aufklärung begann: das Unbehagen des machtlosen Einzelnen in einer komplexen Gesellschaft, das sich als Nostalgie äußert, als Sehnsucht nach der Wirkungs- und Geschichtsmächtigkeit des Individuums, nach Größe. Spiegelberg, der in der raffinierten Konstruktion des Dramas eine Spiegelfigur des Sturm-und-Drang-Helden, des Räuberhauptmanns Karl Moor, ist, weiß die passende Antwort: „Den Josephus musst du lesen." (...) Den Historiker Flavius Josephus also, der Geschichte schon als strukturellen Zusammenhang statt als Tat großer Männer beschrieb.

Die Räuber wurden, ähnlich wie Goethes *Werther*, vor allem gelesen als ein Ausdruck des Zeitgeistes, des Protests gegen die väterliche Ordnung, auch gegen die des Absolutismus, aber vor allem schon gegen die patriarchalische Struktur der bürgerlichen Gesellschaft und Familie. (...)

Claudia Pilling, Diana Schilling, Mirjam Springer: *Friedrich Schiller*. Reinbek bei Hamburg: Rowohlt Taschenbuch Verlag, 2002 (Reihe rowohlts monographien), S. 15 f.

Selbstrezension – Anhang über die Uraufführung der *Räuber* (Friedrich Schiller, 1782)

Das Stück ist zu verschiedenen Malen in Mannheim gespielt worden. Ich hoffe meine Leser zu verbinden, wenn ich ihnen einen Brief mitteile, den mir mein Korrespondent, der dem Schauspiel zu Gefallen dahin abgereist war, auf Ansuchen darüber geschrieben hat.

Worms, den 15. Jenner [1782.]

Vorgestern endlich ging die Vorstellung der *Räuber* des Hrn. Schillers vor sich. Ich komme soeben von der Reise zurück, und noch warm von dem Eindruck, setze ich mich nieder, Ihnen zu schreiben. Nun erst muss ich erstaunen, welche unübersteiglich scheinende Hindernisse der Hr. Präsident von Dalberg besiegen musste, um dem Publikum das Stück auftischen zu können. Der Hr. Verfasser hat es freilich für die Bühne umgearbeitet, aber wie? Gewiss auch nur für die, die der tätige Geist Dalbergs beseelt; für alle übrige, die ich wenigstens kenne, bleibt es, nach wie vor, ein unregelmäßiges Stück. Unmöglich wars, bei den fünf Akten zu bleiben; der Vorhang fiel zweimal zwischen den Szenen, damit Maschinisten und Schauspieler Zeit gewännen; man spielte Zwischenakte, und so entstanden sieben Aufzüge. Doch das fiel nicht auf. Alle Personen erschienen neu gekleidet, zwei herrliche Dekorationen waren ganz für das Stück gemacht, Hr. Danzi hatte auch die Zwischenakte neu aufgesetzt, so dass nur die Unkosten der ersten Vorstellung hundert Dukaten betrugen. Das Haus war ungewöhnlich voll, dass eine große Menge abgewiesen wurde. Das Stück spielte ganze vier Stunden, und mich deucht, die Schauspieler hatten sich noch beeilet.

Doch – Sie werden ungeduldig sein, vom Erfolge zu hören. Im Ganzen genommen, tat es die vortrefflichste Wirkung. Hr. Boek, als Räuberhauptmann, erfüllte seine Rolle, soweit es dem Schauspieler möglich war, immer auf der Folter des Affekts gespannt zu liegen. In der mitternächtlichen Szene am Turm hör ich ihn noch, neben dem Vater kniend, mit aller pathetischen Sprache den Mond und die Sterne beschwören – Sie müssen wissen, dass der Mond, wie ich noch auf keiner Bühne gesehen, gemächlich über den Theaterhorizont lief und nach Maßgab seines Laufs ein natürliches schröckliches Licht in der Gegend verbreitete. – Schade nur, dass

BIOGRAFIE
WORT- UND SACHERKLÄRUNGEN
MATERIALIEN

Hr. Boek für seine Rolle nicht Person genug hat. Ich hatte mir den Räuber hager und groß gedacht. Hr. Iffland, der den Franz vorstellte, hat mir (doch entscheidend soll meine Meinung nicht sein) am vorzüglichsten gefallen. Ihnen gesteh ich es, diese Rolle, die gar nicht für die Bühne ist, hatt ich schon für verloren gehalten, und nie bin ich noch so angenehm betrogen worden. Iffland hat sich in den letztern Szenen als Meister gezeigt. Noch hör ich ihn in der ausdrucksvollen Stellung, die der ganzen laut bejahenden Natur entgegenstund, das ruchlose *Nein* sagen, und dann wiederum, wie von einer unsichtbaren Hand gerührt, ohnmächtig umsinken: ‚Ja! Ja! – droben einer über den Sternen!' – Sie hätten ihn sollen sehen auf den Knieen liegen und beten, als um ihn schon die Gemächer des Schlosses brannten – Wenn nur Hr. Iffland seine Worte nicht so verschlänge, und sich nicht im Deklamieren so überstürzte! Teutschland wird in diesem jungen Mann noch einen Meister finden. Hr. Beil, der herrliche Kopf, war ganz Schweizer. Hr. Meyer spielte den Hermann unverbesserlich, auch Kosinsky und Spiegelberg wurden seht gut getroffen. Madame Toskani gefiel, mir zum mindesten, ungemein. Ich fürchtete anfangs für diese Rolle, denn sie ist dem Dichter an vielen Orten misslungen. Toskani spielte durchaus weich und delikat, auch wirklich mit Ausdruck in den tragischen Situationen, nur zuviel Theater-Affektationen und ermüdende weinerlich klagende Monotonie. Der alte Moor konnte unmöglich gelingen, da er schon von Haus aus durch den Dichter verdorben ist.

Wenn ich Ihnen meine Meinung teutsch heraussagen soll – dieses Stück ist dem ohnerachtet kein Theaterstück. Nehme ich das Schießen, Sengen, Brennen, Stechen und dergleichen hinweg, so ist es für die Bühne ermüdend und schwer. Ich hätte den Verfasser dabei gewünscht, er würde viel ausgestrichen haben, oder er müsste sehr eigenliebig und zäh sein. Mir kam es auch vor, es waren zu viele Realitäten hineingedrängt, die den Haupteindruck belasten. Man hätte drei Theaterstücke daraus machen können, und jedes hätte mehr Wirkung getan. Man spricht indes langes und breites davon. Übermäßige Tadler und übermäßige Lober. Wenigstens ist dies die beste Gewähr für den Geist des Verfassers. Bald werden wir es gedruckt haben. Hr. Hofkammerrat Schwan, der zur Aufnahme des Stücks sehr viel beigetragen hatte und ein eifriger Liebhaber davon ist, wird es herausgeben.

Ich habe die Ehre zu sein u.s.f.

N"

Zitiert nach: Christian Grawe: *Friedrich Schiller: Die Räuber.* Erläuterungen und Dokumente. Stuttgart: Reclam, 2009, S. 200–202 (RUB Nr. 16065).

Erwin Piscators Skandal-Aktualisierung des Klassikers 1926 (Gert Sautermeister, 2005)

Die Aura des Rebellischen und Ordnungswidrigen, die dem Stück seit seinen Anfängen anhaftete, blieb ihm auch im modernen Theater erhalten. Seit den besorgten Eingriffen Dalbergs, des Mannheimer Intendanten, bis zu den Änderungsgeboten und pauschalen Verboten der Wiener Zensoren assoziierte man den Geist des Protests, des Umstürzlerischen und der ungebändigten Leidenschaften mit Schillers dramatischem Debüt. Auch die Bändigungen und Verharmlosungen, die andere Autoren seinem Stück angedeihen ließen – es gab *Räuber*-Versionen mit veritablem Happy End (…) –, spiegeln diesen Geist verzerrt wieder. Sie kalkulieren geschäftstüchtig mit den Provokationen des Dramas, die sie frivol domestizieren. Dalberg hatte die *Räuber*, aus Sorge um ihre anstößigen Zeitbezüge, um drei Jahrhunderte zurückversetzt und in das anheimelnde Kostüm des spätmittelalterlichen Ritters gesteckt. Die modernen Regisseure konnten, befreit von dieser Sorge, die Räuber vom 18. Jahrhundert in ihre Gegenwart versetzen und dergestalt ihr provozierendes Potenzial aktualisieren. Sie fühlten sich ihrer Zeit verpflichtet und begaben sich auf die Suche nach versteckten Zeitbezügen in einer Fabel von gestern. Goethe hatte die *Räuber* als ein typisches Stück für die Jugend charakterisiert (vgl. das Gespräch mit Eckermann, 17. Januar 1827) – und auf jugendliche Generationen wurde das Stück nachdrücklich gemünzt, doch so, dass Erwachsene aller Altersstufen sich wiederholt herausgefordert fühlten. Wenn das moderne Theater im Drama Schillers verschiedenartige Gegenwartsbezüge entdeckte, so bescheinigte es ihm einen besonderen Rang: den einer zeitlosen Aktualität. Das muss nicht bedeuten, dass die jeweiligen Entdeckungen ihrerseits zeitlos aktuell bleiben. Als Erwin Piscator am 12. September 1926 im Staatlichen Schauspielhaus Berlin die *Räuber* zur Aufführung brachte, drang er ins Zeitgeschehen unverblümt ein. Das Räuber-Kollektiv erinnerte durch seine Kostüme – alte Uniformreste – teils an die Nachkriegsjahre, teils – durch proletarische Kleidungsstücke – an die Arbeiterschaft. In den Mittelpunkt jedoch rückte Piscator den als Agitator auftretenden Spiegelberg, der, mit den Zügen Trotzkis ausgestattet, zum Typus des „systematischen Revolutionärs" avancierte, „des Revolutionärs aus Gesinnung", während Karl Moor den „Revolutionär aus privatem Sentiment" verkörperte (Herbert Jhering […]). Daraus erwuchs für die Aktion auf der Bühne eine kühne Aktualisierung. „Erwin Piscator gibt die Räuber also nicht, als ob sie eine erfundene, gedichtete Handlung hätten, sondern als ob sie ein tatsächliches Revolutionsereignis darstellten (...)." (Ihering [...])

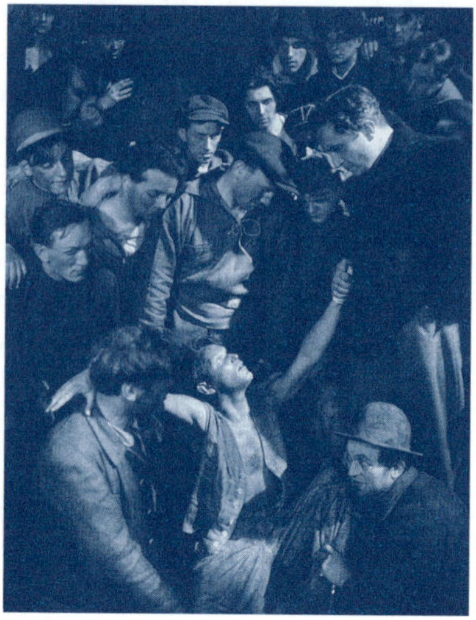

Szene aus der „Räuber"-Inszenierung von Erwin Piscator 1926

© picture alliance / ullstein bild - ullstein bild

Die Aufführung gedieh zu einem viel diskutierten, brisanten Ereignis. Philosophen, Schriftsteller, Kulturkritiker, Theatermacher wie Ernst Bloch, Karl Kraus, Bertolt Brecht mischten sich ein und nahmen Anstoß – entweder an der forcierten oder der nicht konsequent genug betriebenen Aktualisierung. Schillers *Räuber* wurden zum Medium eines politisch akzentuierten Kulturstreits, das Schauspielhaus Berlin zur Projektionsfläche einer bedeutenden überregionalen Kontroverse. „Statt sich zu freuen", resümiert Ihering polemisch ein Teil der Kontroverse, „dass Schillers Stück wieder in den Fluss der Zeit geworfen wurde, entstand ein Wutgeheul der Klassikerfreunde. Immer wieder wollte man das Menschlich-Große. Das Menschlich-Große, einst eine geistig reale Vorstellung, war längst Bezeichnung für alles Verquollene, unklare Ideologische geworden." (...) Derart unversöhnliche Positionen prallten anlässlich gezielter Klassiker-Aktualisierungen immer wieder aufeinander. Schillers *Räuber* waren dafür ein idealtypisches Beispiel. So blieben sie lebendig.

Gert Sautermeister: *Die Räuber. Ein Schauspiel (1781)*. In: Matthias Luserke-Jaqui unter Mitarbeit von Grit Dommes: Schiller-Handbuch. Leben – Werk – Wirkung. Stuttgart, Weimar: Verlag J. B. Metzler, 2005, S. 16 f.

Kinderspiele im Laub. Die Claus-Peymann-Inszenierung am Württembergischen Staatstheater 1975 (Peter Iden, 1975)

Überall Laub, abgefallene, dunkelbraune Blätter, der ganze Bühnenboden ist davon bedeckt. Die Räuberbande dieser Inszenierung spielt, raschelt darin herum wie Kinder in einem Herbstwald. Wie Kinder? Diese Räuber sind Kinder, lauter kleine Easy-Riders, angezogen wie Hippies, ihr Protest drückt im Kostüm sich aus, ist Kostüm, Maskerade. Sie haben selbstgebastelte Blasinstrumente, Schellen, Trommeln. Einer trägt eine

große, schwarze Fahne, die Fahne der Anarchie, aber an dem Haufen ist nichts Entschiedenes und nichts Gefährliches – eher etwas arm Trauriges. Die heben keine Welt aus den Angeln, können das nicht einmal denken, der weite Bühnenraum, in den sie entlassen sind, verkleinert diese Bösewichte, schluckt ihre Taten weg, schon im Stadium der Planung. Wenn ihr Hauptmann Karl (Gerd Voss), ein Brillenträger von schwächlicher Statur, mit nacktem Oberkörper „Adlerflug" vormacht, sieht das sehr nach Krähe aus. Keine Kerls also, sondern Kerlchen. So zeigt (und so kritisiert) ein heutiger Regisseur, Claus Peymann, Mitte dreißig, mit den Erfahrungen aus den Jugend-Revolten seiner Zeit das Aufbegehren des jungen Schiller gegen das feudalistische System.
Darum machen die Blätter, die der Bühnenbildner Achim Freyer aufgeschüttet hat, nicht nur ein hübsches Bild, sondern erschließen zugleich den „Plan" dieser Inszenierung: Das Laub bezeichnet, was hier von Schillers *Räubern* noch gesehen und gehalten wird – ein vergangenes, abgetanes Drama, man kann seine Teile ein bisschen verwirken, dann staubt es. Die kräftigste Veränderung im Text bringt der Schluss. Schillers Karl erdolcht die Geliebte Amalia, bekennt sich dann, reuig, einsichtig, doch noch zu der Ordnung, die aus den Angeln zu heben er angetreten war, und übergibt sich der Justiz; Peymanns Karl hockt am Ende neben Amalia auf dem übergroßen Wohnzimmersessel des toten Vaters und plappert die Sätze der Reue mit hysterischem Hohn, ein durch die Praxis belehrter, gleichwohl uneinsichtiger Protestler, er wird weiterleben im schlechten Bestehenden, aber ab und an wird er spöttisch darüber räsonieren, nach etwas Alkohol auf den Partys vermögender Vorgesetzter.

Peter Iden: *Kinderspiele im Laub*. In: Frankfurter Rundschau, 28.1.1975.

Die Räuber im 20. Jahrhundert (Klaus Jürgen Seidel, 1991)

(...) Und *Die Räuber* heute, nach zweihundert Jahren? Sie sind immer noch ein Bild der Jugend, die das Gegebene in Frage stellt und gegen die unbewegliche Väterwelt revoltiert. Sie sind Revolutionäre von heute, Comic-Figuren, lederbekleidete Rocker, Klappmesserhalbstarke mit gesellschaftskritischen Ambitionen. Mit Erwin Piscator in Berlin 1926 trat der „Chefideologe" und Bandengründer Spiegelberg noch in der Maske Leo Trotzkis auf, des Bolschewikenchefs und Gründers der Roten Armee. Peter Zadeks *Räuber* 1966 in Bremen waren ein riesig vergrößerter Comic-Strip voll Pop und Horror (Bühne: Wilfried Minks), ein kulturrevolutionärer Bürgerschocker, der sicherheitshalber nur in Spätvorstellungen gespielt wurde. Aktualisierungsversuche verantworteten Hans Neuenfels

1971 in Mannheim, das Team Manfred Karge und Matthias Langhoff in Ost-Berlin (ebenfalls 1971), Claus Peymann 1975 in Stuttgart und Ernst Wendt 1983 in Hamburg. Weit davon entfernt, in „klassischer" Darstellungsweise, war Hans Lietzaus vielgerühmte Münchner Aufführung von 1968. Und ebenfalls am Staatsschauspiel in München, 21 Jahre später, der denkbar radikalste Kontrast dazu, die Hard & Heavy-Szene von András Fricsay: *Räuber. Von und nach Schiller*, mit Rambos, Skinheads, Kids und Groupies als Räuberbande.

Egal, wie auf die Bühne gebracht, Schillers genial-wirre Erstgeburt ist heute wie früher aktuell, voll Dynamit und Anklage. Es wird das große Unruhe- und Jugendstück des deutschen Theaters bleiben.

Klaus Jürgen Seidel: *dtv junior Schauspielführer*. München: DTV, 3. Aufl. 1996, S. 171 f.

New Edition

Business Grammar and Usage

MARKET LEADER

Business English

Peter Strutt

PEARSON
Longman

FT
FINANCIAL TIMES

Pearson Education Limited
Edinburgh Gate
Harlow
Essex CM20 2JE
England
and Associated Companies throughout the World

© Pearson Education Limited 2010

The rights of Peter Strutt to be identified as the author of this work have been asserted by him in accordance with the Copyright, Designs and Patents Act 1988.

All rights reserved; no part of this publication may be reproduced, stored in a retrieval system, or transmitted in any form or by any means, electronic, mechanical, photocopying, recording, or otherwise without either the prior written permission of the Publishers or a licence permitting restricted copying in the United Kingdom issued by the Copyright Licensing Agency Ltd, 90 Tottenham Court Road, London W1P 9HE.

First published 2010

Second impression 2013

ISBN 978-1-4082-2008-5

Set in 9.5/12.5pt MetaPlus

Printed in Malaysia, CTP-PJB

www.market-leader.net

Acknowledgements
We are grateful to the following for permission to reproduce copyright material:

Figures
Figure on page 120 © Bob Luck, Juice Creative; Figure on page 123 from "Trends in overall online travel market size - Europe 1998-2008..2009", www.crt.dk/trends, 23 March 2009, copyright © Carl H. Marcussen, Centre for Regional and Tourism Research; Figure on page 173 from *The World In Figures - Country Section - Libya*, The Economist Newspaper Limited (The World In 2009) copyright © The Economist 2009; Figure on page 173 from *The World In Figures - Country Section - China*, The Economist Newspaper Limited (The World In 2009) copyright © The Economist 2009; Figure on page 173 from *The World In Figures - Country Section - Germany*, The Economist Newspaper Limited (The World In 2009) copyright © The Economist 2009.

Text
Extract on page 14 adapted from The History of Kellogg's, including one image published on http://www.kellogghistory.com/history.html, copyright © Kellogg Group; Extract on page 17 adapted from Jeffrey P. Bezos article, http://www.achievement.org/autodoc/page/bezobio-1, copyright © American Academy of Achievement; Extract on page 59 adapted from U.S. Geological Survey; Extract on page 83 from *The Longman Business English Dictionary, new edition*, copyright © Pearson Education Limited; Extract on page 118 adapted from Nestlé Management Report 1999, Reproduced with the kind permission of Société des Produits Nestlé S.A.

In some instances we have been unable to trace the owners of copyright material, and we would appreciate any information that would enable us to do so.

Illustration acknowledgements
Nick Baker for 69, 95, 141, 142; Jeremy Banx for 24, 53, 55, 56, 62, 122, 125, 126; Roger Beale for 10, 115, 150; Dave Bowyer for 50, 129 (both), 208; Katherine Walker for 11, 29, 45, 117, 157, 161, 167, 176, 177.

Photo acknowledgements
The publisher would like to thank the following for their kind permission to reproduce their photographs:

(Key: b-bottom; c-centre; l-left; r-right; t-top)

Camera Press Ltd: Eyedea / Gamma / Patrick Guis Productions 89t; **Corbis:** Roger Ressmeyer 59; Schlegelmilch 89c; **Getty Images:** Allsport / Michael Cooper 89b; © **Kellogg Group:** 'Toasted Corn Flakes' http://www.kellogghistory.com/history.html 14; **Newscast Image Library:** 147; **Rex Features:** Sipa Press 21

All other images © Pearson Education

Every effort has been made to trace the copyright holders and we apologise in advance for any unintentional omissions. We would be pleased to insert the appropriate acknowledgement in any subsequent edition of this publication.

Project Managed by Chris Hartley